“十三五”国家重点出版物出版规划项目
面向可持续发展的土建类工程教育丛书
普通高等教育工程造价类专业“十三五”系列教材

工程财务管理

第2版

主　编　项　勇　卢立宇　魏　瑶
副主编　崔　雁　陶思露
参　编　李　阳　蒋　林　杨熙汉　杜宗阳　梅佳欣
主　审　叶　勇

机 械 工 业 出 版 社

本书在第1版的基础上，参考了教师和学生反馈的意见和建议，充分考虑我国当前会计准则、财务管理规定、税收政策方面的变化产生的新要求、新内容，结合建筑企业生产经营的特点和我国一级建造师、二级建造师、注册造价工程师执业资格考试对工程财务管理方面要求的变革，对结构和内容进行了进一步的优化和更新。全书共10章，涵盖建筑企业财务会计、建筑企业财务管理课程的相关内容，主要内容包括：财务会计基础、工程财务管理概论、工程营运资产管理、工程收入与成本管理、税金与利润管理、工程财务报表与分析、工程项目融资管理、工程项目财务风险管理、工程资金规划与控制、企业财务预警管理。

本书每章章前设置“本章主要内容”“本章重点和难点”等模块，引导学习。章后设置“思考题与习题”，方便学生巩固所学知识。

本书可以作为高等院校工程管理、工程造价、房地产经营管理等专业教材，也可作为注册建造师和注册造价工程师执业资格考试复习的参考书，同时还可作为工程企业财务管理人员学习的参考书。

在实际教学过程中，不同专业可根据专业特点和专业课程体系，在教学内容、知识点和学时上进行适当的调整。

本书配有电子课件和习题参考答案，免费提供给选用本书的授课教师，需要者请登录机械工业出版社教育服务网（www. cmpedu. com）注册下载，或根据书末的“信息反馈表”索取。

图书在版编目（CIP）数据

工程财务管理/项勇，卢立宇，魏瑶主编．—2版．—北京：机械工业出版社，2019.6（2025.1重印）
（面向可持续发展的土建类工程教育丛书）
“十三五”国家重点出版物出版规划项目 普通高等教育工程造价类专业“十三五”系列教材
ISBN 978-7-111-62816-3

Ⅰ. ①工… Ⅱ. ①项… ②卢… ③魏… Ⅲ. ①建筑工程-财务管理-高等学校-教材 Ⅳ. ①F407.967.2

中国版本图书馆CIP数据核字（2019）第097793号

机械工业出版社（北京市百万庄大街22号 邮政编码100037）
策划编辑：刘 涛 责任编辑：刘 涛 商红云
责任校对：张莎莎 封面设计：马精明
责任印制：常天培
固安县铭成印刷有限公司印刷
2025年1月第2版第13次印刷
184mm×260mm · 16印张 · 396千字
标准书号：ISBN 978-7-111-62816-3
定价：39.80元

电话服务	网络服务
客服电话：010-88361066	机 工 官 网：www. cmpbook. com
010-88379833	机 工 官 博：weibo. com/cmp1952
010-68326294	金 书 网：www. golden-book. com
封底无防伪标均为盗版	机工教育服务网：www. cmpedu. com

序　一

1996年，建设部和人事部联合发布了《造价工程师执业资格制度暂行规定》，工程造价行业期盼多年的造价工程师执业资格制度和工程造价咨询制度在我国正式建立。该制度实施以来，我国工程造价行业取得了三个方面的主要成就：

一是形成了独立执业的工程造价咨询产业。通过住房和城乡建设部标准定额司和中国建设工程造价管理协会（以下简称中价协），以及行业同仁的共同努力，造价工程师执业资格制度和工程造价咨询制度得以顺利实施。目前，我国已拥有注册造价工程师近11万人，甲级工程造价咨询企业1923家，年产值近300亿元，进而形成了一个社会广泛认同独立执业的工程造价咨询产业。该产业的形成不仅为工程建设事业做出了重要的贡献，也使工程造价专业人员的地位得到了显著提高。

二是工程造价管理的业务范围得到了较大的拓展。通过大家的努力，工程造价专业从传统的工程计价发展为工程造价管理，该管理贯穿于建设项目的全过程、全要素，甚至项目的全寿命周期。造价工程师的地位之所以得以迅速提高，就在于我们的业务范围没有仅仅停留在传统的工程计价上，是与我们提出的建设项目全过程、全要素和全寿命周期管理理念得到很好的贯彻分不开的。目前，部分工程造价咨询企业已经通过他们的工作成就，得到了业主的充分肯定，在工程建设中发挥着工程管理的核心作用。

三是通过推行工程量清单计价制度实现了建设产品价格属性从政府指导价向市场调节价的过渡。计划经济体制下实行的是预算定额计价，显然其价格的属性就是政府定价；在计划经济向市场经济过渡阶段，仍然沿用预算定额计价，同时提出了“固定量、指导价、竞争费”的计价指导原则，其价格的属性具有政府指导价的显著特征。2003年《建设工程工程量清单计价规范》实施后，我们推行工程量清单计价方式，该计价方式不仅是计价模式形式上的改变，更重要的是通过“企业自主报价”改变了建设产品的价格属性，它标志着我们成功地实现了建设产品价格属性从政府指导价向市场调节价的过渡。

尽管取得了具有划时代意义的成就，但是必须清醒地看到我们的主要业务范围仍然相对单一、狭小，具有系统管理理论和技能的工程造价专业人才仍很匮乏，学历教育的知识体系还不能适应行业发展的要求，传统的工程造价管理体系部分已经不能适应构建我国法律框架和业务发展要求的工程造价管理的发展要求。这就要求我们重新审视工程造价管理的内涵和任务、工程造价行业发展战略和工程造价管理体系等核心问题。就上述三个问题我认为：

1. 工程造价管理的内涵和任务。工程造价管理是建设工程项目管理的重要组成部分，它是以建设工程技术为基础，综合运用管理学、经济学和相关的法律知识与技能，为建设项目工程造价的确定、建设方案的比选和优化、投资控制与管理提供智力服务。工程造价管理的任务是依据国家有关法律、法规和建设行政主管部门的有关规定，对建设工程实施以工程造价管理为核心的全面项目管理，重点做好工程造价的确定与控制、建设方案的优化、投资风险的控制，进而缩小投资偏差，以满足建设项目投资期望的实现。工程造价管理应以工程造价的相关合同管理为前提，以事前控制为重点，以准确工程计量与计价为基础，并通过优化设计、风险控制和现代信息技术等手段，实现工程造价控制的整体目标。

2. 工程造价行业发展战略。一是在工程造价的形成机制方面，要建立和完善具有中国特色的“法律规范秩序，企业自主报价，市场形成价格，监管行之有效”的工程价格的形成机制。二是在工程造价管理体系方面，构建以工程造价管理法律、法规为前提，以工程造价管理标准和工程计价定额为核心，以工程计价信息为支撑的工程造价管理体系。三是在工程造价咨询业发展方面，要在“加强政府的指导与监督，完善行业的自律管理，促进市场的规范与竞争，实现企业的公正与诚信”的原则下，鼓励工程造价咨询行业“做大做强，做专做精”，促进工程造价咨询业可持续发展。

3. 工程造价管理体系。工程造价管理体系是指建设工程造价管理的法律法规、标准、定额、信息等相互联系且可以科学划分的整体。制定和完善我国工程造价管理体系的目的是指导我国工程造价管理法制建设和制度设计，依法进行建设项目的工程造价管理与监督。规范建设项目投资估算、设计概算、工程量清单、招标控制价和工程结算等各类工程计价文件的编制。明确各类工程造价相关法律、法规、标准、定额、信息的作用、表现形式以及体系框架，避免各类工程计价依据之间不协调、不配套、甚至互相重复和矛盾的现象。最终通过建立我国工程造价管理体系，提高我国建设工程造价管理的水平，打造具有中国特色和国际影响力的工程造价管理体系。工程造价管理体系的总体架构应围绕四个部分进行完善，即工程造价管理的法规体系、工程造价管理标准体系、工程计价定额体系以及工程计价信息体系。前两项是以工程造价管理为目的，需要法规和行政授权加以支撑，要将过去以红头文件形式发布的规定、方法、规则等以法规和标准的形式加以表现；后两项是服务于微观的工程计价业务，应由国家或地方授权的专业机构进行编制和管理，作为政府服务的内容。

我国从1996年开始实施造价工程师执业资格制度。天津理工大学在全国率先开设工程造价本科专业，2003年才获得教育部的批准。但是，工程造价专业的发展已经取得了实质性的进展，工程造价业务从传统概预算计价业务发展到工程造价管理。尽管如此，目前我国的工程造价管理体系还不够完善，专业发展正在建设和变革之中，这就急需构建具有中国特色的工程造价管理体系，并积极把有关内容贯彻到学历教育和继续教育中。

2010年4月，我参加了2010年度“全国普通高等院校工程造价类专业协作组会议”，会上通过了尹贻林教授提出的成立“普通高等教育工程造价类专业系列教材”编审委员会的议题。我认为，这是工程造价专业发展的一件大好事，也是工程造价专业发展的一项重要基础工作。该套系列教材是在中价协下达的“造价工程师知识结构和能力标准”的课题研究基础上规划的，符合中价协对工程造价知识结构的基本要求，可以作为普通高等院校工程造价专业或工程管理专业（工程造价方向）的本科教材。2011年4月中价协在天津召开了理事长会议，会议决定在部分普通高等院校工程造价专业或工程管理专业（工程造价方向）试点，推行双证书（即毕业证书和造价员证书）制度，我想该系列教材将成为对认证院校评估标准中课程设置的重要参考。

该套教材体系完善，科目齐全，虽未能逐一拜读各位老师的新作，进而加以评论，但是，我确信这将又是一个良好的开端，它将打造一个工程造价专业本科学历教育的完整结构，故我应尹贻林教授和机械工业出版社的要求，欣然命笔，写下对工程造价专业发展的一些个人看法，勉为其序。

中国建设工程造价管理协会
秘书长　吴佐民

注：本序写于2011年。

序　二

进入21世纪，我国高等教育界逐渐承认了工程造价专业的地位。这是出自以下考虑：第一，我国三十余年改革开放的过程主要是靠固定资产投资拉动经济的迅猛增长，导致对计量计价和进行投资控制的工程造价人员的巨大需求，客观上需要在高校办一个相应的本科专业来满足这种需求。第二，高等教育界的专家、领导也逐渐意识到一味追求宽口径的通才培养不能适用于所有高等教育形式，开始分化，即重点大学着重加强对学生的人力资源投资通用性的投入以追求“一流”，而大多数的一般大学则着力加强对学生的人力资源投资专用性的投入以形成特色。工程造价专业则较好地体现了这种专用性，它是一个活跃而精准满足上述要求的小型专业。第三，大学也需要有一个不断创新的培养模式，既不能泥古不化，也不能随市场需求而频繁转变。达成上述共识后，高等教育界开始容忍一些需求大，但适应面较窄的专业。在十余年的办学历程中，工程造价专业周围逐渐聚拢了一个学术共同体，以“全国普通高等院校工程造价类专业教学协作组”的形式存在着，每年开一次会议，共同商讨在教学和专业建设中遇到的难题，目前已有几十所高校的专业负责人参加了这个学术共同体，日显人气旺盛。

在这个学术共同体中，大家认识到，各高校应因地制宜，创出自己的培养特色。但也要有一些核心课程来维系这个专业的正统和根基。我们把这个根基定为与大学生的基本能力和核心能力相适应的课程体系。培养学生基本能力是各高校基础课程应完成的任务，对应一些公共基础理论课程；而核心能力则是今后工程造价专业适应行业要求的培养目标，对应一些高校自行设置、各有特色的工程造价核心专业课程。这两类能力和其对应的课程各校均已达成共识，从而形成了这套“普通高等教育工程造价类专业系列教材”。以后的任务则是要在发展能力这个层次上设置各校特色各异又有一定共识的课程和教材，从英国工程造价（QS）专业的经验看，这类用于培养学生发展能力的课程或教材至少应该有项目融资及财务规划、价值管理与设计方案优化、寿命周期成本（LCC）及设施管理等。这是我们协作组今后的任务，可能要到“十三五”才能实现。

那么，高等教育工程造价专业的培养对象，即我们的学生应如何看待并使用这套教材呢，我想，学生应首先从工程造价专业的能力标准体系入手，真正了解自己为适应工程造价咨询行业或业主方、承包商方工程计量计价及投资控制的需要而应当具备的三个能力层次体系，即从成为工程造价专业人士必须掌握的基本能力、核心能力、发展能力入手，了解为适应这三类能力的培养而设置的课程，并检查自己通过学习是否掌握了这几种能力。如此循环往复，与教师及各高校的教学计划互动，才能实现所谓的“教学相长”。

工程造价专业从一代宗师徐大图教授在天津大学开设的专科专业并在技术经济专业植入工程造价方向以来，在21世纪初，由天津理工大学率先获得教育部批准正式开设目录外专业，到本次教育部调整高校专业目录获得全国管理科学与工程学科教学指导委员会全体委员投票赞成保留，历时二十余载，已日臻成熟。期间徐大图教授创立的工程造价管理理论体系至今仍为后人沿袭，而后十余年间又经天津理工大学公共项目及工程造价研究所研究团队及开设工程造价专业的高校同行共同努力，已形成坚实的教学体系及理论基础，在工程造价这个学术共同体中聚集了国家级教学名师、国家级精品课、国家级优秀教学团队、国家级特色专业、国家级优秀教学成果等一系列国家教学质量工程中的顶级成果，对我国工程造价咨询业和建筑业的发展形成强烈支持，贡献了自己的力量，得到了高等工程教育界的认同，也获得了世界同行们的瞩目。可以想见，经过进一步规划和建设，我国高等工程造价专业教育必将赶超世界先进水平。

天津理工大学公共项目与工程造价研究所（IPPCE）所长
尹贻林　博士　教授

注：本序写于2011年。

第2版前言

我国建设行业目前处于转型升级的关键时期，建筑企业面临着更多的机会和挑战，建筑企业的资源管理从单一化开始转向多元化，资源要素的管理不再是以某一主体对某单一要素为主导的管理模式，合作共赢的局面已经开始产生，要素管理的多元化与利益共享的工程财务管理已经形成。从建筑企业角度对企业拥有的资源进行有效管理，对资源管理实现目标最大化的影响因素增加，这对涉及工程财务管理的工作人员的知识范围和掌握知识的程度提出了新的要求。站在建筑企业角度的工程财务管理是综合企业各个要素的管理，并且这些要素贯穿于企业的筹资、投资和资源运用、效益分配的全过程，这就要求增加和扩大工程财务要素管理的内容和范围，使建筑企业的管理决策更加合理化、理性化。

国家税务总局和财政部从2016年到2018年接连发布了《国家税务总局关于营改增后土地增值税若干征管规定的公告》《纳税人跨县（市、区）提供建筑服务增值税征收管理暂行办法》等一系列公告和《关于修订印发2018年度一般企业财务报表格式的通知》（财会〔2018〕15号，以下简称《通知》）等，使得《工程财务管理》第1版的部分内容已经不再适用，因此，有必要根据当前新的规范和公告等，对其进行修订。

《工程财务管理》第2版在第1版的基础上，吸收了教师和学生反馈的意见和建议，同时充分考虑我国当前会计准则、财务管理规定、税收政策等方面的变化产生的新要求、新内容，对教材的结构和内容进行了进一步的优化和更新。主要特点为：

（1）紧密结合我国当前对造价工程师和一级建造师在工程财务管理方面的变革和要求编写，对参与执业资格考试的人员有较大的帮助。

（2）对结构进行了梳理，总体上围绕会计的基本要素（资产、负债、所有者权益、收入、费用和利润）的管理编写。

（3）内容紧扣实际运用，尽量减少理论和学术性较强的内容，以专业基础、原理和方法为主导。

（4）紧扣当前国家颁布的相关会计、财税等新政策和规定。

本书结构体系完整，构架思路清晰，在知识点介绍过程中配有相应的例题，知识点分析过程详略得当，各章按照工程财务管理原理、方法的逻辑顺序编写，各章附有一定数量的思考题与习题，帮助学习者加深理解、巩固所学知识，并为任课老师提供电子课件。

本书共10章：第1章财务会计基础，主要包括会计概述、会计核算的前提和会计信息质量要求、会计要素和会计等式；第2章工程财务管理概论，主要包括财务管理的对象、内容和职能，财务管理的目标，财务管理的原则，工程财务管理的环境；第3章工程营运资产管理，主要包括现金管理、银行存款及其他货币资金的管理、应收款管理、存货管理和无形资产的管理；第4章工程收入与成本管理，主要包括工程收入管理和工程成本管理；第5章税金与利润管理；第6章工程财务报表与分析，主要包括工程财务报表的类别、工程财务报表分析概述和工程财务报表分析；第7章工程项目融资管理，主要包括工程融资概述、权益性资本的筹集、负债性资本的筹集、资金成本与资本结构和工程项目融资方式；第8章工程项目财务风险管理，主要包括财务风险管理概述和工程项目财务风险管理的主要内容；第9章工程资金规划与控制，主要包括项目的财务预测、财务预测方法、项目的资金规划和财务预算；第10章企业财务预警管理，主要包括企业财务预警概述、财务预警系统设计和案例分析。

本书编写大纲及编写原则由项勇教授提出。各章编写人员分别为：第1章、第2章由李阳和杜宗阳编写；第3章、第6章由项勇、魏瑶和崔雁编写；第4章、第5章由卢立宇、蒋林和崔雁编写；第7章、第8章由项勇、卢立宇和陶思露编写；第9章、第10章由杨熙汉和梅佳欣编写。全书由卢立宇、魏瑶和陶思露统稿。

在本书的编写过程中，西南交通大学的叶勇教授作为书稿主审，提出了许多宝贵的意见，在此表示衷心的感谢。此外，西华大学土木建筑与环境学院的舒志乐副院长、王辉副院长、李海凌教授等在本书的编写过程中提供了大力的支持。在本书的编写过程中，机械工业出版社的刘涛老师也给予了大量的帮助，在此对以上各位同事、朋友及学者表示衷心的感谢。

由于作者水平有限，书中难免会有缺点、纰漏和不足之处，恳请读者批评指正，以便再版时修改、完善。

西华大学土木建筑与环境学院
项　勇

第1版前言

工程财务管理是以工程项目为对象，以建筑企业为主体所产生的具有管理性质的学科，主要对企业在运行和项目建设过程中所产生的经济活动进行管理和分析，是将财务管理知识和工程管理知识相结合的交叉学科。

工程财务管理中的相关知识，在建筑企业和工程项目投资资金管理中得到了有效的应用，从事建筑企业管理、工程造价、工程项目管理和房地产经营管理的人员必须具备这些专业基础知识。这也是我国注册造价工程师、注册建造师执业资格考试的重要内容。

本书是编写人员在总结多年“工程财务管理”课程教学经验和成果的基础上，吸收国内外该学科领域的最新进展编写而成的。全书内容密切结合工程行业的具体情况，深入浅出地揭示了工程财务管理的基本原理、概念和方法。

本书既有一般企业财务管理的共性，又有行业的特殊性。在编写过程中，充分吸收了现有财务管理有关教材的精华，同时结合了工程施工企业业务活动的特点，力图解决工程行业所面临的现实财务问题。其主要特点表现为：

第一，突出了财务管理的工程行业特色。将财务管理的基本理论和方法在工程施工企业中加以运用，考虑了财务管理的系统性和完整性及工程施工企业的实际业务活动情况，突出了财务管理的工程行业特色。

第二，体现了对学生在该学科上创新能力的培养。本书站在学生的角度，充分考虑学生的知识面和理解能力。坚持专业基础教育与创新能力培养相结合，在加强基本理论、基本方法和基本技能论述的同时，尽可能拓宽学生的知识面，培养学生获取新知识的能力。

第三，注重知识技能的实用性和可操作性。本书以学生就业所需财务管理专业知识和操作技能为立足点，结合工程施工企业示例来编写。

本书结构体系完整，思路清晰，在知识点介绍过程中配有相应的例题，知识点分析过程详略得当，各章按照工程财务管理原理与方法的逻辑顺序排列，并附有一定数量的思考题，帮助学生加深理解、巩固所学知识，并为任课老师提供PPT电子课件。

本书编写大纲及编写原则由项勇教授提出。各章内容编写人员分别为：第1、8章由卢立宇编写；第2~4章由项勇编写；第5、6、11章由郝利花、黄佳祯和徐姣姣编写；第7章由黄锐和张志盈编写；第9、10章由郝以雪和刘亮编写。

西南交通大学叶勇教授对本书的内容提出了很多宝贵的意见。此外，西华大学建设与管理工程学院的谢合明院长、牟绍波教授、李海凌教授等在本书的编写过程中给予了很大的支持和帮助。在此对以上各位同事及学者表示衷心的感谢。另外，在本书的编写和校对过程中，得到了唐艳、叶万鑫、朱华、尤玲同学的帮助，在此一并致谢。

由于编者水平有限，书中难免会有纰漏和不足之处，恳请读者批评指正，以便再版时修改、完善。

西华大学
项　勇

目　录

第1章 财务会计基础

本章主要内容：

会计概述：会计的含义、会计的特点、会计的职能；会计核算的前提和会计信息质量要求：会计核算的基本前提、权责发生制、会计信息质量要求；会计要素：资产、负债、所有者权益、收入、费用、利润；会计等式：静态会计等式、动态会计等式、综合会计等式、经济业务对会计等式的影响。

本章重点和难点：

会计要素：资产、负债、所有者权益、收入、费用、利润；会计等式：静态会计等式、动态会计等式、综合会计等式。

1.1 会计概述

1.1.1 会计的含义

目前，国际上对会计的含义有不同理解，主要有两种观点：一种是会计信息论，另一种是会计管理活动论。

1. 会计信息论

1966年，美国会计学会的《会计基本理论说明书》提到："实质地说，会计是一个信息系统。"美国著名的会计学家西德尼·戴维森在《现代会计手册》中说："会计是一个信息系统。它旨在向利害攸关的各个方面传输一家企业或其他个体的富有意义的经济信息。"

2. 会计管理活动论

会计管理活动论者认为，会计的本质是一种经济管理活动。古典管理理论学派代表人物法约尔把会计活动列为管理的六种职能活动之一；美国卢瑟·古利克把会计管理列为管理化功能之一。20世纪60年代出现了管理经济会计学派，并导致管理会计的出现。我国会计管理学派的代表人物是杨纪琬教授、阎达五教授，他们认为，会计是一种管理活动，是一项经济管理活动。

综述：两种观点并没有本质区别，因为收集信息本身就是管理工作的一部分，而提供信息是管理的基础。

1.1.2 会计的特点

会计作为一种管理活动，有其固有的特点，这些特点主要表现在以下三个方面：

(1) 以货币为主要计量单位　会计为了核算和监督各单位错综复杂的经济活动，必须选择计量单位进行计量。计量的方法有很多，如实物计量、货币计量、劳动计量。在市场经济条件下，为了全面、综合地核算和监督各种经济活动，必须采用货币计量。我国采用人民币为计量单位。

(2) 对经济活动的核算和监督具有完整性、连续性、系统性和综合性　对经济活动核算和监督的完整性是指对会计对象的所有经济活动都必须加以记录，不得遗漏。连续性是指发生的经济活动要按时间顺序连续不间断地计量和记录。系统性是指经济活动既相互联系，又要对其进行科学的整理和分类。综合性是指各种经济活动均以货币量度进行综合汇总。

(3) 具有一整套系统、完整的专门方法　会计方法中包括会计核算方法、会计分析方法和会计检查方法。

1) 会计核算方法。会计核算方法主要包括设置账户、复式记账、填制和审核凭证、登记账簿、成本计算、财产清查、编制财务会计报告。

2) 会计分析方法。会计分析方法主要是指财务报表的分析方法，反映企业的偿债能力、盈利能力和运营能力等。

3) 会计检查方法。会计检查方法可分为一般检查方法和技术检查方法两大类。一般检查方法包括逆查法、顺查法、详查法和抽查法等。技术检查方法有三种：第一种是会计书面资料的检查方法，包括审阅法、复核法、核对法、账户分析方法和调节法等；第二种是财产物资的检查方法，即盘存法；第三种是其他情况的检查方法，包括观察法、查询法和函证法等。这些会计检查方法构成了会计检查方法体系。在会计检查方法体系中，一般检查方法是实现检查目的的重要手段，技术检查方法是认识经济活动的锐利武器，两者相辅相成，互为作用。

1.1.3 会计的职能

会计的职能是指会计在经济管理中具有的职能。会计基本职能包括核算职能和监督职能。核算和监督体现了会计的本质特征。

(1) 核算职能　会计的核算职能是指对客观经济活动记录、加工、整理的过程，为经济管理提供所需要的信息。各单位必须根据实际发生的经济业务事项进行会计核算，填制会计凭证，登记会计账簿，编制财务会计报告。

(2) 监督职能　会计的监督职能是指会计在其核算过程中对经济活动的合法性和合理性所实施的检查和监督。会计监督具有以下特征：①会计监督是一种经常性的监督，具有完整性和连续性；②会计监督主要利用各种价值指标，以财务活动为主，具有综合性；③会计监督是以法律、法规和制度为依据的监督，具有强制性和严肃性。

1.2 会计核算的前提和会计信息质量要求

1.2.1 会计核算的基本前提

会计核算的基本前提又称会计假设，是对会计核算所处的时间、空间范围所做的合理设定。在我国企业会计准则中，明确规定了四个基本前提，即会计主体、持续经营、会计分期和货币计量。

1. 会计主体

会计主体（或称会计个体、会计实体）是指会计工作为之服务的特定单位或组织。它确定了会计核算的空间范围。

一般来说，凡是能独立核算的单位，都可以设定为一个会计主体。它包括独立核算的企业以及企业内部的独立核算单位。

会计主体作为一个独立核算的经济实体，与企业的法律主体不是等同的概念。法律主体是在政府部门注册登记，有独立的财产、能够承担民事责任的法律实体，强调的是经济法律关系。而会计主体是为了正确处理所有者与企业的关系，以及正确处理企业内部的关系而设立的。一般而言，法律主体必然是会计主体，但有些会计主体不一定是法律主体。例如，集团公司是一个法律主体，它下面的一些二级核算机构不是法律主体，却是会计主体。

2. 持续经营

持续经营是指会计主体在可以预见的未来，不会面临破产、清算，其经济业务活动是持续正常进行的。会计核算应当建立在企业持续地进行正常生产经营活动前提之下。

如果一个企业面临破产清算或停业清理，则其会计处理方法与企业持续正常经营时的会计核算方法是完全不同的。而一般情况下，持续经营比停业清理的可能性大得多，因此，会计核算应立足于持续经营。

3. 会计分期

会计分期是指把一个企业持续的经营活动分割为若干相等的会计期间（年、季、月）来反映，这样可以为企业及时提供财务状况和经营成果的会计信息。

会计期间通常为一年，故称为会计年度。《中华人民共和国会计法》（以下简称《会计法》）规定，我国的会计年度自公历1月1日起至12月31日止。也就是在年终时，会计人员一定要做一次年报，即要编制年度财务会计报告。

为了保证管理者、所有者、债权人及时掌握企业动态，信息沟通流畅，通常又将一个会计年度划分为月度、季度、半年度，称之为会计中期。

会计分期由持续经营前提所决定，企业的生产经营活动是持续不断的一个主体。在提出持续经营假设之后，再提出会计分期假设，既可满足市场对会计信息及时性的要求，又进一步突出了财务会计报告的作用。会计分期假设与持续经营假设相辅相成，缺一不可。

4. 货币计量

会计是用数据来说话。枯燥的数据背后，隐藏着很多有趣的故事。生活中可以用来计量的方法有很多，如实物计量、货币计量和劳动计量等。为了连续、系统、全面、综合地反映企业经营活动，会计采用货币计量来核算经营活动。《企业会计准则——基本准则》第八条明确指出："企业会计应当以货币计量。"我国会计货币计量采用的是人民币。

上述四项基本前提具有相互依存、相互补充的关系。会计主体确立了会计核算的空间范围，持续经营与会计分期确立了会计核算的时间范围，而货币计量则对会计核算上的时空计量提供了不可多得的手段。没有会计主体，就不会有持续经营；没有持续经营，就不会有会计分期；而没有货币计量，就不会有现代会计。

1.2.2 权责发生制

权责发生制是指以应收应付作为确定本期收入和费用的标准，而不论货币资金是否在本期收到或支出。其要求如下：①凡是当期已经实现的收入和已经发生或应当负担的费用，不论其款项是否收到或支出，都应作为当期的收入和费用来处理；②凡是不属于当期的收入和费用，即使款项已在当期收到和支出，也不应作为当期的收入和费用来处理。

与权责发生制相对应的另一种确认方式是收付实现制。收付实现制是指以收到或支出现金作为确认收入和费用的依据，记录收入的实现或费用的发生。也就是说，按收付日期确定其归属期，凡是本期收到的收入和支出的费用，不管其是否应归属本期，都作为本期的收入和费用；反之，凡是本期未收到的收入和未支付的费用，即使应归属为本期收入和费用，也不作为本期的收入和费用。

【例1-1】 甲施工单位6月份发生了以下经济业务：

① 支付上月水、电费8 000元。

② 收回5月份应收账款10 000元。

③ 本月A工程施工结算收入为50 000元，款项已收。

④ 支付本月购买A4纸的费用300元。

⑤ 支付下半年报刊费1 000元。

⑥ 本月B工程结算收入为30 000元，款项尚未收到。

⑦ 收甲方预付款5 000元。

⑧ 本月发生报刊费用200元，款项已于1月支付。

要求：通过以上业务说明权责发生制与收付实现制对收入、费用的影响。

分析过程如表1-1所示。

表1-1 权责发生制与收付实现制对收入、费用的影响 单位：元

项目	收入		费用	
权责发生制	收到本月工程结算收入③	50 000	本月负担办公费④	300
	应收工程结算收入⑥	30 000	负担报刊费⑧	200
	收入小计	80 000	费用小计	500
收付实现制	收到上月应收账款②	10 000	支付上月水电费①	8 000
	收到本月工程结算收入③	50 000	支付本月A4纸费用④	300
	预收客户款⑦	5 000	支付下半年报刊费⑤	1 000
	收入小计	65 000	费用小计	9 300

收付实现制的会计记录直观、简便，但它不能合理计算本期盈亏；权责发生制可以正确反映各个会计期所实现的收入和为实现收入所负担的费用，可以把各期的收入与费用进行配比，正确计算各期财务成果。所以，企业应当以权责发生制为基础进行会计确认、计量和报告。

1.2.3 会计信息质量要求

会计信息质量要求是开展会计活动、处理会计业务应遵循的规范和基本依据。会计信息

质量要求是建立在会计基本前提基础之上的。

1. 客观性

《企业会计准则——基本准则》第十二条规定："企业应当以实际发生的交易或者事项为依据进行会计确认、计量和报告，如实反映符合确认和计量要求的各项会计要素及其他相关信息，保证会计信息真实可靠、内容完整。"

如果企业的会计核算不是以实际发生的交易或事项为依据，没有如实地反映企业的财务状况，会计工作就会失去其意义。因此，客观性要求会计信息要内容真实、数字准确、资料可靠，要实事求是，传输事项的真相，不加丝毫掩饰，并且要求信息要值得信赖和经得起验证。

2. 相关性

《企业会计准则——基本准则》第十三条规定："企业提供的会计信息应当与财务会计报告使用者的经济决策需要相关，有助于财务会计报告使用者对企业过去、现在或者未来的情况做出评价或者预测。"

会计信息使用者的身份是多重的，例如企业的管理者；企业的所有者，如股东等；企业的债权人，如银行、职工、供应商和客户等。这些主体根据自己的利益角度不同，关心的信息不同，需求也不同。

因此，在会计核算中要坚持相关性，要求在收集、加工、处理和提供会计信息过程中，充分考虑会计信息使用者的信息需求。

3. 明晰性

《企业会计准则——基本准则》第十四条规定："企业提供的会计信息应当清晰明了，便于财务会计报告使用者理解和使用。"

会计提供会计信息的目的是让会计信息使用者能理解其会计信息内涵，弄懂会计信息的内容。因此，明晰性要求会计核算的一切记录，包括会计凭证、账簿、报表等清晰易懂。对重要和复杂的经济业务，在报告时还要用规范化的文字加以说明。

4. 可比性

《企业会计准则——基本准则》第十五条规定："企业提供的会计信息应当具有可比性。同一企业不同时期发生的相同或者相似的交易或者事项，应当采用一致的会计政策，不得随意变更。确需变更的，应当在附注中说明。不同企业发生的相同或者相似的交易或者事项，应当采用规定的会计政策，确保会计信息口径一致、相互可比。"

我国的《企业会计准则》《会计法》等明确规定了企业会计核算方法。不同行业、不同地区的企业经济业务虽然不同，但在法律法规明确规定的会计核算方法下，其会计信息应当是"口径一致、相互可比"的。"口径一致、相互可比"是相当重要的，会计信息只有横向可比，才能实现企业间、行业间的横向可比，才能满足各方决策的需要。例如，在投资股票时，一个理性的投资者一定会分析财务报表，会比较不同企业之间的利润率、应收账款周转率、每股盈余、市盈率等。而投资者在进行比较分析时，就隐含了一个重要原则，即这些会计信息、会计指标是"口径一致、相互可比"的。

同时，从纵向上看，同一企业不同时期发生的相同或相似的交易或者事项，应当采用一致的会计政策，不得随意变更。

5. 实质重于形式

《企业会计准则——基本准则》第十六条规定："企业应当按照交易或者事项的经济实质进行会计确认、计量和报告，不应仅以交易或者事项的法律形式为依据。"

在实际工作中，交易或者事项的外在法律形式并不总能完全真实地反映其实质内容。例如，国家为了经济发展建立了法律、法规和规章制度，但法律仍有遗漏，需要最高人民法院来进行司法解释。同样，实际工作中的交易或者事项的外在法律形式并不总能完全真实地反映其实质内容，需要按照经济实质进行会计核算。

另外，如果按其外在法律形式，其结果可能会误导会计信息使用者的决策。例如，融资租赁资产，虽然在法律形式上企业并不拥有其所有权，但由于资产服务于企业的时间长，租赁期间企业有权支配资产并从中受益。因此，根据实质重于形式的原则，会计核算上把融资租赁方式租入的资产视为承租企业的资产。

6. 重要性

《企业会计准则——基本准则》第十七条规定："企业提供的会计信息应当反映与企业财务状况、经营成果和现金流量等有关的所有重要交易或者事项。"

重要性的要求有：①对影响会计信息使用者据以做出合理判断和决策的重要会计事项，必须在财务会计报告中充分、准确地披露；②对不影响会计信息使用者据以做出合理判断和决策的次要会计事项，在不影响会计信息真实性的前提下，可适当简化，合并反映。其根本目的是使会计信息的收益大于成本。

7. 谨慎性

《企业会计准则——基本准则》第十八条规定：" 企业对交易或者事项进行会计确认、计量和报告应当保持应有的谨慎，不应高估资产或者收益、低估负债或者费用。"

8. 及时性

《企业会计准则——基本准则》第十九条规定："企业对于已经发生的交易或者事项，应当及时进行会计确认、计量和报告，不得提前或者延后。"

会计信息的价值在于帮助会计信息使用者做出经济决策，因此具有时效性。由于市场信息瞬息万变，即使是可靠、可比、相关的会计信息，如果信息时效已过，对会计信息使用者也是毫无意义的。

会计信息的及时性要求会计人员应做到以下几点：①及时收集会计信息，即及时收集各种原始单据；②及时处理会计信息，在国家统一规定的时间内，编制财务会计报告；③及时传递会计信息，执行及时性要求，有助于国家宏观管理部门及时了解企业及整个国民经济的发展状况，有助于企业管理者及时掌握生产经营状况及其结果。

1.3 会计要素

会计要素是指会计核算和监督的具体对象，也是财务会计报告的具体内容。会计要素分为反映财务状况的要素和反映经营成果的要素。

我国企业会计准则规定，会计要素主要包括资产、负债、所有者权益、收入、费用、利润六个要素。其中，资产、负债和所有者权益是反映财务状况的要素，反映的是会计主体在特定时点的财务状况，所以又称为静态会计要素；反映经营成果的要素是收入、费用和利润，它们反映的是会计主体在某一个会计期间的经营成果，所以又称为动态会计要素。

1.3.1 资产

1. 资产的概念和确认

资产是指过去交易、事项形成并由企业拥有或者控制的资源，该资源预期会给企业带来经济利益。

（1）资产概念的理解　企业过去的交易或者事项包括购买、生产、建筑行为或者其他交易或事项。预期在未来发生的交易或者事项不形成资产。由企业拥有或者控制是指企业享有某项资源的所有权，或者虽然不享有某项资源的所有权，但该资源能被企业所控制。预期会给企业带来经济利益是指直接或间接导致现金和现金等价物流入企业的潜力。

（2）资产的特征表现

1）资产是由过去的交易、事项形成的。即资产必须是现实的资产，而不是预期的资产。至于未来的交易或事项，以及未发生的交易或事项可能产生的结果，不属于现在的资产，不得予以确认。

2）资产必须是企业拥有或控制的。对于企业来说，就是要拥有其所有权，可以按照自己的意思使用或处置。对一些特殊的形式，虽没有所有权，但有控制权，也作为企业的资产，如融资租入的固定资产。

3）资产预期会给企业带来的经济利益更加注重和强调了资产的价值。

4）资产必须能以货币计量。

【例1-2】 A施工单位本月发生下列经济业务，判断其是否应确认为A施工单位的资产：

1）1日，购买原材料——钢筋50 000元，已验收入库。

分析：该项业务使A施工单位原材料——钢筋增加50 000元，应确认为A施工单位的资产。

2）10日，上月工程结算收入为200 000元，收到甲方签发的2个月后到期的金额为200 000元的银行承兑汇票一张。

分析：该张银行承兑汇票在未来能给A施工单位带来确定金额的经济利益流入，因此应属于A施工单位的资产。

3）20日，支付员工工资50 000元。

分析：支付企业员工工资是为了保障员工的正常利益，为了企业的生产经营能顺利进行。但支付员工工资不能确定企业未来经济利益的流入，不符合资产的确认条件，不能归属于A施工单位的资产，而应作为费用。

---

2. 资产的内容

资产按其流动性可分为流动资产和非流动资产，具体如图1-1所示。

（1）流动资产　流动资产主要包括库存现金、银行存款、交易性金融资产、应收账款及应收票据、预付账款、其他应收款、存货、合同资产等。

1）库存现金是指停留于货币形态的资金，可以随时用作购买手段和支付手段的资金，这是流动性最强的流动资产。

2）银行存款是指企业存放在银行或其他金融机构，可自由提取、使用的各种性质存款。

3）交易性金融资产是指企业打算在近期内出售的金融资产，主要包括债券投资、股票投资、基金投资、权证投资等。交易性金融资产通常以有效利用闲置资金、保持这些资金的流动性为目的。交易性金融资产的确认条件为：①取得该金融资产是为了近期内出售；②属于进行集中管理的可辨认金融工具池的一部分，具有客观证据表明企业近期采用短期获利方式对该组合进行管理。交易性金融资产的取得以公允价值作为初始确认金额。

4）应收票据及应收账款分为应收票据与应收账款两个会计要素。

应收票据是指企业因销售产品、商品、材料、提供劳务等业务应向购货单位或接受劳务的单位收取的商业汇票，包括银行承兑汇票和商业承兑汇票。

应收账款是指企业因销售商品、产品、提供劳务等业务应向购货单位或接受劳务的单位收取的款项。

5）预付款项是指企业按照购货合同的规定预付给供应单位的款项。

6）其他应收款是指除应收票据、应收账款、预付账款、长期应收款等经营活动以外的其他各种应收、暂付的款项，包括应收利息、应收股利等。

- 资产
  - 流动资产
    - 库存现金
    - 银行存款
    - 交易性金融资产
    - 衍生金融资产
    - 应收票据及应收账款
    - 预付款项
    - 其他应收款
    - 存货
    - 合同资产
    - 持有待售资产
    - 一年内到期的非流动资产
    - 其他流动资产
  - 非流动资产
    - 债权投资
    - 其他债权投资
    - 长期应收款
    - 长期股权投资
    - 其他权益工具投资
    - 其他非流动金融资产
    - 投资性房地产
    - 固定资产
    - 在建工程
    - 生产性生物资产
    - 油气资产
    - 无形资产
    - 开发支出
    - 商誉
    - 长期待摊费用
    - 递延所得税资产
    - 其他非流动性资产

图1-1 资产的构成要素

7）存货是指企业在正常生产经营过程中持有以备出售的产成品或商品，或者为了出售仍然处在生产过程中的在产品，或者将在生产过程或提供劳务过程中耗用的材料、物料等。

存货主要包括原材料、在产品、半成品、产成品、库存商品、周转材料、委托代销商品等。在途物资是指货款已付但尚未验收入库的购入材料或商品等。其中，原材料是指企业库存的各种材料，包括原料及主要材料、辅助材料、外购半成品、包装材料、燃料等。库存商品是指企业库存的各种商品，包括库存产成品、外购商品等。周转材料主要包括包装物、低值易耗品，以及建筑企业的钢模板、木模板、脚手架等。委托代销商品是指企业委托其他单位代销的商品。

8）合同资产是指企业已向客户转让商品而有权收到对价的权利，且该权利取决于时间流逝以外的其他因素。如企业向客户销售两项明确可区分的商品，企业因销售其中一项商品而有权收取其款项，但收取其款项还取决于企业交付另一项商品，企业应将该项收款权利作为合同资产。

【例1-3】 2018年10月15日，A公司与B公司签订合同，向其销售甲、乙两项商品，甲商品的单独售价为10 000元；乙商品的单独售价为20 000元。合同约定，甲商品于合同

开始日交付，乙商品在11月30日交付，只有当两项商品全部交付之后，A公司才能收到30 000元的款项。假定甲商品和乙商品分别构成单项履约义务，其控制权在交付时转移给B公司。上述价格均不包含增值税，且假定不考虑相关税费影响。

则：当A公司向客户交付甲商品时，A公司就形成10 000元的合同资产；

11月30日，A公司向B公司交付乙商品时，10 000元合同资产转换为应收账款或银行存款的增加。

（2）非流动资产　除符合流动资产条件以外的资产，都属于非流动资产，通常包括债权投资、其他债权投资、长期应收款、长期股权投资、投资性房地产、固定资产、在建工程、无形资产、商誉、长期待摊费用等。

1）债权投资一般指债券投资。债券投资是指债券购买人（投资人，债权人）以购买债券的形式投放资本，到期向债券发行人（借款人、债务人）收取固定利息以及收回本金的一种投资方式。

2）其他债权投资：用以反应以公允价值计量且其变动计入其他综合收益的金融资产（债权），即在特定日期产生的合同现金流量仅为对本金和未偿付本金金额为基础计算的利息支付。

3）长期应收款是指企业融资租赁产生的应收款项和采用递延方式分期收款、实质上具有融资性质的销售商品和提供劳务等经营活动产生的应收款项。

4）长期股权投资是指企业不准备在一年内（含一年）变现的各种股权性投资的可收回金额，包括：①企业持有的能够对被投资单位实施控制的权益性投资，即对子公司的投资；②企业持有的能够与其他合营方一同对被投资单位实施共同控制的权益性投资，即对合营企业的投资；③企业持有的能够对被投资单位施加重大影响的权益性投资，即对联营企业的投资；④企业对被投资单位不具有控制、共同控制或重大影响，在活跃市场上没有报价且公允价值不能可靠计量的权益性投资。

5）固定资产是指同时具有下列特征的有形资产：①为生产产品、提供劳务、出租或经营管理而持有；②使用寿命超过一个会计年度。

6）投资性房地产是指为赚取租金或资本增值，或两者兼有而持有的房地产，主要包括已出租的土地使用权、长期持有并准备增值后转让的土地使用权和企业拥有并已出租的建筑物。自有房地产和作为存货的房地产不属于投资性房地产。

【例1-4】　A公司2018年11月1日购买价值1 000万的写字楼。若该写字楼作为企业自用办公需要，则为固定资产；若企业购买该写字楼是出租，则是投资性房地产。

7）在建工程是指企业基建、技改等在建工程。

8）无形资产是指企业拥有或者控制的没有实物形态的可辨认非货币资产，包括专利权、非专利权、商标权、著作权、土地使用权、特许权等。企业自创商誉以及内部产生的品牌、刊名等，不应确认为无形资产。

9）商誉是指能在未来期间为企业经营带来超额利润的潜在经济价值，或一家企业预期的获利能力超过可辨认资产正常获利能力（如社会平均投资回报率）的资本化价值。商誉是企业整体价值的组成部分。在企业合并时，它是购买企业投资成本超过被合并企业净资产公允价值的差额。

10）长期待摊费用是指企业已经支出，但应由本期或以后各期分摊，摊销期限在一年以上（不含一年）的各项费用。

1.3.2 负债

1. 负债的概念和确认

负债是指过去的交易或者事项形成的、预期会导致经济利益流出企业的现时义务。现时义务是指企业在现行条件下已承担的义务。未来发生的交易或者事项形成的义务，不属于现时义务，不应确认为负债。

负债有以下特征表现：①是企业的现时义务；②负债的清偿预期会导致经济利益流出企业，具体表现为交付资产、提供劳务、将一部分股权转让给债权人等；③未来经济利益的流出能够可靠地计量。

【例 1-5】 甲房地产公司 2018 年 4 月发生以下经济业务，判断每项经济业务是否属于甲房地产公司的负债：

1）5 日，购买 1 000 万元土地使用权，土地费用下月支付 1/2，11 月支付剩下的 1/2。

分析：该项业务将导致甲房地产公司下月和 11 月经济利益的流出，属于甲房地产公司的负债。

2）11 日，甲房地产公司按照购销合同，收到 B 公司团购房屋的预付款 500 万元，甲房地产公司将在 12 月将产品交给 B 公司。

分析：甲房地产公司收取了 500 万元的预付款，就有义务按照合同约定将 500 万元的房屋交付给 B 公司，因此，该项业务属于甲房地产公司的负债。

---

2. 负债的内容

负债按其流动性，可分为流动负债和非流动负债，具体内容如图 1-2 所示。

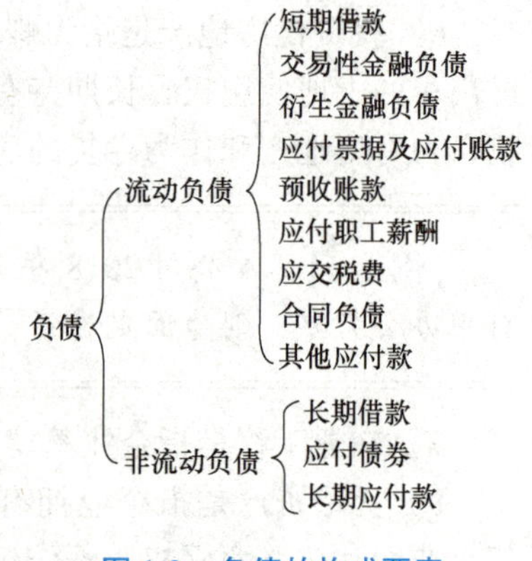

图 1-2 负债的构成要素

（1）流动负债 符合下列条件之一的负债，应当归类为流动负债：①预计在企业正常营业周期中清偿的负债；②自资产负债表日起一年内到期应予以清偿的负债；③企业无权自主地将清偿推迟至自资产负债表日后一年以上的负债。

流动负债主要包括短期借款、交易性金融负债、衍生金融负债、应付票据及应付账款、预收账款、应付职工薪酬、应交税费、合同负债、其他应付款等。

1）短期借款是指企业向银行或其他金融机构等借入的期限在一年以下（含一年）的各种借款。企业借入短期借款后，无论用于哪方面，均构成企业的一项流动负债。

2）交易性金融负债是指满足下列条件之一的金融负债：取得该金融负债主要是为了近期内回购；属于进行集中管理的可辨认金融工具组合的一部分，具有客观证据表明企业近期采用短期获利方式对该组合进行管理。

3）衍生金融负债是指当一个衍生金融工具在资产负债表日（一般是每年的12月31日）公允价值是负值的情况。

4）应付票据及应付账款分为应付票据与应付账款两个会计要素。

应付票据是指企业签发的允诺在不超过一年的票据上规定的期限内支付一定金额给持票人的一种书面证明。

应付账款是指企业在生产经营过程中因购买货物或接受劳务而形成的债务。

5）合同负债是指企业已收或应收客户对价而应向客户转让商品的义务。如企业在转让承诺的商品之前已收取的款项。

【续例1-3】 则：当A公司向客户交付甲商品时，B公司就形成10 000元为合同负债；

11月30日，A公司向B公司交付乙商品时，B公司10 000元的合同负债转换为应付账款的增加或银行存款的减少。

6）预收账款是指企业按照合同或协议规定向购货方预收的购货款等。

7）应付职工薪酬是指企业为获得职工提供的服务而应付给职工的各种形式的报酬。职工薪酬包括职工在职期间和离职后提供给职工的全部货币性和非货币性福利。

8）应交税费是指企业按照国家税法的规定应缴而尚未缴纳的各种税费。施工企业按规定应向国家缴纳的税金有很多种，主要包括增值税、城市维护建设税、企业所得税、房产税、车船税、城镇土地使用税、印花税、教育费附加等。

9）其他应付款是指企业除了应付票据、应付账款、预收账款、应付职工薪酬、应交税费、应付股利、长期应付款等经营活动以外的其他各种应付、暂收的款项。

（2）非流动负债　符合流动负债条件以外的负债，都属于非流动负债，通常包括长期借款、应付债券、长期应付款等。

1）长期借款是指企业向银行或其他金融机构借入的期限在一年以上（不含一年）的各项借款。

2）应付债券是指企业为筹集长期资金而实际发行的债券及应付的利息。它是企业筹集长期资金的一种重要方式。企业发行债券的价格受同期银行存款利率的影响较大，一般情况下，企业可以按面值发行、溢价发行或折价发行债券。

3）长期应付款是指企业除长期借款和应付债券以外的其他各种长期应付款，包括应付融资租入固定资产的租赁费、采用补偿贸易方式引进的国外设备价款等。

1.3.3 所有者权益

1. 所有者权益概述

所有者权益是指所有者在企业资产中享有的经济利益，其金额为资产减去负债后的余额。企业的所有者权益最初是以投入企业资产的形式取得，并形成投入资本。随着企业经营活动的开展，投入资本增值，增值部分形成盈余公积和未分配利润。

所有者权益的特征如下：①在正常情况下，企业不需要偿还所有者的投资；②所有者权益的增减变动受所有者增资或减资以及留存收益等因素的影响；③企业清算时，企业在清偿全部债务后，剩余的财产才能够用于偿还所有者；④所有者以其在企业享有的所有者权益的份额，参与企业的利润分配。

2. 所有者权益的构成

所有者权益包括实收资本、资本公积、盈余公积和未分配利润，具体内容如图1-3所示。

所有者权益：实收资本（股本）、资本公积、盈余公积、未分配利润

图1-3 所有者权益的构成要素

1）实收资本是指投资者按企业章程、合同或协议的约定，接受投资者投入企业的资本。这些资本可以是资金、无形资产、固定资产和存货。

2）资本公积是指企业收到投资者出资超出其在注册资本或股本中所占的份额的资本或资产，以及直接计入所有者权益的利得和损失等，主要包括资本（或股本）溢价、法定财产重估增值、外币资本折算差额等。

3）盈余公积是指按国家有关规定从净利润中提取的公积金，主要用途是弥补亏损、扩大企业生产经营或转增企业资本。

4）未分配利润是指尚未分配的利润或未指定用途的利润。

1.3.4 收入

1. 收入概述

收入是指企业在日常活动中形成的、会导致所有者权益增加的、与所有者投入资本无关的经济利益的总流入。日常活动是指企业为完成其经营目标所从事的经常性活动以及与之相关的其他活动。企业代第三方收取的款项应当作为负债处理，不应确认为收入。

收入具有以下基本特征：①从企业的日常经营活动而不是偶发的交易或事项中产生，如施工企业的收入是从工程结算收入中获得，而不应从处置固定资产等非正常活动中产生；②可能表现为资产的增加、负债的减少，或者两者兼而有之；③能导致企业所有者权益的增加；④只包括本企业经济利益的流入，不包括为第三方或客户代收的款项。

2. 收入的构成

1）按照收入形成的原因，可以分为销售商品收入、提供劳务收入和让渡资产使用权收入。

销售商品收入是指企业通过销售商品实现的收入，如房地产开发企业销售商品房。

提供劳务收入是指企业通过提供劳务实现的收入，如软件公司为客户开发工程造价软件，代理咨询公司为房地产企业提供咨询服务等。

让渡资产使用权收入是指不改变资产的本质的前提下，将资产利用的权利通过一定的方式全部或部分以有偿的方式转让给他人所有或者占有，让他人行使相应权利。主要包括利息收入、使用费收入。

2）按照企业日常活动的重要性，可以分为主营业务收入和其他业务收入。

主营业务收入是指企业为完成其经营目标所从事的经常性活动，由此产生的经济利益的总流入即主营业务收入，如房地产开发企业销售商品房取得的收入为该企业的主营业务收入，劳务公司提供劳务活动取得的收入为该企业的主营业务收入。主营业务收入一般占企业营业收入的比重大。

其他业务收入是指企业为完成其经营目标所从事的经常性活动相关的其他活动，由此产

生的经济利益的总流入为其他业务收入。如施工企业转让无形资产使用权，出售不需要用的建筑材料等取得的收入。其他业务收入一般占企业营业收入的比重小。

3）按照收入的形成是否与企业日常经营活动有直接关系，可以分为营业收入和营业外收入。

营业收入是指企业日常经营活动所取得的收入。上述收入的定义中所指的收入实际上就是营业收入。

营业外收入是指企业发生的与日常经营活动无直接关系的各项收入，如各种罚款和赔款形成的收入。

1.3.5　费用

1. 费用概述

费用是指企业在日常活动中发生的、会导致所有者权益减少的、与所有者分配利润无关的经济利益的总流出。

费用具有以下基本特征：①费用发生于企业的日常经营活动而不是偶发的交易或者事项；②费用的发生一方面会导致资产的减少，另一方面会导致资产形态的转换；③费用要以收入来补偿，本身及最终会导致所有者权益的减少；④费用和成本虽都是企业经济资源的耗费，都属于费用，但人们通常将计入某一成本计算对象的费用称为成本。

2. 费用的内容

费用按与收入的相关程度不同分为营业成本、生产费用、期间费用和其他费用。

（1）营业成本　营业成本是指销售商品或提供劳务的成本。企业应当在确认产品销售收入、劳务收入时，将已销售产品、已提供劳务的成本等计入当期损益。

按照其所有销售商品或提供劳务在企业日常活动中所处的地位，可分为主营业务成本和其他业务成本。

1）主营业务成本是指企业根据企业会计准则确认销售商品、提供劳务等主营业务收入时可结转的成本。

2）其他业务成本是指企业除主营业务活动以外的其他经营活动所发生的支出，包括销售材料的成本、出租包装物的成本或摊销额等。

（2）生产费用　生产费用是指与产品生产或提供劳务有关，能予以对象化并计入成本而发生的各项费用，包括直接费用和间接费用。

1）直接费用是指直接为生产产品或提供劳务等发生的费用，包括直接材料费、直接人工费、直接机械费、其他直接费等。这些费用都直接计入产品生产成本。

2）间接费用是指企业生产车间、部门为生产产品和提供劳务而发生的、应由几种或全部产品负担的费用，如制造费用。例如，企业所属各施工单位为组织和管理施工活动而发生的管理人员工资及福利费、折旧费、办公费、水电费等。

（3）期间费用　期间费用是指企业行政管理部门为组织和管理生产经营活动而发生的从当期收入中得到补偿的费用，包括管理费用、财务费用和销售费用。

1）管理费用是指施工企业为管理和组织企业生产经营活动而发生的各项费用，包括公司经费、工会经费、董事会费、聘请中介机构费、咨询费、诉讼费、排污费、技术转让费、业务招待费和其他管理费用等。

2）财务费用是指企业为筹集生产所需资金等而发生的费用，包括应当作为期间费用的利息支出（减利息收入）、汇兑损失（减汇兑收益）以及相关的手续费等。

3）销售费用是指企业在销售产品、自制半成品和提供劳务等过程中发生的各项费用，包括由企业负担的包装费、运输费、广告费、装卸费、保险费、委托代销手续费、展览费、租赁费（不含融资租赁费）和销售服务费，销售部门的人员工资、职工福利费、差旅费、折旧费、修理费、物料消耗、低值易耗品摊销以及其他经费等。

（4）其他费用 其他费用包括所得税费用、营业税金及附加、资产减值损失。

1）所得税费用是指企业根据《企业会计准则第18号——所得税》确认的应从当期利润总额中扣除的所得税金额。

2）营业税金及附加是指企业经营活动发生的营业税、消费税、城市维护建设税、资源税和教育费附加等相关税费。

3）资产减值损失是指企业计提各项资产减值准备所形成的损失。

1.3.6 利润

1. 利润概述

利润是指企业在一定会计期间的经营成果。它是企业在一定会计期间内实现的收入减去费用后的余额。

利润具有以下特征：①利润是收入和费用两个会计要素配比的结果；②利润是广义的收入和广义的费用相抵后的差额；③利润将最终导致所有者权益的增加。

2. 利润的内容

企业利润分为营业利润、利润总额和净利润三个层次。

1）营业利润是指营业收入减去营业成本和税金及附加，减去销售费用、财务费用、研发费用、管理费用、资产减值损失和信用减值损失，加上其他收益、投资收益、净敞口套期收益、公允价值变动损益、资产处置收益的金额。

其中，营业收入是主营业务收入加上其他业务收入。营业成本是主营业务成本加上其他业务成本。

信用减值损失反映企业按照《企业会计准则第22号——金融工具确认和计量》的要求计提的各项金融工具减值准备所形成的预期信用损失。

投资收益是指核算企业根据《企业会计准则第2号——长期股权投资》确认的投资收益或损失。

净敞口套期收益反映净敞口套期下被套期项目累计公允价值变动转入当期损益的金额或现金流量套期储备转入当期损益的金额。

公允价值变动损益是指企业交易性金融资产、交易性金融负债，以及采用公允价值模式计量的投资性房地产、衍生工具等公允价值变动形成的应计入当期损益的利得或损失。

2）利润总额是指营业利润加上营业外收入减去营业外支出后的金额。

3）净利润是指利润总额减去应纳所得税费后的余额。

1.4 会计等式

在会计核算中反映各个会计要素数量关系的等式称为会计等式。会计等式又称会计方程式或会计平衡式。

1.4.1 静态会计等式

在会计上，把企业所有者投入的资金称为所有者权益；把企业举借的债务称为债权人权益。所有者权益和债权人权益统称为权益，是指企业资产提供者对这些资产所拥有的要求权。

资金进入企业时一般有两种情况：一是企业所有者投入的资本金；二是企业举借的债务。也就是说，资金进入企业后，以资产的形态出现在企业，资产不属于所有者，便属于债权人。企业资产的数额，完全取决于负债和所有者权益的数额，因此，资产和权益在任何时候都是相等的，即企业发生任何经济活动，都不会破坏这一恒等关系。

【例1-6】 B施工单位需要筹集资金130 000元。投资者向B施工单位投入货币资金100 000元，B施工单位从银行取得短期贷款30 000元。这时，B施工单位的资产（货币资金）为130 000元，它相对应的来源是：所有者权益（实收资本）100 000元，负债（短期借款）30 000元，用等式可表示为

资产130 000元=所有者权益(实收资本)100 000元+债权人权益(负债)30 000元

【例1-7】 承例1-6，B施工单位在经营过程中因为资金周转困难再向银行借入短期借款10 000元。这时，B施工单位的资产（货币资金）增加10 000元，而负债（短期借款）也增加了10 000元。用等式可表示为

资产(货币资金)140 000元=所有者权益(实收资本)100 000元+债权人权益(负债)40 000元

综上所述，资产和权益一直保持平衡关系。这一基本的等式就是会计基本等式。因其是企业资金运动的静态表现形式，故又称为静态会计等式。其关系为

资产=权益

资产=所有者权益+债权人权益(基本形态)

资产-负债=所有者权益(转化形态)

资产=所有者权益+债权人权益，是企业拥有价值的静态表示，是反映企业一定时点上财务状况的会计等式，是编制资产负债表的基础。

1.4.2 动态会计等式

企业在经营过程中，会获得各项收入，同时也会发生各项支出（费用）。在一定时期，费用用收入来补偿之后，形成利润或亏损。这部分利润或亏损必然增加或冲减一定时点上的静态会计等式中的所有者权益的一部分价值。这种关系用数学公式表达为

收入-费用=利润(基本形态)

费用=收入-利润(转化形态)

收入=费用+利润(转化形态)

这个会计等式表明经营成果与相应会计期间的收入和费用之间的关系，称为第二会计等式，因第二会计等式表达的是资金运动的动态形式，故又称为动态会计等式。动态会计等式

反映的是一定时间里的经营成果，是企业利润表的理论基础。若收入大于费用，则为盈利；反之则为亏损。当收入等于费用时，利润为零。

【例1-8】 甲施工单位于2018年4月份开始进行A工程施工。A工程发生直接费用180 000元，间接费用6 000元，其他费用3 000元，A工程当月工程结算收入为220 000元，向国家缴纳营业税金及附加6 660元。

分析：在本例中，甲施工单位4月份取得收入220 000元；发生计入成本的费用包括直接费用180 000元，间接费用6 000元，其他费用3 000元，营业税金及附加6 660元。甲施工单位4月份获得的利润为

利润 = 220 000元 − (180 000 + 6 000 + 3 000)元 − 6 660元 = 24 340元

收入、费用与利润的平衡关系主要是依据权责发生制记账基础，即在事项和交易发生时来确定各期的经营收支，而不是以现金是否收到为标准，同时要求会计核算在一定会计期间的各项收入和与之相关的各项费用，从而正确确定各会计期间的经营成果。

1.4.3 综合会计等式

在任何一个会计期间的起点上，企业资金都处于相对静止的状态，表现为“资产 = 负债 + 所有者权益”。企业在生产经营过程中会发生各种业务，在一定的会计期间内，企业会获得收入，发生费用，从而产生利润或亏损。因此，在一定的时期，企业的资产、负债、所有者权益、收入、费用、利润都会发生变化。在会计期末，企业由于经营获得利润，可使企业所有者权益增加；反之，企业发生亏损时，就会使企业所有者权益减少。用数学公式表示，即

资产 = 负债 + 所有者权益(初始形态)

收入 − 费用 = 利润(动态)

资产 = 负债 + 所有者权益 + 利润

资产 = 负债 + 所有者权益 + (收入 − 费用)

上述等式为第三会计等式。第三会计等式反映了企业财务状况和经营成果之间的关系。经过等式左右两方的转换，还可以写成以下形式：

资产 + 费用 = 负债 + 所有者权益 + 收入

【例1-9】 A企业3月份所有者权益为107 360元；4月份资产为156 000元，负债为42 000元，获得利润6 640元；4月份未发生投资及资本公积、利润分配业务，则4月月底的会计等式为

资产156 000元 = 所有者权益107 360元 + 负债42 000元 + 利润6 640元

因第三会计等式反映了所有会计要素之间的关系，故又称为综合会计等式。综合会计等式既反映了资金的静态运动，又反映了资金的动态运动，体现了企业经营资金运动的内在规律。

1.4.4 经济业务对会计等式的影响

经济业务的发生会引起会计要素的变化，对于一个会计主体而言，无论发生什么经济业务，都不会破坏会计等式的平衡关系。经济业务所引起的资产和权益的增减变动主要体现为表1-2中的几种类型。

表1-2 经济业务对会计等式的影响类型

经济业务	资产＝负债＋所有者权益		
	资　产	负　债	所有者权益
1	增	增	
2	增		增
3	减	减	
4	减		减
5	增、减		
6		增、减	
7			增、减
8		减	增
9		增	减

【例1-10】 甲施工单位于2018年2月发生以下经济业务：

业务1：甲施工单位于2月3日购买原材料砂石6 000元，用银行存款支付。

这项经济业务使甲施工单位原材料砂石增加6 000元，同时银行存款减少6 000元。这项业务在资产内部相应增加和减少，会计等式未发生变化，如图1-4所示。

	资产		=	负债+所有者权益
	原材料+	银行存款		
	+6 000	−6 000		
余额	+6 000	−6 000		

图1-4 经济业务对会计等式的影响（一）

业务2：甲施工单位于2月6日用银行存款5 000元偿还上月欠款。

这项经济业务使甲施工单位银行存款减少5 000元，同时应付账款减少5 000元。这项业务使资产和负债都减少5 000元，会计等式仍然保持平衡，如图1-5所示。

	资产		=	负债+所有者权益
	原材料+	银行存款	=	应付账款
		−5 000		−5 000
余额	+6 000	−11 000		−5 000

图1-5 经济业务对会计等式的影响（二）

业务3：于2月10日A工程结算收入为20 000元，对方已转账。

这项经济业务使甲施工单位的银行存款增加20 000元，同时收入增加20 000元。收入增加使得利润增加20 000元。这项业务使资产增加20 000元，收入增加20 000元，会计等式仍然保持平衡，如图1-6所示。

	资产		=	负债+所有者权益+收入	
	原材料	+银行存款	=	应付账款	+主营业务收入
		+20 000			+20 000
余额	+6 000	+9 000		−5 000	+20 000

图1-6 经济业务对会计等式的影响（三）

业务4：承业务3，A工程本月结算收入20 000元，确认工程结算成本10 000元。

这项经济业务使甲施工单位主营业务成本增加10 000元，存货减少10 000元。同时使资产减少10 000元，费用增加10 000元，会计等式仍然保持平衡，如图1-7所示。

	资产+费用				=	负债+所有者权益+收入	
	原材料	+银行存款	+存货	+主营业务成本	=	应付账款	+主营业务收入
			−10 000	+10 000			
余额	+6 000	+9 000	−10 000	+10 000		−5 000	+20 000

图1-7 经济业务对会计等式的影响（四）

业务5：甲施工单位于2月10日支付员工工资共8 000元，以库存现金支付。

这项经济业务使天益施工单位库存现金减少8 000元，同时应付职工薪酬减少8 000元。这项业务使资产减少8 000元，负债减少8 000元，会计等式仍然保持平衡，如图1-8所示。

	资产+费用					=	负债+所有者权益+收入		
	原材料	+银行存款	+存货	+主营业务成本	+库存现金	=	应付账款	+主营业务收入	+应付职工薪酬
					−8 000				−8 000
余额	+6 000	+9 000	−10 000	+10 000	−8 000		−5 000	+20 000	−8 000

图1-8 经济业务对会计等式的影响（五）

业务6：甲施工单位于2月12日用库存现金支付上月增值税2 000元。

这项经济业务使甲施工单位库存现金减少2 000元，同时应交税费减少2 000元。这项业务使资产减少2 000元，负债减少2 000元，会计等式仍然保持平衡，如图1-9所示。

	资产+费用					=	负债+所有者权益+收入			
	原材料	+银行存款	+存货	+主营业务成本	+库存现金	=	应付账款	+主营业务收入	+应付职工薪酬	+应交税费
					−2 000					−2 000
余额	+6 000	+9 000	−10 000	+10 000	−10 000		−5 000	+20 000	−8 000	−2 000

图1-9 经济业务对会计等式的影响（六）

资产、负债、所有者权益、收入、费用、利润这六个会计要素，不管如何发生变化，最终都要回到资产、负债、所有者权益三者之间的平衡关系上。企业发生的任何经济业务，不管涉及哪些会计要素，都不会破坏会计等式。会计等式的平衡关系不仅不会受到任何会计事项影响，也不会受到企业类型、时间和地点的影响，因此会计等式通常称为会计恒等式。

思考题与习题

1. 会计的概念与基本特征是什么？

2. 会计的基本职能是什么？

3. 丰和施工单位2017年6月发生以下几项业务：

(1) A工程的工程结算收入为36 000元，款项已收讫；该工程的工程结算成本为24 000元。

(2) 甲方预付款项12 000元，款项已存入银行。

(3) 以银行存款预付下季度仓库租金10 500元。

(4) B工程的工程结算收入为42 000元，但本月未收到该结算款项；该工程的工程结算成本为34 000元。

(5) 以银行存款支付本月水电费3 500元。

(6) 以银行存款支付本年度第二季度短期借款利息6 000元。

请问：

1) 我国企业会计确认、计量和报告的基础是什么？

2) 采用权责发生制时，丰和施工单位6月份的收入为多少？

3) 采用收付实现制时，丰和施工单位6月份的成本费用为多少？

4) 以上哪些业务，权责发生制和收付实现制的计量结果是一致的？

4. 华天施工单位2018年5月份发生下列经济业务：

(1) 5月1日，从C公司购入甲材料8t，增值税专用发票注明价款300 000元，增值税51 000元，另发生挑选整理费10 000元，全部款项均以银行存款支付，甲材料已验收入库。

(2) 5月3日，总经理张某出差归来报销差旅费19 000元，交回多余现金1 000元（原预借差旅费20 000元），现金已收讫。

(3) 5月4日，从银行借入期限为3年的借款1 000 000元，款已存入本企业开户银行。

(4) 5月6日，因购买材料于2018年1月6日开出的商业汇票到期，华天施工单位通知其开户银行以银行存款150 000元支付票款。

(5) 5月8日，以银行存款50 000元向宋庆龄基金会捐款。

(6) 5月10日，收到甲方前欠款项400 000元，存入银行。

(7) 5月20日，A工程的工程结算收入1170 000元。收到D公司当日签发承兑的商业汇票一张，票面金额为1 170 000元，期限为4个月。

(8) 5月22日，B工程的工程结算收入50 000元，全部款项已收存银行。

要求：编写以上每笔业务的会计等式。

2 第2章 工程财务管理概论

本章主要内容：

财务与财务管理的概念；财务管理的对象和内容；财务管理的职能；财务管理的目标（企业目标及其对财务管理的要求、企业的财务目标、影响财务管理目标实现的因素、不同利益主体财务目标的矛盾与协调）；财务管理的原则（有关竞争环境的原则、有关财务交易的原则）；工程财务管理的环境（法律环境、金融市场环境、经济环境）。

本章重点和难点：

现金的短期循环和长期循环；现金流转的不平衡；企业利润最大化、每股盈余最大化、股东财富最大化和企业价值最大化；财务管理有关竞争环境的原则和有关财务交易的原则。

2.1 财务与财务管理

2.1.1 财务的概念

财务是企业在生产经营过程中有关资金的筹集、使用和利润分配活动及其货币关系的总称。其中，资金的筹集、使用和利润分配活动，称为财务活动；财务活动过程中形成的企业与各方面的货币关系称为财务关系。财务关系如图 2-1 所示。

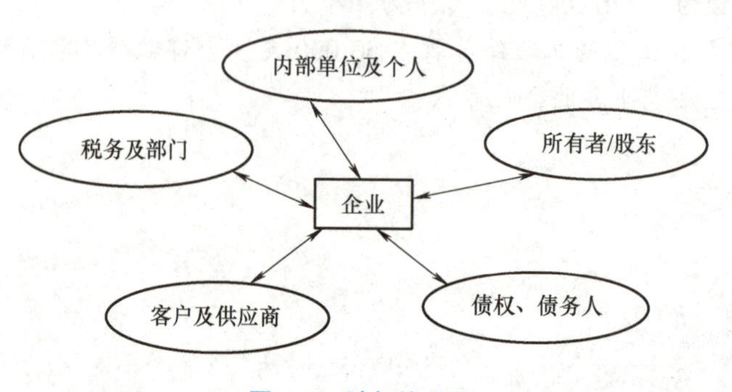

图 2-1 财务关系图

2.1.2 财务管理的概念

1. 财务管理的定义

财务管理是指基于企业再生产过程中客观存在的财务活动和财务关系而产生的，利用价值形式对企业再生产过程进行的管理，是组织财务活动、处理财务关系的一项综合性管理工作。

2. 财务管理的特点

1）财务管理是一种价值管理。

2）财务管理是组织企业一切经营活动的前提，反映了企业全部经营活动的成果。

3）财务管理具有综合性。

3. 建筑企业财务管理

建筑企业具有施工生产的流动性、施工生产的单件性和生产周期长、涉及面广等特点，这些特点决定了建筑企业的资金筹措、使用，产品价格的形成，工程价款的结算方式，成本的预算及考核等财务管理工作与其他企业有许多不同之处，其财务管理涉及工程投标、建筑生产、材料采购、竣工结算等多个环节。

建筑企业财务管理的作用如下：

1）资金预测、筹集与合理运用（如建设项目资金需求大、分期分批拨付资金）。

2）找出日常生产经营中的薄弱环节，从而堵塞漏洞，降低成本费用（如工程中材料种类多，数量较大）。

3）加强资金回收（如周转材料要及时回收、整理，减少租赁费用）。

4）资金分配管理。

2.2 财务管理的对象、内容和职能

财务管理是有关资金筹集、投放和分配的工作。财务管理的对象是资金循环与周转，主要内容是投资决策、筹资决策和股利分配决策，主要职能是财务决策、财务计划和财务控制。

2.2.1 财务管理的对象

财务管理主要是资金管理，其对象是资金及其流转。资金流转的起点和终点是现金，其他资产都是现金在流转中的转化形式。因此，财务管理的对象也可以说是现金及其流转。财务管理也会涉及成本、收入和利润问题。从财务的观点来看，成本和费用是现金的耗费，收入和利润是现金的来源，因此财务管理主要在这个意义上研究成本和收入，而不同于一般意义上的成本管理和销售管理，也不同于计量收入、成本和利润的会计工作。

1. 现金流转的概念

在生产经营中，现金变为非现金资产，非现金资产又变为现金，这种流转过程称为现金流转。这种流转无始无终，不断循环，又称为现金的循环或资金的循环。

现金循环有多条途径，如现金用于购买原材料，原材料经过加工成为产成品，产成品出售后又变为现金；现金用于购买机器等固定资产，在使用中逐渐磨损，价值进入产品，又陆续通过产品销售变为现金。各种流转途径完成一次循环即从现金开始又回到现金所需的时间不同。购买商品的现金可能几天就可返回现金状态，而购买机器的现金则可能要经过多年才

能全部返回现金状态。

现金变为非现金资产，然后又回到现金，所需时间不超过一年者，称为现金的短期循环。短期循环中的资产是流动资产，包括现金和企业正常经营周期内可以完全转变为现金的存货、应收账款、短期投资及某些待摊和预付费用等。

现金变为非现金资产，然后又回到现金，时间在一年以上者，称为现金的长期循环。长期循环中的非现金资产是非流动资产，包括固定资产、长期投资、无形资产、递延资产等。

2. 现金的短期循环

现金短期循环最基本的形式如图2-2所示。

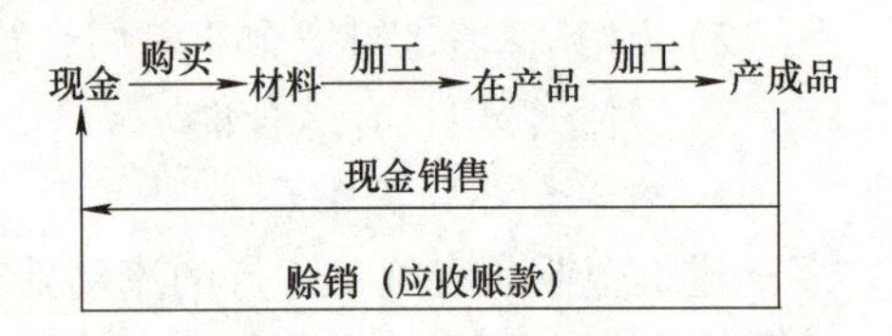

图2-2 现金短期循环最基本的形式

图2-2中省略了以下两个重要的情况：

1）只描述了现金的运用，没有反映现金的来源。股东最初投入的现金，在后续的经营中经常不够使用，需要补充。补充的来源包括增发股票、向银行借款、发行债券或利用商业信用解决临时资金需要等。

2）只描述了流动资产的相互转换，没有反映资金的耗费，如用现金支付人工成本和其他营业费用等。企业不可能把全部现金都投资于非现金资产，必须拿出一定数额用于发放工资、支付公用事业费等。这些现金没有投入非现金资产，而要与原料成本加在一起，成为制定产品价格的基础，并通过出售产品补偿最初的现金支付。

如果把这两种情况补充进去，则改进的现金短期循环形式如图2-3所示。

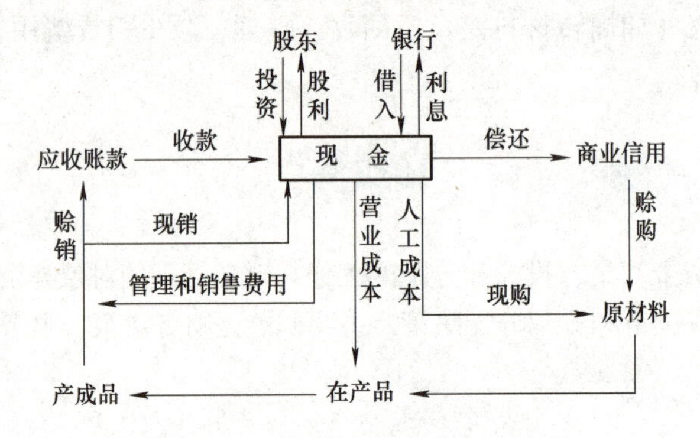

图2-3 改进的现金短期循环形式

3. 现金的长期循环

现金长期循环如图2-4所示。

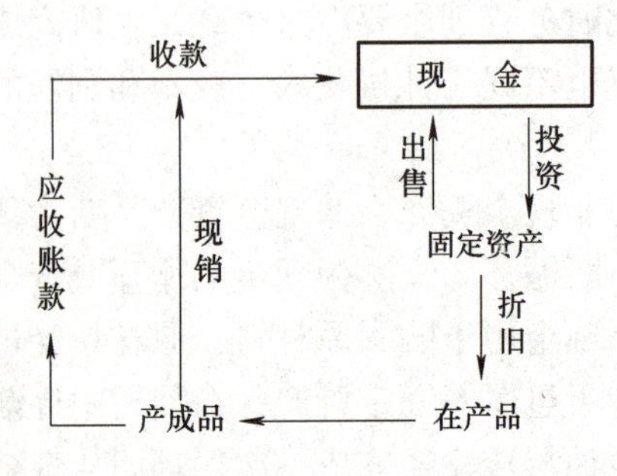

图2-4 现金长期循环图

长期循环是一个缓慢的过程，如房屋建筑物的成本要几十年才能得到补偿。长期循环有以下两点值得注意：

（1）折旧是现金的一种来源 例如，ABC公司的损益情况如下（单位：元）：

销售收入	100 000
制造成本（不含折旧）	50 000
销售和管理费用	10 000
折旧	20 000
税前利润	20 000
所得税（25%）	5 000
税后利润	15 000

该公司获利15 000元，现金却增加了35 000元。因为销售收入增加现金100 000元，各种现金支出是65 000元（付现成本50 000＋付现费用10 000＋所得税5 000），现金增加35 000元，比净利润多20 000元（35 000－15 000），这是计提折旧20 000元引起的。利润是根据收入减全部费用计算的，而现金余额是收入减全部现金支出计算的。折旧不是本期的现金支出，但却是本期的费用。因此，每期现金增加都是利润与折旧之和，利润会使企业增加现金，折旧也会使现金增加，同时还会使固定资产价值减少。

如果ABC公司本年亏损，情况又怎样呢？假设其损益情况如下（单位：元）：

销售收入	100 000
制造成本（不含折旧）	90 000
销售和管理费用	10 000
折旧	20 000
亏损	(20 000)

虽然亏损20 000元，但现金余额并没有减少。因为本期现金收入100 000元，现金支出也是100 000元（90 000＋10 000），在企业不添加固定资产的情况下，只要亏损额不超过折旧额，企业的现金余额就不会减少。

（2）长期循环和短期循环的联系 现金是长期循环和短期循环的共同起点，在换取非现金资产时分开，分别转化为各种非流动资产和流动资产，在被使用时，分别计入在产品的各种费用，又汇合在一起，同步形成产成品，产成品经出售又转化为现金。

转化为现金以后，不管它们原来是短期循环还是长期循环，企业都可以根据需要重新分配。折旧形成的现金可以购买原材料，原来用于短期循环的现金收回后也可以投资于固定资产。

4. 现金流转的不平衡

企业现金流出与现金流入相等的情况很少，不是收大于支就是支大于收，绝大多数企业一年中会多次遇到现金流出大于现金流入的情况。这就形成了现金流转的不平衡，其原因分为企业内部的原因（如盈利、亏损或者扩充等）和企业外部的原因（如市场的季节性变化、经济的波动、通货膨胀、企业间的竞争等）。

（1）影响企业现金流转的内部原因

1）盈利企业的现金流转。不打算扩充的盈利企业，其现金流转一般比较顺畅，短期循环中的现金大体平衡，税后净利会使企业现金多起来，长期循环中的折旧、摊销等也会积存现金。

盈利企业也可能由于抽出过多现金而发生临时流转困难，如付出股利、偿还借款、更新设备等。此外，存货变质、财产失窃、坏账损失、出售固定资产损失等，也会使企业失去现金，并引起流转的不平衡。

2）亏损企业的现金流转。从长期来看，亏损企业的现金流转是不可能维持的。从短期来看又分为两类：一类是亏损额小于折旧额的企业，在固定资产重置以前可以维持下去；另一类是亏损额大于折旧额的企业，如果不从外部补充现金的话，将会破产。

亏损额小于折旧额的企业，虽然收入小于全部成本费用，但大于付现的成本费用，因为折旧和摊销费用不需要支付现金。因此，它们支付日常的开支通常并不困难，甚至还可以把部分补偿折旧费用的现金抽出来移作他用。然而，当计提折旧的固定资产必须重置的时候，积蓄起来的现金，将不足以重置固定资产。因为亏损时企业的收入是不能足额补偿全部资产价值的。此时，只有通过借款购买设备才能使生产继续下去。这种办法增加了以后年度的现金支出，会进一步增加企业的亏损。除非企业扭亏为盈，否则就会变为亏损额大于折旧额的企业，并很快破产。这类企业如不能在短期内扭亏为盈，则还有一条出路，那就是找一家对减轻税负有兴趣的盈利企业来兼并自己。因为合并一个账面有亏损的企业，可以减少盈利企业的税负。

亏损额大于折旧额的企业，是濒临破产的企业。这类企业不能以高于付现成本的价格出售产品，更谈不上补偿非现金费用。这类企业必须不断地在短期周转中补充现金，其数额等于现金亏空数。如果要重置固定资产，则所需现金只能从外部筹措。这类企业如不能在短期内扭亏为盈，则会宣告倒闭。

3）扩充企业的现金流转。任何要迅速扩大经营规模的企业，都会遇到相当严重的现金短缺情况。固定资产的投资扩大、存货增加、应收账款增加、营业费用增加等，都会使现金流出扩大。

财务主管人员的任务不仅要维持当前经营的现金收支平衡，还要设法满足企业扩大的现金需要，并且力求使企业扩充的现金需求不超过扩充后新的现金流入。

首先，应从企业内部寻找项目所需资金，如出售短期证券、减少股利分配、加速收回应收账款等。其次，当内部筹集的资金不能满足扩充需要时，从外部筹集。从外部筹集的资金，要承担付息、支付股利等资金成本，引起未来的现金流出。企业在借款时要注意到，将来还本付息的现金流出不要超过将来的现金流入，否则要借新债还旧债，利息负担会耗费掉扩建形成的现金流入，使项目在经济上失败。

（2）影响企业现金流转的外部原因

1）市场的季节性变化。通常，企业的生产部门会力求全年均衡生产，以充分利用设备和人工，但销售总会有季节性变化。因此，企业往往在销售淡季会现金不足，而销售旺季过后则积存过剩现金。

企业人工等费用的开支也会有季节性变化。有的企业集中在年终发放奖金，要用大量现金；有的企业利用节假日加班加点，要付成倍的工资；有的企业使用季节性临时工，在此期间人工费大增。

2）经济的波动。任何国家的经济发展都会有波动，时快时慢。在经济收缩时，销售下降，进而生产和采购减少，整个短期循环中的资金减少了，企业有了过剩的现金。如果预知不景气的时间很长，则推迟固定资产的重置，折旧积累的现金也会增加。这种财务状况给人以假象。随着销售额的进一步减少，大量的经营亏损很快会接踵而来，现金将被逐步销蚀掉。

当经济“热”起来时，现金需求扩大，积存的过剩现金很快被用尽，不仅扩充存货要大量投入现金，而且受繁荣时期乐观情绪的鼓舞，企业会对固定资产进行扩充性投资，且往往要超过提取的折旧。此时，银行和其他贷款人大多也很乐观，愿意为盈利企业提供贷款，筹资较容易。但是，经济过热必然造成利率上升，过度扩充的企业背负着巨大的利息负担，会受到经济收缩的打击。

3）通货膨胀。通货膨胀会使企业遭遇现金短缺的困难。由于原材料价格上升，保持存货所需的现金、人工和其他费用的现金支付增加；售价提高使应收账款占用的资金也增加。企业希望利润也会增加，否则，现金会越来越紧张。

提高利润，就要增收节支。增加收入，受到市场竞争的限制。若不降低成本，就难以应对通货膨胀造成的财务困难。通货膨胀造成的现金流转不平衡，不能靠短期借款解决，因其不是季节性临时现金短缺，而是现金购买力被永久地“蚕食”。

4）企业间的竞争。竞争会对企业的现金流转产生不利影响。但是，竞争往往是被迫的，企业经营者不得不采取他们本不想采取的方针。

价格竞争会使企业立即减少现金流入。在竞争中获胜的一方会通过多卖产品挽回其损失，实际上是靠牺牲其他企业的利益加快自己的现金周转。失败一方不但蒙受价格下降的损失，还受到销量减少的打击，现金周转可能严重失衡。

广告竞争会立即增加企业的现金流出。最好的结果是广告促进销售，加速现金流回。若竞争对手也做推销方面的努力，则企业的广告只能制止其销售额的下降。

增加新产品或售后服务项目，用“软”办法竞争，也会使企业的现金流出增加。

2.2.2　财务管理的内容

1. 投资决策

投资是指以收回现金并取得收益为目的而发生的现金流出。例如，购买政府公债、购买企业股票和债券、购置设备、兴建工厂、开办商店、增加一种新产品等，企业都要产生货币的流出，并期望有更多的现金流入。

企业投资决策，按不同标准可以分为以下类型：

（1）直接投资和间接投资

1）直接投资是指把资金直接投放于生产经营性资产，以便获取利润的投资，如购置设备、兴建工厂、开办商店等。

2）间接投资又称证券投资，是指把资金投放于金融性资产，以便获取股利或者利息收入的投资，如购买政府公债、购买企业债券和公司股票等。

这两种投资决策所使用的一般性概念虽然相同，但决策的具体方式却不一样。证券投资只能通过证券分析与评价，从证券市场中选择企业需要的股票和债券，并组成投资组合；作为行动方案的投资组合，不是事先创造，而是通过证券分析得出的。直接投资要事先拟定一个或几个备选方案，通过对方案的分析和评价，从中进行选择。

（2）长期投资和短期投资

1）长期投资是指影响超过一年的投资，如购买设备、建造厂房等。长期投资又称资本性投资。用于股票和债券的长期投资，在必要时可以出售变现，而较难以改变的是生产经营性的固定资产投资。所以，有时长期投资专指固定资产投资。

2）短期投资是指影响不超过一年的投资，如对存货、短期有价证券的投资。短期投资又称流动资产投资或营运资产投资。

长期投资和短期投资的决策方法有所区别。由于长期投资涉及的时间长、风险大，决策分析时更重视货币时间价值和投资风险价值的计量。

2. 筹资决策

筹资是指筹集资金，如企业发行股票、发行债券、取得借款、赊购、租赁等。

筹资决策要解决的问题是如何取得企业所需要的资金，包括向谁、在什么时候、筹集多少资金。筹资决策和投资、股利分配有密切的关系，筹资数量要考虑投资需要，在股利分配时加大保留盈余可减少从外部筹资。筹资决策的关键是决定各种资金来源在总资金中所占的比重，即确定资本结构，以使筹资风险和资本成本相匹配。

可供企业选择的资金来源有许多，习惯上称之为资金渠道，按不同标准可以分为以下类型：

（1）权益资金和借入资金

1）权益资金是指企业股东提供的资金。它不需要归还，筹资风险小，但其期望的报酬率高。

2）借入资金是指债权人提供的资金。它需要按期归还，有一定风险，但其要求的报酬率比权益资金低。

所谓资本结构，主要是指权益资金和借入资金的比例关系。一般来说，完全通过权益资金筹资是不明智的，不能得到负债经营的好处；但负债的比例大则风险也大，企业随时可能陷入财务危机。筹资决策要解决的一个重要问题就是确定最佳资本结构。

（2）长期资金和短期资金

1）长期资金是指企业可长期使用的资金，包括权益资金和长期负债。权益资金不需要归还，企业可以长期使用，属于长期资金。此外，长期借款也属于长期资金。有时习惯上把一年以上五年以内的借款称为中期资金，而把五年以上的借款称为长期资金。

2）短期资金一般是指一年内要归还的短期借款。一般来说，短期资金的筹集应主要解决临时性的资金需要。如在生产经营旺季需要的资金比较多，可借入短期借款，度过生产经营旺季则归还。

长期资金和短期资金的筹资速度、筹资成本、筹资风险及借款时企业所受的限制均有所区别。合理安排长期资金和短期资金筹资的比重，是筹资决策要解决的另一个重要问题。

3. 股利分配决策

股利分配是指在公司赚得的利润中，有多少作为股利发放给股东，有多少留在公司作为再投资。过高的股利支付率，影响企业的再投资能力，会使未来收益减少，造成股价下跌；过低的股利支付率，可能引起股东不满，股价也会下跌。

股利分配决策的制定受多种因素影响，包括税法对股利和出售股票收益的不同处理、未来公司的投资机会、各种资金来源及其成本、股东对当期收入和未来收入的相对偏好等。每个公司应根据具体情况做好最佳股利分配决策，这是财务决策的一项重要内容。

股利分配决策，从另一个角度来看也是保留盈余决策，是企业内部筹资问题。因此，有人认为股利分配决策属于筹资的范畴，而并非一项独立的财务管理内容。

2.2.3　财务管理的职能

1. 财务决策

财务决策是指有关资金筹集和使用的决策。

（1）财务决策过程　财务决策过程，一般可分为以下四个阶段：

1）情报活动。情报活动即探查环境，是寻找做决策的条件。在这个阶段，要根据初步设想的目标收集情报，找出做决策的依据。

2）设计活动。设计活动即创造、制订和分析可能采取的方案。在这个阶段，要根据收集到的情报，以企业想要解决的问题为目标，设计出各种可能采取的方案即备选计划，并分析评价每一方案的得失和利弊。

3）抉择活动。抉择活动即从备选计划中选择一个行动方案，或者在备选计划中进行抉择。在这个阶段，要根据当时的情况和对未来的预测，以及一定的价值标准评价诸方案，并按照一定的准则选出一个行动方案。

4）审查活动。审查活动即对过去的决策进行评价。在这个阶段，要根据实际发展进程和行动方案的比较，评价决策质量，即主观符合客观的程度，以便改进后续决策。

（2）财务决策系统的要素

1）决策者。决策者是决策的主体，可以是个人或决策机构。关系团体利益的决策，逐步从个人决策转变为集团决策，逐步从高度集中的决策转变为多层次的分散决策。

2）决策对象。决策对象是决策的客体，即决策要解决的问题。构成决策对象的只能是决策者行为可以施加影响的系统，决策者意志不能改变的东西不能成为决策对象。

3）信息。信息包括企业内部功能信息，以及企业外部环境状态和发展变化信息。决策时，保持信息的真实性和正确性至关重要。大部分决策错误都与信息失真有关。

4）决策理论和方法。决策理论和方法包括决策一般模式、预测方法、定量分析和定性分析技术、决策方法论、数学和计算机应用等。有了正确的信息，只是具备了科学决策的前提，并不等于就有了科学的结论。决策者还需要科学的理论指导，并运用恰当的方法来分析、推理和判断，才能找出好的方案。

5）决策结果。决策结果是指通过决策过程形成的、指导人行为的行动方案。企业决策的结果通常要采用语言、文字、图表等明显的形式来表达。

（3）决策的价值标准　决策的价值标准是指评价方案优劣的尺度，或者是衡量目标实现程度的尺度，它用于评价方案价值的大小。

如果使用的是单一价值标准，如最大利润、最高产量、最低成本、最大市场份额、最优质量、最短时间等，则会使第一步决策取得辉煌的胜利，但继续前进往往就会走向自己的反面。历史上多次失败的教训，使人们认识到要进行多目标综合决策。

可以最先使用综合经济目标的办法解决问题，即以长期稳定的经济增长为目标，以经济效益为尺度的综合经济目标作为价值标准。该方法看问题比较全面和长远，但把物质目标货币化，并综合在一起的做法也遇到了困难。企图把非经济目标转化为经济目标，只能在短期内有效，长期是不行的。目前还不能把经济和非经济目标统一于一个价值标准，至少在财务领域内还没有解决非经济目标的货币化问题。因此，在评价方案的最后阶段，要加进各种非经济或不可计量的因素进行综合判断，选取行动方案。经济方面的决策离不开计算，但每项决策都要考虑各种不可计量的因素，有时这些因素甚至成为方案弃取的决定性因素。

（4）决策准则 传统的决策理论认为，决策者是“理性人”或“经济人”，在决策时他们受“最优化”的行为准则支配，应当选择“最优”方案。

现代决策理论认为，由于决策者受认识能力和时间、成本、信息来源等方面的限制，不能坚持要求最理想的解答，只能满足于“令人满意”或“足够好”的决策。因此，实际上在决策时并不考虑一切可能的情况，而只考虑与问题有关的特定情况，使多重目标都能达到令人满意且足够好的水平作为行动方案。

（5）决策分类

1）决策按能否程序化分为程序化决策和非程序化决策。

企业里有的经济活动是重复出现的，如订货、材料收发等，有一定的规律，可以根据经验和习惯建立一定的程序，出现问题时按既定程序解决，这称为程序化决策。

企业里有些活动具有独特性和创新性，每个问题都与以前的问题不同，这称为非例行活动。例如，新产品的开发、多种经营的决定等，每次都与以前不同，只能针对具体问题，按照收集情报、设计方案、抉择和审查的过程个别解决，这称为非程序化决策。

2）决策按影响所及的时间长短分为长期决策和短期决策。影响所及时间超过一年的决策，称为长期决策。大多数改变生产能力的投资决策、长期资金筹集决策等属于长期决策。影响所及时间不超过一年的决策，称为短期决策。如何利用生产能力的决策、短期资金筹集决策等属于短期决策。

3）决策按涉及的管理领域分为销售决策、生产决策和财务决策。企业的活动分为销售、生产和财务三大领域，企业管理也据此分为销售管理、生产管理和财务管理，有关的决策分别称为销售决策、生产决策和财务决策。本书要讨论的是财务决策。

2. 财务计划

计划是指预先决定做什么、何时做、怎样做和谁去做。广义的财务计划包括确定财务目标、制定财务战略和财务政策、规定财务工作程序和针对某一具体问题的财务规则，以及制订财务规划和编制财务预算。狭义的财务计划针对的是特定期间的财务规划和财务预算。

财务规划是一个过程，它通过调整经营活动的规模和水平，使企业资金、可能取得的收益、未来发生的成本费用相互协调，以保证实现财务目标。财务规划受财务目标、战略、政策、程序和规划等决策的指导和限制，为编制财务预算提供基础。财务规划的主要工具是财务预测和本量利分析。由于规划的好坏是由其最薄弱的环节决定的，所以规划工作主要强调各部分经营活动的协调。

财务预算是以货币表示的预期结果，它是计划工作的终点，也是控制工作的起点，它联系计划和控制。各企业预算的精确程度、实际范围和编制方式有很大的差异。预算工作的主要好处是促使各级主管人员对自己的工作进行详细、确切的计划。

3. 财务控制

财务控制和财务计划有密切联系，计划是控制的依据，控制是执行计划的手段，它们组成了企业财务管理循环。财务管理循环的主要环节包括：

1）制定财务决策，即针对企业各种财务问题决定行动方案，制订项目计划。

2）制定预算和标准，即针对计划期间的各项生产经营活动，拟定用具体数字表示的计划和标准，也就是制订期间计划。

3）记录实际数据，即对企业实际资金循环和周转进行记录，这通常是会计的职能。

4）计算应达标准，即根据变化的实际情况计算出应该达到的工作水平，如实际业务量的标准成本、实际业务量的预算限额等。

5）对比标准与实际，即对上两项数额进行比较，确定其差额，发现例外情况。

6）差异分析与调查，即对足够大的差异进行具体调查研究，以发现产生差异的具体原因。

7）采取行动，即根据产生问题的原因采取行动，纠正偏差，使活动按既定目标发展。

8）评价与考核，即根据差异及其产生原因，对执行人的业绩进行评价与考核。

9）激励，即根据评价与考核的结果对执行人进行奖惩，以激励其工作热情。

10）预测，即在激励和采取行动之后，经济活动发生变化，根据新的经济活动状况重新预测，为下一步决策提供依据。

2.3 财务管理的目标

2.3.1 企业目标及其对财务管理的要求

企业是营利性组织，其出发点和归宿是获利。企业一旦成立，就会面临竞争，并始终处于生存和倒闭、发展和萎缩的矛盾之中。企业必须生存下去才可能获利，只有不断发展才能求得生存。因此，企业的目标可以概括为生存、发展和获利。

1. 生存

企业只有生存，才可能获利。企业生存的“土壤”是市场，包括商品市场、金融市场、人力资源市场和技术市场等。企业在市场中生存下去的基本条件是以收抵支。企业一方面付出货币，从市场上取得所需的资源；另一方面提供市场需要的商品或服务，从市场上换回货币。企业从市场获得的货币至少要等于付出的货币，以便维持继续经营，这是企业长期存续的基本条件。因此，企业的生命力在于它能不断创新，以独特的产品和服务取得收入，并且不断降低成本，减少货币流出。

企业生存的另一个基本条件是到期偿债。企业为扩大业务规模或满足经营周转的临时需要，可以向个人或法人借款。企业如果不能偿还到期债务，就可能被债权人接管或被法院判定破产。

因此，企业生存的主要威胁来自两个方面：一个是长期亏损，这是企业终止的内在原因；另一个是不能偿还到期债务，这是企业终止的直接原因。亏损企业为维持运营被迫进行偿债性融资，借新债还旧债，如不能扭亏为盈，就会因筹集不到资金而无法周转，从而不能偿还到期债务。盈利企业也可能出现“无力支付”的情况，主要是借款扩大业务规模，为偿债必须出售不可缺少的厂房和设备，使生产经营无法继续下去。

力求保持以收抵支和偿还到期债务的能力，减少破产风险，使企业能够长期、稳定地生存下去，是企业对财务管理的第一个要求。

2. 发展

企业在发展中求得生存。企业的生产经营如逆水行舟，不进则退。在科技不断进步的现代经济中，企业必须不断推出更好、更新的产品，才能在市场中立足。在竞争激烈的市场上各个企业此消彼长、优胜劣汰。

企业的发展集中表现为扩大收入，其根本途径是提高产品质量，扩大销售数量。这要求企业不断更新设备、技术和工艺，并不断提高各类人员的素质，即要投入更多、更好的物质资源、人力资源，并改进技术和管理。在市场经济中，各种资源的取得都需要付出货币，因此，筹集企业发展所需要的资金，是企业对财务管理的第二个要求。

3. 获利

企业必须能够获利，才有存在的价值。已经建立起来的企业，虽然有改善职工收入和劳动条件、扩大市场份额、提高产品质量、减少环境污染等多种目标，但是，盈利是最具综合能力的目标。盈利不但体现了企业的出发点和归宿，而且可以概括其他目标的实现程度，并有助于其他目标的实现。

从财务上看，盈利就是使资产获得超过其投资的回报。在市场经济中，没有“免费使用”的资金，资金的每项来源都有其成本。每项资产都是投资，都应当是生产性的，要从中获得回报。例如，各项固定资产要充分地用于生产，要避免存货积压，尽快收回应收账款，利用暂时闲置的现金等。财务管理人员务必使企业正常经营产生的和从外部获得的资金能以产出最大的形式加以利用。因此，通过合理、有效地使用资金使企业获利，是企业对财务管理的第三个要求。

综上所述，企业的目标是生存、发展和获利。企业的这些目标要求财务管理完成筹措资金并有效地投放和使用资金的任务。企业的成功以至于生存，很大程度上取决于它过去和现在的财务政策。财务管理不仅与资产的获得及合理使用的决策有关，而且与企业的生产、销售管理有直接联系。

2.3.2 企业的财务目标

1. 利润最大化

利润最大化观点认为：利润代表了企业新创造的财富，利润越多说明企业的财富增加得越多，越接近企业的目标。

利润最大化观点的缺陷：①没有考虑利润的取得时间。例如，今年获利100万元和明年获利100万元，哪一个更符合企业的目标？若不考虑货币时间价值，就难以做出正确判断。②没有考虑所获利润和投入资本额的关系。例如，同样获得100万元利润，一个企业投入资本500万元，另一个企业投入600万元，哪一个更符合企业的目标？若不与投入的资本额联系起来，就难以做出正确判断。③没有考虑获取利润和所承担风险的关系。例如，同样投入500万元，本年获利100万元，一个企业的获利已全部转化为现金，另一个企业的获利则全部是应收账款，并可能发生坏账损失，哪一个更符合企业的目标？若不考虑风险大小，就难以做出正确判断。

2. 每股盈余最大化

每股盈余量最大化观点认为：应当把企业的利润和股东投入的资本联系起来，用每股盈余（或权益资本净利率）来概括企业的财务目标，以避免利润最大化目标的缺点。

该观点仍然存在以下缺陷：①没有考虑每股盈余取得的时间性；②没有考虑每股盈余的风险性。

3. 股东财富最大化

股东财富最大化观点认为：股东财富最大化是财务管理的目标。

股东创办企业的目的是扩大财富。企业的价值在于它能给所有者带来报酬，包括获得股利和出售股权获取现金。如同商品的价值一样，企业的价值只有投入市场才能通过价格表现。

我国企业按出资者不同分为以下三类：

1）独资企业，即只有一个出资者，对企业债务负无限责任，企业价值是出资者出售企业可以得到的现金。

2）合伙企业，即有两个以上出资者，合伙人对企业债务负连带无限责任，企业价值是合伙人转让其资产份额可以得到的现金。

3）公司企业，分为有限责任公司和股份有限公司，均为企业法人并对公司债务承担有限责任。企业价值是股东转让其股权或者股票可得到的现金。对已经上市的公司，股票价格代表公司的价值。

股价的高低代表了投资大众对公司价值的客观评价。它以每股的价格表示，反映了资本和获利之间的关系；它受预期每股盈余的影响，反映了每股盈余的大小和取得的时间；它受企业风险大小的影响，可以反映每股盈余的风险。

4. 企业价值最大化

企业价值最大化是指通过财务上的合理经营，采取最优的财务政策，充分利用货币的时间价值和风险与报酬的关系，保证将企业长期稳定发展摆在首位，强调在企业价值增长中应满足各方利益关系，不断增加企业财富，使企业总价值达到最大化。持这种观点的学者认为，财务管理目标应与企业多个利益集团有关，是这些利益集团共同作用和相互妥协的结果。在一定时期和一定环境下，某一利益集团可能会起主导作用。但从长期发展来看，不能只强调某一集团的利益，而置其他集团的利益于不顾，不能将财务管理的目标集中于某一集团的利益。从这一意义上讲，股东财富最大化不是财务管理的最优目标。

该观点的优点如下：①考虑了货币时间价值和风险报酬；②反映了企业保值、增值的要求；③克服了短期行为；④有利于资源合理配置。

该观点的缺陷是资产评估不易控制。

2.3.3 影响财务管理目标实现的因素

1. 投资报酬率

在风险相同的情况下，投资报酬率可以体现股东财富。

公司盈利总额不能反映股东财富。例如，某公司有1万股普通股，税后净利2万元，每股盈余为2元。假设你持有该公司股票1 000股，因而分享到2 000元利润。如果企业为增加利润拟扩大规模，再发行1万股普通股，预计增加盈利1万元。对此项财务决策你会赞成吗？你的财富会增加吗？由于总股数增加到2万股，利润增加到3万元，每股盈余反而降低到1.5元，所分享的利润将减少到1 500元。由此可见，股东财富大小要看投资报酬率，而不是盈利总额。

2. 风险

任何决策都是面向未来的，并且会有或多或少的风险。决策时需要权衡风险和报酬，才能获得较好的结果。

不能仅考虑每股盈余，而不考虑风险。例如，持股公司有两个投资机会：第一个方案可使每股盈余增加1元，其风险极低，可以忽略不计；第二个方案可使每股盈余增加2元，但是有一定风险，若方案失败则每股盈余不会增加。应该赞成哪一个方案？回答是要看第二个方案的风险有多大，如果成功的概率大于50%，则可取；反之，则不可取。由此可见，财务决策需考虑风险，风险和冒险可望得到的额外报酬相称时，方案才是可取的。

3. 投资项目

投资项目是决定企业投资报酬率和风险的首要因素。

通常被企业采纳的投资项目，都会增加企业报酬，否则企业就没有必要投资。与此同时，任何项目都有风险，区别只在于风险的大小。因此，企业的投资计划会改变其投资报酬率和风险，并影响股票价格。

4. 资本结构

资本结构会影响企业的投资报酬率和风险。

资本结构是指所有者权益与负债的比例关系。一般情况下，企业借债利率低于其投资的预期报酬率，可以通过借债取得短期资金而提高公司的预期每股盈余，但同时也会扩大预期每股盈余的风险。因为一旦情况发生变化，如销售萎缩等，实际投资报酬率低于利率，则负债不但不会提高每股盈余，反而会使每股盈余减少，企业甚至可能因不能按期支付本息而破产。资本结构不当是公司破产的一个重要原因。

5. 股利政策

股利政策也是影响企业投资报酬率和风险的重要因素。

股利政策是指企业赚得的当期盈余中，有多少作为股利发放给股东，有多少保留下来准备再投资用，以便使未来的盈余源泉可继续下去。股东既希望分红，又希望每股盈余在未来不断增长。两者有矛盾，前者是当前利益，后者是长远利益。加大保留盈余，会提高未来的投资报酬率，但再投资的风险比立即分红要大。因此，股利政策会影响企业的投资报酬率和风险。

2.3.4 不同利益主体财务目标的矛盾与协调

1. 所有者与经营者之间的矛盾与协调

企业价值最大化直接体现了所有者的利益，它与施工企业经营者没有直接的利益关系。对经营者而言，经营者所得的利益正是其所放弃的利益，被称为经营者的享受成本。但问题的关键是经营者在加大享受成本的同时，是否更多地提高了施工企业的价值。因此，所有者与经营者的矛盾主要是所有者或股东希望以较小的享受成本提高施工企业价值和股东财富，而经营者则希望在提高施工企业价值和股东财富的同时，能更多地增加享受成本。为解决这一矛盾，往往采取让经营者的报酬与绩效联系，并辅之以一定的监督措施。

2. 所有者与债权人之间的矛盾与协调

所有者的财务目标可能与债权人期望实现的目标发生矛盾。

1）所有者可能要求经营者改变举债资金的原定用途，将其用于风险更高的项目，这会增大偿债风险，债权人的负债价值也必然会实际降低。若高风险的项目成功，额外利润就会被所有者独享；而若失败，债权人却要与所有者共同负担由此而造成的损失，这对债权人来说风险与收益是不对等的。

2）所有者或股东可能未征得现有债权人同意，而要求经营者发行新债券或借入债务，导致相应的偿债风险增加，致使老债券的价值降低。

为解决所有者与债权人之间的矛盾，一般会在贷款合约中约定许多限制性条款，如指定借款用途等。

3. 财务目标与社会责任之间的矛盾与协调

任一施工企业以企业价值最大化作为财务目标时，还必须考虑整个社会是否受益；或在实现财务目标过程中，考虑社会责任是否履行等问题。所以财务目标涉及与社会责任的协调和统一。通常情况下，财务目标的制定和实现与社会责任的履行基本保持一致，原因主要有：①为了实现财务目标，施工企业也应生产出符合社会需求的产品，这不仅可以满足消费者的需求，而且也实现了施工企业产品的价值；②为了实现财务目标，施工企业必须积极引进和开发新技术，不断扩大经营规模，以满足新的就业需要，增加就业机会；③为了实现财务目标，施工企业必须不断扩大销售，为建设单位提供高效、优质和周到的服务。所以，在实现财务目标的过程中，也内在地履行了施工企业的社会责任。

2.4 财务管理的原则

2.4.1 有关竞争环境的原则

1. 自利行为原则

自利行为原则是指人们在进行决策时按照自己的财务利益行事，在其他条件相同时人们会选择对自己经济利益最大的行动。

自利行为原则的依据是理性经济人假设。该假设认为，人们对每项交易都会衡量其代价和利益，并且会选择对自己最有利的方案来行动。自利行为原则假设企业决策人对企业目标具有合理的认识程度，并对如何达到目标具有合理的理解。其重要应用就是委托-代理理论，把企业看成是各种自利人的集合，如公司中的股东、债权人、经理人员、职工、社会公众、政府部门等，都是按照自利原则行事，利益之间有冲突也有联系。另外，还有机会成本的概念。尽管人们对机会成本的理解有偏差，但是都不否认机会成本是一个在决策时必须考虑的重要问题。

2. 双方交易原则

双方交易原则是指每一项交易都至少存在两方，在一方根据自己的经济利益决策时，另一方也会按照自己的经济利益行动，因此在决策时要正确预见对方的反应。

双方交易原则的建立依据是商业交易至少有两方、交易是“零和博弈”，以及各方都是自利的。无论是买方市场还是卖方市场，在已经成为事实的交易中，买进的资产和卖出的资产总是一样多的。例如，在证券市场上卖出一股就一定有人买入一股，既然买入的总量与卖出的总量永远一样多，那么一个人获利只能以另一个人付出为基础。一个高的价格使买方受损而卖方受益；一个低的价格使买方受益而卖方受损。一方得到的与另一方失去的一样多，从总体上看双方收益之和等于零，故称为“零和博弈”。在“零和博弈”中，双方都按自利行为原则行事，谁都想获利而不愿吃亏。为什么还会成交呢？这事实上与人们的信息不对称有关。买卖双方由于信息不对称，因而对金融证券产生不同的预期。不同的预期导致了证券买卖，高估股票价值的人买进，低估股票价值的人卖出，直到市场价格达到他们一致的预期时交易停止。如果对方不认为对自己有利，他就不会和你成交。因此，在决策时不仅要考虑自利行为原则，还要使对方有利，否则交易就无法实现。除非对方不自利或者很愚蠢，不知道自己的利益是什么。然而，这样估计商业对手本身就不明智。

3. 信号传递原则

信号传递原则是指行动可以传递信息，并且比企业的声明更有说服力。信号传递原则是自利行为原则的延伸。由于人们或企业遵循自利行为原则，所以一项资产的买进能暗示该资产“物有所值”，买进行为提供了有关决策者对未来的预期或计划的信息。例如，一个公司决定进入一个新领域，反映出管理者对自己公司的实力以及新领域的未来前景充满信心。

信号传递原则要求根据企业的行为判断它未来的收益状况。例如，一个经常用配股的办法找股东要钱的公司很可能自身产生现金的能力较差；一个大量购买国库券的公司，很可能缺少净现值为正数的投资机会；内部持股人出售股份常是公司盈利能力恶化的重要信号。

信号传递原则还要求企业在决策时不仅要考虑行动方案本身，还要考虑该项行动可能给人们传达的信息。资本市场上每个人都在利用他人交易的信息，自己交易的信息也会被别人所利用，因此应考虑交易的信息效应。例如，当把一件商品的价格降至难以置信的程度时，人们就会认为它质量不好，本来就不值钱。又如，一个会计师事务所从简陋的办公室迁入豪华的写字楼，会向客户传达它收费高、服务质量高、值得信赖的信息。在决定降价或迁址时，不仅要考虑决策本身的收益和成本，还要考虑信息效应的收益和成本。

4. 引导原则

引导原则是指当所有办法都失败时，寻找一个可以信赖的榜样作为自己的引导。所谓当所有办法都失败，是指理解力存在局限性，不知如何做对自己更有利；或者寻找最准确答案的成本过高，以至于不值得把问题完全搞清楚。这种情况下，不要继续坚持采用正式的决策分析程序，包括收集信息、建立备选方案、采用模型评价方案等，而是采取直接模仿成功榜样或者大多数人的做法。

引导原则是信号传递原则的一种运用。很多人去这家饭馆就餐的事实意味着很多人对它的评价不错。承认行动传递信号，就必然承认引导原则。

引导原则的一个重要应用是行业标准概念。例如，资本结构的选择问题，理论不能提供企业最优资本结构的实用化模型。观察本行业成功企业的资本结构，或者多数企业的资本结构，不要与它们的水平偏离太远，就成了资本结构决策的一种简便、有效的方法。再如，对一项房地产估价，如果系统的估价方法成本过高，则不如观察一下类似的近期房地产交易价格。

2.4.2 有关财务交易的原则

1. 风险报酬权衡原则

风险报酬权衡原则是指风险和报酬之间存在一个对等关系，投资人必须对报酬和风险做出权衡，为追求较高报酬而承担较大风险，或者为减少风险而接受较低的报酬。所谓对等关系，是指高收益的投资机会必然伴随巨大的风险，风险小的投资机会必然只有较低的收益。

在财务交易中，当其他一切条件相同时投资者倾向于高报酬和低风险。如果两个投资机会除了报酬不同以外，其他条件（包括风险）都相同，则会选择报酬较高的投资机会，这是自利行为原则所决定的。如果两个投资机会除了风险不同以外，其他条件（包括报酬）都相同，则会选择风险小的投资机会，这是风险反感决定的。所谓风险反感，是指人们普遍对风险有反感，认为风险是不利的事情。

2. 投资分散化原则

投资分散化原则的理论依据是投资组合理论。如果一个人把他的全部财富投资于 1 个公司，这个公司破产了，他就会失去全部财富。如果他投资于 10 个公司，则只有 10 个公司全部破产他才会失去全部财富，10 个公司全部破产的概率比 1 个公司破产的概率要小得多。因此投资分散可以降低风险。

3. 资本市场有效原则

资本市场是指证券买卖的市场。资本市场有效原则是指在资本市场上频繁交易的金融资产的市场价格反映了所有可获得的信息，而且面对新信息完全能迅速地做出调整。

资本市场有效原则要求理财时重视市场对企业的估价。资本市场是企业的一面镜子，也是企业行为的校正器。

资本市场有效原则要求理财时慎重使用金融工具。如果资本市场是有效的，则购买或出售金融工具的交易净现值就为零。公司作为从资本市场上取得资金的一方，不要企图通过筹资获取正的净现值（增加股东财富），而应当靠生产经营性投资增加股东财富。公司生产经营性投资带来的竞争，是在少数公司之间展开的，竞争不充分。资本市场与商品市场不同，其竞争程度高、交易规模大、交易费用低、资产具有同质性，使得其有效性比商品市场要高得多。所有需要资本的公司，都在寻找资本成本低的资本来源。机会均等的竞争，使财务交易基本上是公平交易。在资本市场上，只获得与投资风险相称的报酬，也就是与资本成本相同的报酬，不会增加股东财富。在资本市场上获取超额收益，靠的是能力而不是运气。有些经理人员过高估计自己，以为可以发现被市场低估的金融资产，结果付出了惨重的代价。

4. 货币时间价值原则

货币时间价值是指货币在经过一定时间的投资和再投资后所增加的价值。货币具有时间价值的依据是货币投入市场后其数额会随着时间的延续而不断增加。这是一种普遍的客观经济现象。要想让投资者把钱拿出来，市场就必须给他们一定的报酬。这种报酬包括两部分：一部分是时间价值，即无风险投资的投资报酬；另一部分是风险价值，即因为有风险而附加的投资报酬。

货币时间价值原则的首要应用是现值概念。由于现在的 1 元货币比将来的 1 元货币的经济价值大，所以不同时点的货币价值不能直接加减运算，而需要进行折算。通常，要把不同时点的货币价值折算到“现在”时点，然后进行运算或比较，把不同时点的货币折算为“现在”时点的过程，称为折现，折现使用的百分率称为折现率，折现后的价值称为现值。财务估价中，广泛使用现值计量资产的价值。

2.5 工程财务管理的环境

企业财务管理环境又称理财环境，是指对企业财务活动产生影响的企业外部条件。财务管理环境是企业财务决策难以改变的外部约束条件，企业财务决策更多的是适应它们的要求和变化。财务管理环境涉及的范围很广，其中最重要的是法律环境、金融市场环境和经济环境。

2.5.1 法律环境

财务管理的法律环境是指企业与外部发生经济关系时所应遵守的各种法律、法规和规章，或企业在其经营活动中，要和国家、其他企业或社会组织、企业职工或其他公民，以及国外的经济组织或个人发生经济关系的环境。国家管理这些经济活动和经济关系的手段包括行政手段、经济手段和法律手段。在市场经济条件下，行政手段逐步减少，而经济手段，特别是法律手段日益增多，越来越多的经济关系和经济活动准则用法律的形式固定下来。同时，众多的经济手段和必要的行政手段的使用，也必须逐步做到有法可依，从而转化为法律手段的具体形式，真正实现国民经济管理的法制化。

企业的理财活动，无论是筹资、投资还是利润分配，都要与企业外部发生经济关系。在处理这些经济关系时，应当遵守有关的法律规范。

1. 企业组织法律规范

企业组织必须依照不同的法律规范成立组建不同的企业。它们包括《中华人民共和国公司法》（以下简称《公司法》）、《中华人民共和国全民所有制工业企业法》《中华人民共和国外资企业法》《中华人民共和国中外合资经营企业法》《中华人民共和国中外合作经营企业法》《中华人民共和国个人独资企业法》《中华人民共和国合伙企业法》等。这些法律规范既是企业的组织法，又是企业的行为法。

从财务管理来看，非公司企业与公司企业有很大的不同。非公司企业的所有者，包括独资企业的业主和合伙企业的合伙人，要承担无限责任，他们占有企业的盈利（或承担损失），一旦经营失败，必须抵押其个人财产，以满足债权人的要求。公司企业的股东承担有限责任，经营失败时其经济责任以出资额为限，无论是股份有限公司还是有限责任公司都是如此。

2. 税务法律规范

任何企业都有法定的纳税义务。有关税收的立法分为三类，即所得税的法规、流转税的法规和其他地方税的法规。

税负是企业的一种费用，会增加企业的现金流出，对企业理财有着重要影响。

企业无不希望在不违反税法的前提下减少税务负担。税负的减少，只能靠精心安排和筹划投资、筹资以及利润分配等财务决策，而不允许在纳税行为已经发生时去偷税漏税。精通税法，对财务管理人员有着重要意义。

3. 财务法律规范

财务法律规范主要是企业财务通则和行业财务制度。

2006年12月4日，财政部颁发了新的《企业财务通则》（财政部令第41号），并于2007年7月1日起施行。该准则还原财务管理的本质，使企业财务制度不再对税收扣除标准和会计要素确认、计量做出规定，而是围绕与企业设立、经营、分配、重组过程伴生的财务活动，对资金筹集、资产营运、成本控制、收益分配等财务行为进行组织、协调、控制、评价和监督。同时顺应产权制度改革，清楚界定国家、投资者与经营者之间的财务管理职权与责任，促进企业完善内部治理结构。拓宽财务管理领域，在继承现行有效规定的基础上，将企业重组、财务风险、财务信息管理作为财务管理的重要内容，以满足市场经济发展对企业财务管理的要求，增强企业财务管理的前瞻性。

除上述法律规范外，与企业财务管理有关的其他经济法律规范还有很多，包括各种证券法律规范、结算法律规范、合同法律规范等。财务人员要熟悉这些法律规范，在守法的前提下完成财务管理的职能，实现企业的财务目标。

2.5.2 金融市场环境

金融市场是指资金筹集的场所。广义的金融市场，是指一切资本流动的场所，包括实物资本和货币资本的流动。广义金融市场的交易对象包括货币借贷、票据承兑和贴现、有价证券买卖、黄金和外汇买卖、办理国内外保险、生产资料的产权交换等。狭义的金融市场，一般是指有价证券市场，即股票和债券的发行和买卖市场。

1. 金融市场与企业理财

（1）金融市场是企业投资和筹资的场所　金融市场上有许多种筹集资金的方式，并且比较灵活。企业需要资金时，可以到金融市场上选择适合自己的方式筹资。企业有了剩余资金，也可以灵活选择投资方式，为其资金寻找出路。

（2）企业通过金融市场使长短期资金互相转化　企业持有的股票和债券是长期投资，在金融市场上可以随时转手变现，成为短期资金；远期票据通过贴现变为现金；大额可转让定期存单可以在金融市场上卖出，成为短期资金。与此相反，短期资金也可以在金融市场上转变为股票、债券等长期资产。

（3）金融市场为企业理财提供有意义的信息　金融市场利率变动，反映资金供求状况；有价证券市场的行情反映投资者对企业经营状况和盈利水平的评价。它们是企业经营和投资的重要依据。

2. 金融市场的分类

1）金融市场按交易期限，划分为短期资金市场和长期资金市场。短期资金市场是指期限不超过一年的资金交易市场，也称货币市场。长期资金市场是指期限在一年以上的股票和债券交易市场，也称资本市场。

2）金融市场按交割时间，划分为现货市场和期货市场。现货市场是指买卖双方成交后，当场或几天之内买方付款、卖方交出证券的交易市场。期货市场是指买卖双方成交后，在双方约定的未来某一特定时日才交割的交易市场。

3）金融市场按交易性质，划分为发行市场和流通市场。发行市场是指从事新证券和票据等金融工具买卖的转让市场，也称初级市场或一级市场。流通市场是指从事已上市的旧证券或票据等金融工具买卖的转让市场，也称次级市场或二级市场。

4）金融市场按交易直接对象，划分为同业拆借市场、国债市场、企业债券市场、股票市场、金融期货市场等。

3. 金融市场利率的决定因素

在金融市场上，利率是资金使用权的价格。一般来说，金融市场上资金的购买价格，可用下列公式表示：

$$利率=纯粹利率+通货膨胀附加率+风险附加率$$

（1）纯粹利率　纯粹利率是指无通货膨胀、无风险情况下的平均利率。例如，在没有通货膨胀时，国库券的利率可以视为纯粹利率。纯粹利率的高低，受平均利润率、资金供求关系和国家调节的影响。

首先，利息是利润的一部分，所以利率依存利润率，并受平均利润率的制约。一般来说，利率随平均利润率的提高而提高。利率的最高限不能超过平均利润率，否则，企业无利可图，不会借入款项；利率的最低限大于零，不能等于或小于零，否则提供资金的人不会拿出资金。至于利率占平均利润率的比重，则取决于金融业和工商业之间的竞争结果。

其次，在平均利润率不变的情况下，金融市场上的供求关系决定着市场利率水平。在经济高涨时，资金需求量上升，若供应量不变，则利率上升；在经济衰退时则正好相反。

最后，政府为防止经济过热，通过中央银行减少货币供应量，则资金供应减少，利率上升；政府为刺激经济发展增加货币发行，则资金供应增加，利率下降。

（2）通货膨胀附加率　通货膨胀使货币贬值，投资者的真实报酬率下降。因此投资者在把资金交给借款人时，会在纯粹利率的水平上加上通货膨胀附加率，用来弥补通货膨胀造成的损失。

（3）风险附加率　风险越大，投资者要求的收益率就越高。通常情况下，公司长期债券的风险大于国库券，要求的收益率也高于国库券；普通股的风险大于公司债券。

2.5.3 经济环境

1. 经济发展状况

经济发展的速度，对企业理财具有重大影响。近几年我国经济增长比较快，企业为了紧跟经济发展速度维持其地位，至少要有同样的增长速度。因此，企业要相应地增加厂房、机器、存货等。这种增长，需要大规模地筹集资金，即需要财务人员借入巨额款项或增发股票。经济发展的波动，即有时繁荣有时衰退，对企业理财有极大的影响。这种波动，最先影响的是企业销售额。销售额下降会阻碍企业现金的流转，如产成品积压不能变现，需要筹资以维持运营。销售额增加会引起企业经营失调，如存货枯竭，需筹资以扩大经营规模。尽管政府试图减少不利的经济波动，但事实上经济有时“过热”，有时需要“调整”。财务人员对这种波动要有所准备，筹措并分配足够的资金，用以调整生产经营。

2. 通货膨胀

通货膨胀不仅对消费者不利，给企业理财也会带来很大困难。企业对通货膨胀本身无能为力，只有政府才能控制。企业为了实现期望的报酬率，必须调整收入和成本。同时，使用套期保值等办法减少损失，如提前购买设备和存货、买进现货卖出期货等，或者进行相反操作。

3. 利率波动

银行贷款利率的波动，以及与此相关的股票和债券价格的波动，既是给企业以机会，也是对企业的挑战。

在为过剩资金选择投资方案时，利用这种机会可以获得营业以外的额外收益。例如，在购入长期债券后，由于市场利率下降，按固定利率计息的债券价格上涨，企业就可以出售债券获得较预期更多的现金流入。当然，如果出现相反的情况，企业就会蒙受损失。

选择筹资来源时，情况与此类似。在预期利率将持续上升时，以当前较低的利率发行长期债券，可以节省资金成本。当然，如果后来事实上利率下降了，则企业要承担比市场利率更高的资金成本。

4. 政府的经济政策

由于我国政府具有较强的调控宏观经济的职能，其制订的国民经济发展规划、国家的产业政策、经济体制改革措施、政府的行政法规等，对企业的财务活动都有重大影响。

国家对某些地区、某些行业、某些经济行为的优惠、鼓励和有利倾斜构成了政府政策的主要内容。从另一方面来看，政府政策也是对另一些地区、行业和经济行为的限制。企业在财务决策时，要认真研究政府政策，按照政策导向行事，才能趋利除弊。

问题的复杂性在于政府政策会因经济状况的变化而调整。企业在财务决策时为这种变化留有余地，甚至预见其变化的趋势，对企业理财大有好处。

5. 竞争

竞争广泛存在于市场经济之中，任何企业都不能回避。企业之间、各产品之间、现有产品和新产品之间的竞争，涉及设备、技术、人才、推销、管理等各个方面。竞争能促使企业用更好的方法来生产更好的产品，对经济发展起着推动作用。但对企业来说，竞争既是机会，也是威胁。为了改善竞争地位，企业往往需要大规模投资，成功之后企业盈利增加，但若投资失败则竞争地位会更为不利。

竞争是“商业战争”，综合体现了企业的全部实力和智慧，经济增长、通货膨胀、利率波动带来的财务问题，以及企业的对策都会在竞争中体现出来。

思考题与习题

1. 建筑企业实行财务管理应达到什么目的？
2. 什么是现金流转？现金的短期循环存在哪些不足？
3. 企业内部有哪些因素导致现金流转不平衡？
4. 对于一个建筑企业，哪些外部因素会导致现金流转不平衡？
5. 在企业进行财务决策时，其决策系统的构成要素有哪些？
6. 简述财务管理循环的主要环节。
7. 请对企业的财务目标形式进行评价。
8. 以证券市场交易为例说明双方交易原则中的“零和博弈”。
9. 简述财务管理中引导原则的使用情况。
10. 法律环境、金融市场环境和经济环境是如何影响财务管理的？

第3章 工程营运资产管理

本章主要内容：

现金管理：现金管理概述、最佳现金持有量的确定；银行存款及其他货币资金的管理；应收款管理：应收款产生的原因、应收款项的类型、应收款的成本、信用政策的确定、应收款的收账管理；存货管理：存货的理解、存货管理的目标、储备存货的有关成本、存货决策；固定资产管理：固定资产管理概论、固定资产折旧理解、固定资产折旧的范围及方法；无形资产的管理：无形资产理解、无形资产形成和使用的管理。

本章重点和难点：

最佳现金持有量的确定；应收款的成本和信用政策的确定；储备存货的有关成本和存货决策；固定资产折旧理解和固定资产折旧的范围及方法。

3.1 现金管理

现金是可以立即投入流动的交换媒介。现金的首要特点是可以有效地立即用来购买商品、货物、劳务或偿还债务。因此，是企业中流动性最强的资产。属于现金内容的项目是企业的库存现金。

3.1.1 现金管理概述

1. 现金管理的动机

企业置存现金的原因主要是满足交易需要、预防性需要和投机需要。

（1）交易性动机　交易性动机是指满足日常业务的现金支付需要。因企业收入和支出两者不可能同步同量。当收入多于支出，就形成现金置存；收入少于支出，则需要借入现金。企业必须维持适当的现金余额，才能使业务活动正常进行。

（2）预防性动机　预防性动机是指置存现金以防发生意外的支付。现金流量的不确定性越大，预防性现金的数额就应越大；反之，企业现金流量的预测性强，则预防性现金的数额越小。此外，预防性现金数额还与企业借款能力有关，当企业能较快借到短期资金，则可以减少预防性现金的数额；反之则应增加预防性现金的数额。

（3）投机性动机　投机性动机是指置存现金用于不寻常的购买机会。例如，遇有廉价原材料或其他资产供应的机会，便可用置存现金大量购入；在适当时机购入价格有利的股票和其他有价证券等。通常企业专为投机需要而置存现金的不多，但拥有相当数额的现金，确实为突然的大批采购提供了方便。

2. 现金管理的有关规定

（1）国家有关部门对企业使用现金的规定

1）现金的使用范围，包括：①支付职工工资、津贴；②支付个人劳务报酬；③根据国家规定颁发给个人的科学技术、文化艺术、体育等各种奖金；④支付各种劳保、福利费用以及国家规定的对个人的其他支出；⑤向个人收购农副产品和其他物资的价款；⑥出差人员必须随身携带的差旅费；⑦结算起点（1 000 元）以下的零星支出；⑧中国人民银行确定需要支付现金的其他支出。

2）库存现金限额。企业库存现金，由其开户银行根据企业的实际需要核定限额，一般以 3 ~5 天的零星开支额为限。

3）不得坐支现金，即企业不得从本单位的人民币现钞收入中直接支付交易款。现钞收入应于当日终了时送存开户银行。

4）不得出租、出借银行账户。

5）不得签发空头支票和远期支票。

6）不得套用银行信用。

7）不得保存账外公款，包括不得将公款以个人名义存入银行和保存账外现钞等各种形式的账外公款。

（2）现金收支管理注意事项

1）力争现金流量同步。如果企业能尽量使现金流入与现金流出发生的时间趋于一致，则可使其所持有的交易性现金余额降到最低水平，即现金流量同步。

2）使用现金浮游量。从企业开出支票至银行将款项划出企业账户需要一段时间，现金在这段时间的占用称为现金浮游量。此段时间尽管企业已开出支票，却仍可动用在活期存款账户上的该笔资金。在使用现金浮游量时要控制好使用时间，否则会发生银行存款透支。

3）加速收款。加速收款主要是指缩短应收款的时间。发生应收款会增加企业资金的占用，但它又是必要的，因为它可以扩大销售规模，增加销售收入。问题在于如何既利用应收款吸引顾客，又缩短收款时间。这就要在两者之间找到适当的平衡点，并实施妥善的收账策略。

4）推迟应付款的支付。推迟应付款的支付是指企业在不影响自己信誉的前提下，尽可能地推迟应付款的支付期，充分运用供货方所提供的信用优惠。如遇企业急需现金，甚至可以放弃供货方的折扣优惠，在信用期的最后一天支付款项。当然，这要权衡折扣优惠与急需现金之间的利弊得失而定。

3.1.2 最佳现金持有量的确定

现金管理除了做好日常收支，加快现金流转速度外，还需控制现金持有规模，即确定适当的现金持有量。

1. 现金周转模式

现金周转模式是从现金周转角度出发，根据现金周转速度来确定最佳现金持有量。它主要适用于生产经营活动稳定，现金支出以购货和偿还应付账款为主，且不存在不确定性因素的企业。

（1）现金周转天数　现金周转天数是指从现金投入生产经营开始，到最终转化为现金的过程。该过程经历了三个周转时间：①存货周转天数，即将原材料转化成产成品并出售所需要的时间；②应收款周转天数，即将应收款转换为现金所需要的时间，也即从产品销售到收回现金的期间；③应付账款周转天数，即从收到尚未付款的材料开始到现金支出所用的时间。现金周转天数如图3-1所示。

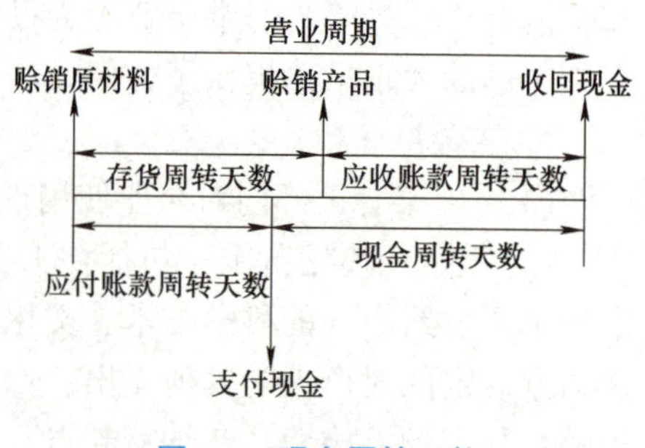

图3-1　现金周转天数

现金周转天数＝存货周转天数＋应收款周转天数－应付账款周转天数

（2）最佳现金持有量　其公式如下：

最佳现金持有量＝(年现金需求总额/360)×现金周转天数

该方法能够成立应基于以下几点假设：

1）假设现金流出的时间发生在应付款支付的时候。事实上，原材料的购买发生在生产与销售过程中，因此，该假设的结果是过高估计最佳现金持有量。

2）假设现金流入等于现金流出，即不存在利润。

3）假设购买—生产—销售过程在一年中持续稳定地进行。

4）假设现金需求不存在不确定性因素。

如果上述假设条件不存在，则求得的最佳现金持有量将发生偏差。

2. 成本分析模式

成本分析模式是通过分析持有现金的成本，寻找持有成本最低的现金持有量。企业持有现金，将会有三种成本，即机会成本、管理成本和短缺成本。

（1）机会成本　现金作为企业的一项资金占用是有代价的，这种代价就是其机会成本。假定企业的资金成本率为10%，年均持有50万元的现金，则该企业每年持有现金的机会成本为5万元。现金持有额越大，机会成本就越高。企业为了经营业务，需要有一定的现金，付出相应的机会成本是必然的，但是若现金拥有量过多，机会成本大量上升则不划算。

（2）管理成本　企业拥有现金，会发生管理费用，如管理人员工资、安全措施费等。这些费用是现金的管理成本。管理成本是一种固定成本，与现金持有量之间无明显的比例关系。

（3）短缺成本　现金的短缺成本是指因为缺乏必要的现金不能满足业务开支需要而使企业蒙受的损失或者为此付出的代价。现金短缺成本随现金持有量增加而下降，随现金持有量减少而上升。

上述三项成本与现金持有量之间的关系如图3-2所示。

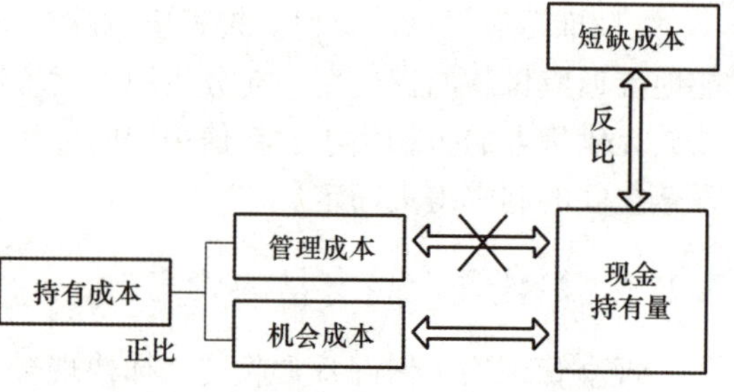

图3-2　现金持有成本与持有量之间的关系

机会成本、管理成本与短缺成本之和最小的现金持有量就是最佳现金持有量，把三种成本放在图形中则表现为现金持有量的总成本，如图3-3所示。

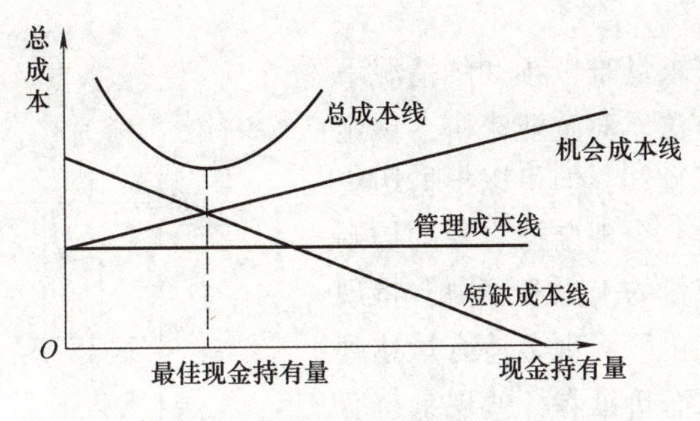

图3-3　现金最佳持有量成本图

最佳现金持有量的具体计算，可以先分别计算出各种方案的机会成本、管理成本、短缺成本之和，再从中选出总成本之和最低的现金持有量即为最佳现金持有量。

【例3-1】　某企业有四种现金持有方案，其机会成本、管理成本、短缺成本如表3-1所示。

表3-1　现金持有方案

单位：元

	甲	乙	丙	丁
现金持有量	25 000	50 000	75 000	100 000
机会成本	3 000	6 000	9 000	12 000
管理成本	20 000	20 000	20 000	20 000
短缺成本	12 000	6 750	2 500	0
总成本	35 000	32 750	31 500	32 000

注：机会成本率即该企业的资本收益为12%。

将以上各方案的总成本加以比较可知，丙方案的总成本最低，即当企业持有75 000元现金时总成本最低，故75 000元是该企业的最佳现金持有量。

3. 因素分析模式

因素分析模式是根据上年现金占用额和有关因素的变动情况，来确定最佳现金持有量的一种方法。其计算公式如下：

最佳现金持有量＝(上年的现金平均占用额－不合理占用额)×(1±预计销售收入变化百分比)

【例3-2】　M公司2017年年度平均占用现金为3 000万元，经分析，其中有80万元的不合理占用额，2018年销售收入预计较2017年增长15%。则2018年最佳现金持有量为多少？

M公司2018年最佳现金持有量＝(3 000－80)万元×(1＋15%)＝3 358万元

因素分析模式考虑了影响现金持有量高低的基本因素，计算比较简单。但这种模式假设现金需求量与营业量呈同比例增长，在现实中有时情况并非完全如此，因此财务人员在采用此模式时应多加注意。

4. 随机模式

随机模式是在现金需求量难以预知的情况下进行现金持有量控制的方法。对企业来讲，现金需求量往往波动大且难以预知，但可以根据历史经验和现实需要，测算出一个现金持有量的控制范围，即制定出现金持有量的上限和下限，将现金持有量控制在上下限之内。当现金持有量达到控制上限时，用现金购入有价证券，使现金持有量下降；当现金持有量降到控制下限时，则抛售有价证券换回现金，使现金持有量回升。若现金持有量在控制的上下限之内，便不必进行现金与有价证券的转换，保持它们各自的现有存量。这种对现金持有量的控制如图3-4所示。

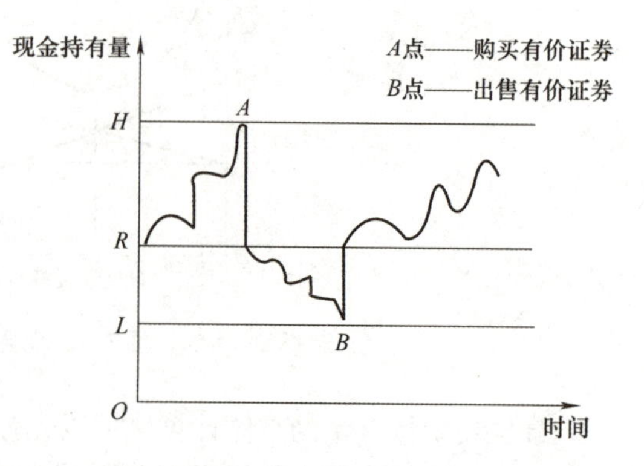

图3-4 随机模式的现金持有量

图3-4中，H为现金持有量的上限，L为现金持有量的下限，实线R为最优现金返回线。从图3-4中可知企业的现金持有量（表现为现金每日余额）是随机波动的。当达到A点时为现金控制的上限，企业应购买有价证券使现金回落到R的水平；当现金降到B点时为现金控制的下限，企业应转让有价证券换回现金。在上下限之间波动属于控制范围内是合理的。以上关系中H、R的计算公式如下：

$$R=\sqrt[3]{\frac{3b\delta^2}{4i}}+L; \quad H=3R-2L$$

式中 b——每次有价证券的固定转换成本；

i——有价证券的日利率；

δ——预期每日现金持有量变化的标准差（根据历史资料测算）。

而L则受企业每日最低现金需要量、管理人员风险承受倾向等因素的影响。

3.2 银行存款及其他货币资金的管理

银行存款是指企业存放在银行或其他金融机构的货币资金。根据国家现金管理和结算制度的规定，企业除了在规定限额内留存少量现金外，其余货币资金必须全部存入银行；企业的一切货币收支，除在规定范围内使用现金外，都必须通过银行办理结算。

1. 银行存款核算的内容

根据国家有关规定，凡是独立核算的企业，必须按照银行开户办法的规定，向当地银行申请开立存款账户，经银行审查同意后办理开户手续。开户企业通过银行账户办理资金收付，必须遵守以下规定：

1）认真贯彻执行国家的政策、法令，遵守银行信贷、结算和现金管理等有关规定。银行检查时，企业须提供账户使用情况的有关资料；一个企业只能选择一家银行的一个营业机构开立一个基本存款账户，不得在多家银行机构开立基本存款账户，不得在同一个银行的几个分支机构开立一般存款账户。企业在银行开立账户，只为本企业业务经营范围的资金收付，不准出租、出借或转让给他人使用。

2）企业除了按规定留存的库存现金以外，所有货币资金都必须存入银行，企业一切收付款项，除制度规定可用现金支付的部分外，都必须通过银行办理转账结算。各种收付款凭证必须如实填明款项来源或用途，不得巧立名目、弄虚作假、套取现金、套购物资，严禁利用账户从事非法活动。

3）企业应当严格遵守银行结算纪律，不准签发没有资金保证的票据或者远期支票，套取银行信用；不准签发、取得和转让没有真实交易和债权债务的票据，套取银行和他人的资金；不准无理拒付款，任意占用他人资金；不准违反规定开立和使用银行账户。

4）企业应当及时核对银行账户，确保银行存款账面余额与银行对账单余额相符。对银行账户核对过程中发现的未到账项，应查明原因，及时处理。

5）企业应当加强货币资金票据的管理，明确各种票据的购买、保管、领用、注销等环节的职责权限和程序，并专设登记簿进行记录，防止空白票据遗失和被盗用。

6）企业应当加强银行预留印鉴的管理。用于银行结算的有关印鉴，不能集中由出纳人员保管，应实行印鉴分管制度。财务专用章应由专人保管，个人名章必须由本人或其授权人员保管。严禁一人保管支付款项的有关印章。

2. 银行结算方式

企业在经营过程中经常与各方面发生往来结算业务，除少量按现金管理办法规定可以用现金支付外，大部分都需要通过银行转账结算方式办理收付款项。所谓转账结算，是指企业与各方面的经济往来款项，不采用现金收付，而是按照规定的结算方式，通过银行将款项直接从付款单位账户转账划拨给收款单位账户的一种货币清算行为，也称非现金结算。根据现行银行结算办法的规定，国内银行结算方式主要有以下几种：

1）支票结算方式。支票是指出票人签发的，委托办理支票存款业务的银行或者其他金融机构在见票时无条件支付确定金额给收款人或者持票人的票据。凡同城各单位之间的商品交易、劳务供应和其他款项的结算，以及单位和个人在同一票据交换区域的各种款项结算，都可以采用这种结算方式。

2）银行汇票结算方式。银行汇票是指出票银行签发的，承诺自己在见票时按照实际结算金额无条件支付给收款人或者票据持有人的票据。单位和个人的各种款项结算，均可使用银行汇票。

3）银行本票结算方式。银行本票是指银行签发的，承诺自己在见票时无条件支付确定金额给收款人或者持票人的票据。单位和个人在同一票据交换区域需要支付各种款项时，均可使用银行本票。

4）商业汇票结算方式。商业汇票是指出票人签发的，委托付款人在指定日期无条件支付确定金额给收款人或者持票人的票据。在银行开立存款账户的法人以及其他组织之间，必须具有真实的交易关系和债权债务关系，才能使用商业汇票。商业汇票按其承兑人不同分为商业承兑汇票和银行承兑汇票两种。

5）委托收款结算方式。委托收款是指收款人委托银行向付款人收取款项的结算方式。这种结算方式不受金额起点的限制，只要收款人凭已承兑的商业汇票、债券、存单、付款人的债务证明等即可办理款项的结算，它既可以用于同城，又可以用于异地结算。

6）汇兑结算方式。汇兑是指汇款人委托银行将款项支付给收款人。汇兑结算方式划拨款项简便、灵活。单位和个人的各种款项结算都可以使用这种结算方式。

7）信用卡结算方式。信用卡是指商业银行向个人和单位发放的，凭其向特约单位购物、消费和向银行存取现金，且具有消费信用的特制载体卡片。

8）托收承付结算方式。托收承付是指根据购销合同由收款人发货后委托银行向异地付款人收取款项，由付款人向银行确认付款的结算方式。办理托收承付结算的款项，必须是商品交易及因商品交易而产生的劳务供应款项。代销、寄销、赊销商品的款项，不得办理托收承付结算。

3. 银行保函业务

银行保函业务是指银行根据客户的申请而开立的具有担保性质的书面承诺文件，若申请人未按规定履行自己的义务给受益人造成了经济上的损失，则银行承担向受益人进行经济赔偿的责任。银行保函大多属于“见索即付”（无条件保函），是不可撤销的文件。在国际工程承包中，当事人一方为避免因对方违约而造成损失，往往要求对方通过银行提供经济担保。

银行保函包括以下主要内容：①担保人、被担保人（承包商）、受益人（业主等）的名称与地址；②开立保函的依据；③担保的最高限额和使用货币；④担保的责任；⑤要求付款的条件；⑥有效期限等。

施工企业与工程项目有关的银行保函主要包括投标保函、借款保函、履约保函、预付款保函、付款保函和对外承包工程保函等。

1）投标保函是指银行应投标人申请向招标人做出的保证承诺，保证在投标人报价的有效期内投标人将遵守其诺言，不撤标、不改标，不更改原报价条件，并且在中标后，将按照招标文件的规定在一定时间内与招标人签订合同。

2）借款保函是指银行按照借款人的要求，向贷款银行所做出的一种旨在保证借款人按照借款合约的规定按期向贷款方归还所借款项本息的付款保证承诺。

3）履约保函是指银行按照供货方或工程承包商的要求而向买方或业主做出的一种履约保证承诺。

4）预付款保函又称定金保函，是指银行应工程承包商申请给业主开具的，担保承包商按合同规定偿还业主预付工程款的保证承诺。

5）付款保函是指银行按照买方或业主的申请，向卖方或承包方出具的一种旨在保证货款支付或承包工程进度款支付的付款保证承诺。

6）对外承包工程保函是指由国家出资设立的对外承包工程保函风险专项资金，以解决企业在承揽对外承包工程项目时开具投标、履约和预付款保函的担保问题。对外承包工程保函风险专项资金项下的保函业务由国家出资为符合条件的施工企业提供反担保，企业申请开立保函时不必全额缴纳保证金或获得银行的授信，从而简化了开立保函业务的手续，减少了资金占用，节约成本，提高效率，并增强了我国企业在国际市场中的竞争力。

4. 其他货币资金

其他货币资金是指施工企业除现金和银行存款以外的其他各种货币资金，如外埠存款、银行汇票存款、银行本票存款、信用卡存款、信用证保证金存款、存出投资款等。

1）外埠存款是指企业到外地进行临时或零星采购时，汇往采购地银行开立采购专户的款项。这项存款是为采购结算而准备的资金，已具有专门用途且处于待支付或待结算状态。

2）银行汇票存款是指企业为取得银行汇票按照规定存入银行的款项。这种款项一经存入银行即具有了专门的用途，企业不可再将其用于其他方面。

3）银行本票存款是指企业为取得银行本票按照规定存入银行的款项。这种款项一经存入银行就有了专门的用途，企业不可再将其用于其他方面。

4）信用卡存款是指企业为取得信用卡按照规定存入银行的款项。

5）信用证保证金存款是指企业为取得信用证按规定存入银行的保证金。

6）存出投资款是指企业已存入证券公司但尚未进行短期投资的现金。

3.3 应收款管理

应收及预付款项是指企业在日常生产经营过程中发生的各项债权，包括应收款、其他应收款、应收票据、预付账款等。应收及预付款项管理中最主要的是应收款的管理。

3.3.1 应收款产生的原因

1）商业竞争。这是发生应收款的主要原因。在市场经济条件下，竞争机制的作用迫使企业以各种手段扩大销售。除了依靠产品质量、价格、售后服务、广告等以外，赊销也是扩大销售的手段之一。对于同等的产品价格、类似的质量水平、一样的售后服务，实行赊销的产品或销售额将大于现金销售的产品或销售额，这是因为顾客将从赊销中得到好处。出于扩大销售的竞争需要，企业不得不以赊销或其他优惠方式招揽顾客，于是就产生了应收款。由竞争引起的应收款，是一种商业信用。

2）销售和收款的时间差距。商品成交时间和收到货款时间常不一致，导致了应收款的产生。施工企业交付工程和收到工程款的时间往往不同。这是因为工程款结算需要时间。结算手段越落后，结算所需时间就越长，施工企业只能接受这种现实并承担由此引起的资金垫支。由于这种时间差而造成的应收款，不属于商业信用，也不是应收款的主要内容，这里不再对它进行深入讨论。

既然企业发生应收款的主要原因是扩大销售，增强竞争力，那么其管理的目标就是求得利润。应收款是企业的一项资金投放，是为了扩大销售和盈利而进行的投资。而投资肯定要产生成本，这就需要在应收款信用政策所增加的盈利和这种政策的成本之间做出权衡。只有当应收款所增加的盈利超过所增加的成本时，才应当实施应收款赊销；如果应收款赊销有着良好的盈利前景，就应当放宽信用条件增加赊销量。

3.3.2 应收款项的类型

施工企业的应收及预付款项主要包括与结算建筑产品等施工生产经营活动有关的应收款、应收票据、预付账款以及其他应收款等。施工企业应加强对应收及预付款项的管理，从而加快资金周转。

1. 应收款

在施工企业中，应收款是指因承包工程应向发包单位收取的工程价款和列入营业收入的其他款项，以及销售产品、材料，提供劳务、作业等业务，应向购货单位或接受劳务、作业单位收取货款及劳务补偿的要求权。应收款是施工企业在销售、结算过程中产生的债权，正常情况下应在短期内（1年或超过1年的一个营业周期内）收回。与施工企业施工生产经营业务无关的应收款项不包括在应收款范围之内。

施工企业存在应收款就有发生坏账的可能。坏账是指施工企业无法收回的应收款。由于发生坏账而产生的损失，计入坏账损失。因此，根据稳健性原则，施工企业应当定期或者至少每年年终，对应收款进行全面检查，预计各项应收款可能发生的坏账，对没有把握能够收回的应收款，应当计提坏账准备。对不能收回的应收款应当查明原因，追究责任。

施工企业确认坏账损失应符合下列条件之一：

1）有确凿证据表明该项应收款项不能收回，如债务单位已经撤销、破产。

2）有确凿证据表明该项应收款项收回可能性不大，如债务单位资不抵债、现金流量严重不足、发生严重自然灾害等导致停产而在短时间内无法偿付债务等。

3）应收款逾期3年以上。

2. 应收票据

（1）应收票据及其分类　应收票据是指企业结算工程价款，对外销售产品、材料等业务时，因收到未到期票据形成的债权。这里的应收票据主要是指商业汇票，因商业汇票的适用范围广泛，在施工企业的债权、债务结算过程中起着非常重要的作用。

应收票据按其承兑人不同可以分为商业承兑汇票和银行承兑汇票。商业承兑汇票是由收款人签发，经付款人承兑；或由付款人签发并承兑的商业汇票。银行承兑汇票是由收款人或承兑申请人签发，并由承兑申请人向开户银行申请，经银行审查同意承兑的商业汇票。

应收票据按其是否计息可以分为带息票据和不带息票据。带息票据是指票面上注明利率及付息日期的应收票据。应收票据到期时，承兑人除了按票面金额向收款人或被背书人支付款项外，还要按票面金额和规定利率计算并支付到期利息的汇票。不带息票据是指在应收票据到期时，承兑人只按票面金额向收款人或被背书人支付款项的汇票，票据上没有关于利息的规定。

（2）应收票据的贴现　企业收到商业汇票，如在票据未到期前需要资金周转时，可持未到期应收票据向银行申请贴现。银行同意受理后，要从票据到期值中扣除票据自贴现日起至票据到期日止的利息，并将其余额即贴现净值支付给企业。这种利用未到期应收票据向银行融资称为应收票据贴现。银行所扣的利息称为银行贴现息，计算贴现息所使用的利率称为贴现率。贴现行为实质上是银行对企业的一种短期贷款。

3. 预付账款

预付账款是指建设单位按照工程合同规定预付给承包单位的款项，包括预付工程款和预付备料款，以及按照购货合同规定预付给供应单位的购货款。

建设单位的预付账款如有确凿证据表明其不符合预付账款性质，或者因供货单位破产、撤销等原因已无望再收到所购货物的，应将原计入预付账款的金额转入其他应收款，并按照规定计提坏账准备。

4. 其他应收款

其他应收款是指企业对其他单位和个人除了应收票据、应收款、预付账款以外的其他各种应收、暂付的款项，包括不设置“备用金”账户的企业拨出的备用金，应收的各种赔款、罚款，应向职工收取的各种垫付款项，以及已不符合预付账款性质而按规定转入的预付账款等。

企业应当定期或者至少每年年终，对其他应收款进行检查，预计其可能发生的坏账损失，并计提坏账准备。企业对不能收回的其他应收款应当查明原因追究责任。对确实无法收回的，按照企业的管理权限，经股东大会或董事会，或经理会议或其他类似机构批准作为坏账损失，冲销提取的坏账准备。

3.3.3　应收款的成本

1. 机会成本

应收款的机会成本是指因应收款占用资金而失去将资金投资于其他方面所取得的收益。应收款机会成本一般按有价证券的利率计算，也可用公司的加权平均资金成本率来计算：

公司应收款机会成本绝对额 = 应收款平均占用资金额 × 公司加权资金成本率（或有价证券利率）

【例3-3】　某公司7月份资产负债表应收款月初为800万元，月末为1 000万元，该公司加权资金成本率为10%，那么应收款的机会成本为

$$(800+1\ 000)万元/2\times10\%=90万元。$$

---

2. 管理成本

应收款的管理成本是指对应收款管理的各项费用，主要包括客户资信调查费用、应收款账簿记录费用、收账费用以及其他费用等。

3. 坏账成本

应收款的坏账成本是指应收款因故不能收回而发生的损失。此项成本一般与应收款发生的数额成正比。

3.3.4　信用政策的确定

应收款赊销的效果好坏，依赖于企业的信用政策。信用政策包括信用期间、信用标准和信用条件。

1. 信用期间

信用期间是企业允许顾客从购货到付款之间的时间，或是企业给予顾客的付款期间，又称信用期。如若某企业允许顾客在购货后的50天内付款，则信用期为50天。信用期过短，不足以吸引顾客，在竞争中会使销售额下降；信用期过长，对销售额增加固然有利，但只顾及销售增长而盲目放宽信用期，所得的收益有时会被增长的费用抵消，甚至造成利润减少。因此，企业必须慎重研究，确定恰当的信用期。

信用期的确定主要是分析改变现行信用期对收入和成本的影响。延长信用期使销售额增加，产生有利影响；与此同时应收款、收账费用和坏账损失增加，会产生不利影响。当前者大于后者时，可以延长信用期，否则不宜延长。如果缩短信用期，情况则与此相反。

【例3-4】　某公司现采用30天按发票金额付款的信用政策，拟将信用期放宽至60天，仍按发票金额付款即不给折扣，该公司投资的最低报酬率为15%，其他有关的数据如表3-2所示。

表3-2 某公司信用政策数据表

	信用期30天	信用期60天
销售量（件）	100 000	120 000
销售额（元）（单价5元）	500 000	600 000
销售成本（元）		
变动成本（每件4元）	400 000	480 000
固定成本（元）	50 000	50 000
毛利（元）	50 000	70 000
可能发生的收账费用（元）	3 000	4 000
可能发生的坏账损失（元）	5 000	9 000

分析：先计算放宽信用期得到的收益，再计算增加的成本，最后根据两者比较的结果做出判断。

（1）收益的增加

销售量的增加×单位边际贡献=(120 000－100 000)件×(5－4)元/件=20 000元

（2）应收款占用资金的应计利息增加

$$应收款应计利息=应收款占用资金\times资金成本率或最低报酬率$$

$$应收款占用资金=应收款平均余额\times变动成本率$$

$$应收款平均余额=日销售额\times平均收现期$$

综合上述为

$$应收账款占用资金利息=\frac{销售额(收入)}{360}\times信用期\times\frac{变动成本}{销售额}\times报酬率$$

$$30天信用期应计利息=\left(\frac{500\ 000}{360}\times30\times\frac{400\ 000}{500\ 000}\times15\%\right)元=5\ 000元$$

$$60天信用期应计利息=\left(\frac{600\ 000}{360}\times60\times\frac{480\ 000}{600\ 000}\times15\%\right)元=12\ 000元$$

$$应计利息增加=12\ 000元-5\ 000元=7\ 000元$$

（3）收账费用和坏账损失增加

$$收账费用增加=4\ 000元-3\ 000元=1\ 000元$$

$$坏账损失增加=9\ 000元-5\ 000元=4\ 000元$$

（4）改变信用期的税前损益

收益增加－成本费用增加=20 000元－(7 000+1 000+4 000)元=8 000元

由于收益的增加大于成本增加，故应采用60天的信用期。

上述信用期的分析方法比较简略，可以满足一般制定信用政策的需要。如果有必要则要进行更细致的信用分析，如进一步考虑销售量增加而多占用资金等。

【例3-5】 承上例，现在假定信用期由30天改为60天，由于销售量增加，平均存货水平将从9 000件上升到20 000件，每件存货成本按变动成本4元计算，其他情况不变。

由于添加了存货因素，在原来分析的基础上，再考虑存货增加而多占用资金所带来的影响，重新计算放宽信用期的损益。

存货增加而多占用资金的利息 =(20 000 -9 000)件 ×4 元/件 ×15% =6 600 元

改变信用期的税前收益 =8 000 元 -6 600 元 =1 400 元

由此可知仍然可以获得税前收益，所以尽管会增加平均存货，还是应该采用60天的信用期。

---

2. 信用标准

信用标准是公司用来衡量客户是否有资格享有商业信用的基本条件，也是客户要求赊销所应具备的最低条件。

如果公司制定的信用标准过低，虽然有利于企业扩大销售，提高产品的市场占有率，但坏账损失风险和收账费用将因此增加；如果公司信用标准过分苛刻，则许多因信用品质达不到设定标准的客户将被拒之门外，这样虽然能降低违约风险及收账费用，但会严重影响公司产品销售，延误公司的市场拓展机会。

通常制定公司信用标准，应从以下三个方面入手：

1）充分了解同业竞争对手的情况。同业竞争对手采用什么信用标准是公司制定信用标准的必要参照系。可从竞争对手的具体做法上了解对手正在或将采取何种竞争策略，从而有利于公司制定出不至于使自己丧失市场竞争优势，且切合实际而具有竞争性的信用标准。如果不考虑同业竞争对手的做法，则有可能使公司的信用标准不适当而陷入困难。信用标准过高会使企业失去市场竞争优势，信用标准过低又会使企业背负沉重的财务负担。

2）考虑公司所能承受违约风险的能力。如果公司具有较强的违约风险承担能力，就应设定较低的信用标准来提高公司的市场竞争力；反之，则只能选择较为严格的信用标准，以尽可能降低违约风险程度。

3）认真分析和掌握客户的资信程度。制定公司信用标准，通常是在调查、了解和分析客户资信情况后，确定客户坏账损失率的高低，给客户信用做出评估，再在此基础上决定是否给客户提供赊销，提供多少赊销。对客户进行信用评估时，一般从以下五个方面进行，称作5C评估法：①品德。品德是指客户履行按期偿还货款的诚意、态度及赖账的可能性。②能力。能力是指客户偿还债务的能力。③资本。资本是指客户的财务实力，主要根据资本金和所有者权益的大小、比率来判断，表明客户可以偿还债务的背景和最终保证。④抵押品。抵押品是指提供作为授权安全保证的资产。这对于信用状况有争议的客户尤为重要。客户提供的抵押品越充足，信用安全保障就越大。⑤条件。条件是指可能影响客户付款能力的经济环境。主要了解在经济状态发生变化时或一些特殊经济事件发生时，会对客户付款能力产生什么影响。对此，应着重了解客户以往在困境时期的付款表现。

要对客户进行信用评价，先要了解客户的信用状况。调查了解客户信用状况的信息渠道主要有以下三条：①通过与客户有经济往来的企业和机构的调查访问来了解客户的信用状况；②借助中介机构，如社会调查机构中的信用分析机构来了解客户的信用状况；③在合法和得到许可的情况下，从客户的开户银行了解有关资料。

3. 信用条件

信用条件是指企业要求客户支付赊销款项的条件，包括信用期限、折扣期限和现金折扣（率）三项组成。信用条件的基本表现方式如“3/10，*n*/30”，意思是：若客户能够在发票开出后的10天内付款，则可以享受3%的现金折扣；如果放弃折扣优惠，则全部款项必须在30天内付清。在此，30天为信用期限，10天为折扣期限，3%为现金折扣（率）。信用期限是企业为客户规定的最长付款时间。折扣期限是为客户规定的可享受现金折扣的付款时间。而现金折扣是指当客户提前付款时给予的优惠。

公司给予客户提供优惠的信用条件，能够增加销售量。这是因为越优惠的信用条件，客户将来付款的现值就越小，相当于销售价格也就越低。但也会带来额外的负担，即使应收款数额增大，增加应收款的机会成本、坏账成本和现金折扣成本。因此，公司要综合考虑成本与收益的比率关系来确定合理的信用条件。在大多数情况下，信用条件对所有客户应一视同仁。企业在制定信用条件时，应充分考虑一些客观因素对它的影响。

企业采用什么程度的现金折扣，要与信用期间结合起来考虑。例如，要求顾客最迟不超过30天付款，若希望顾客20天、10天付款，则能给予多大折扣？或者给予5%、3%的折扣，能吸引顾客在多少天内付款？不论是信用期间还是现金折扣都可能给企业带来收益，但也会增加成本。当企业给予顾客某种现金折扣时，应当考虑折扣所能带来的收益与成本孰高孰低，权衡利弊，做出选择。

因为现金折扣与信用期间结合使用，所以确定折扣程度的方法与程序实际上与前述确定信用期间的方法与程序一致，即把所提供的延期付款时间和折扣综合起来，看各方案的延期与折扣能取得多大的收益增量，再计算各方案带来的成本变化，最终确定最佳方案。

【例3-6】 沿用例3-5，假定该公司在放宽信用期的同时，为了吸引客户尽早付款，提出了0.8/30，n/60的现金折扣条件，估计会有一半的客户（按60天信用期所能实现的销售量计）将享受现金折扣优惠。

（1）收益的增加

$$\text{收益的增加}=\text{销售量的增加}\times\text{单位边际贡献}=(120\,000-100\,000)\text{件}\times(5-4)\text{元/件}=20\,000\text{元}$$

（2）应收款占用资金的应计利息增加

$$30\text{天信用期应计利息}=\left(\frac{500\,000}{360}\times30\times\frac{400\,000}{500\,000}\times15\%\right)\text{元}=5\,000\text{元}$$

$$\text{提供现金折扣的应计利息}=\left(\frac{600\,000\times50\%}{360}\times60\times\frac{480\,000\times50\%}{600\,000\times50\%}\times15\%+\frac{600\,000\times50\%}{360}\times30\times\frac{480\,000\times50\%}{600\,000\times50\%}\times15\%\right)\text{元}=(6\,000+3\,000)\text{元}=9\,000\text{元}$$

应计利息增加 = 9 000元 − 5 000元 = 4 000元

（3）收账费用和坏账损失增加

收账费用增加 = 4 000元 − 3 000元 = 1 000元

坏账损失增加 = 9 000元 − 5 000元 = 4 000元

（4）估计现金折扣成本的变化

$$\text{现金折扣成本增加}=\text{新的销售水平}\times\text{新的现金折扣率}\times\text{享受现金折扣的顾客比例}-\text{旧的销售水平}\times\text{旧的现金折扣率}\times\text{享受现金折扣的顾客比例}=(600\,000\times0.8\%\times50\%-500\,000\times0\times0)\text{元}=2\,400\text{元}$$

(5) 提供现金折扣后的税前损益

收益增加－成本费用增加＝20 000元－(4 000＋1 000＋4000＋2 400)元＝8 600元

由于可获得税前收益，故应当放宽信用期，提供现金折扣。

3.3.5 应收款的收账管理

应收款发生后，企业应采取各种措施，尽量争取按期收回款项，否则会因拖欠时间过长而发生坏账，使企业蒙受损失。这些措施包括对应收款回收情况的监督、制定适当的收账政策等。

1. 对应收款回收情况的监督

企业已发生的应收款时间有长有短，有的尚未超过收款期，有的则超过了收款期。通常拖欠时间越长，款项收回的可能性越小，形成坏账的可能性越大。对此，企业应实施严密监督，随时掌握回收情况。实施对应收款回收情况的监督，可以通过编制账龄分析表进行。

账龄分析表是一张能显示应收款在外天数（账龄）长短的报告，其格式如表3-3所示。

表3-3 账龄分析表

应收账款账龄	账户数量	金额（万元）	百分率（%）
信用期内	200	80	40
超过信用期1～20天	100	40	20
超过信用期21～40天	50	20	10
超过信用期41～60天	30	20	10
超过信用期61～80天	20	20	10
超过信用期81～100天	15	10	5
超过信用期100天以上	5	10	5
合计	420	200	100

利用账龄分析表，企业可以了解到以下情况：

1）有多少欠款尚在信用期内。表3-3显示，有价值800 000元的应收款处在信用期内，占全部应收款的40%。这些款项未到偿付期，欠款属正常；但到期后能否收回，还要到时再定，故及时监督仍是必要的。

2）有多少欠款超过了信用期，超过时间长短的款项各占多少，有多少欠款会因拖欠时间太久而可能成为坏账。表3-3显示，有价值1200 000元的应收款已超过了信用期，占全部应收款的60%。其中拖欠时间较短的（20天内）有400 000元，占全部应收款的20%。这部分欠款收回的可能性很大；拖欠时间较长的（21～100天）有700 000元，占全部应收款的35%，这部分欠款的回收有一定难度；拖欠时间很长的（100天以上）有100 000元，占全部应收款的5%，这部分欠款有可能成为坏账。对不同拖欠时间的欠款，企业应采取不同的收账方法，制定出经济、可行的收账政策；对可能发生的坏账损失，则应提前做准备，充分估计这一因素对损益的影响。

2. 收账政策的制定

企业对各种不同过期账款的催收方式，包括准备为此付出的代价，就是收账政策。如对过期较短的顾客，不过多地打扰；对过期稍长的顾客，可措辞婉转地写信催款；对过期较长的顾客，可频繁地信件催款并电话催询；对过期很长的顾客，催款时措辞可严厉些，必要时提请有关部门仲裁或提请诉讼等。

催收账款要发生费用，某些催款方式的费用会很高（如诉讼费）。一般来说，收账的花费越大，措施越有力，可收回的账款越大，坏账损失也就越小。因此制定收账政策，要在收账费用和所减少的坏账损失之间做出权衡。制定有效、得当的收账政策很大程度上靠有关人员的经验；从财务管理的角度来讲，也有一些数量化的方法可以参照。评断收账政策的优劣，在于应收款总成本最小化与否，可以通过比较各收账方案成本的大小对其加以选择。

3.4 存货管理

3.4.1 存货的理解

存货是指企业在正常生产经营过程中持有以备出售的产成品或商品，或者为了出售仍然处在生产过程中的在产品，或者将在生产过程或提供劳务过程中耗用的材料、物料等。施工企业的存货主要包括各类库存材料、周转材料、委托加工物资、在建施工产品、施工产品等。存货属于企业流动资产的范畴。

1. 存货的确认

凡符合存货定义的资产项目，在资产负债表中作为存货予以确认时必须同时满足以下条件：

（1）该存货包含的经济利益很可能流入企业　通常，存货的所有权是存货所包含的经济利益很可能流入企业的一个重要标志。凡是所有权已属于企业的，无论是否收到或持有该存货，均作为企业的存货处理；反之，如果没有取得所有权，则即使存放在企业也不能作为本企业的存货。

（2）该存货的成本能够可靠地计量　成本能够可靠地计量是资产确认的一项基本条件。存货作为企业流动资产的重要组成部分，要予以确认也必须能够对其成本进行可靠的计量。如果存货成本不能可靠地计量，则不能确认为存货。

2. 存货的分类

施工企业的存货，按其用途可分为以下几类：

（1）库存材料　库存材料是指企业购入用于工程经营活动的各种材料，包括主要材料、结构配件、机械配件、其他材料等，这部分存货将构成工程实体或产品实体。

（2）周转材料　周转材料是指企业在施工生产过程中包括低值易耗品在内的，能够多次使用基本保持原有实物形态并逐渐转移其价值的工具性材料，如模板、挡板、架料、安全网等。

低值易耗品是指企业购入的使用期限较短，单位价值较低，容易损坏，不能作为固定资产核算的各种用具及物品等劳动资料。

（3）委托加工物资　委托加工物资是指企业因技术和经济原因而委托外单位代为加工的各种物资。

（4）在建施工产品　在建施工产品是指已经进行施工生产，但期末尚未完成预算定额规定的全部工序和工作内容的工程。

(5) 施工产品　施工产品是指企业已经完成预算定额规定的全部工序并验收合格，可以按合同规定条件移交建设单位或发包单位的工程。

3.4.2 存货管理的目标

如果工业企业能在生产投料时随时购入所需的原材料，或者商业企业能在销售时随时购入该项商品，就不需要存货。但实际上，企业总有储存存货的需要，并因此占用一定的资金。这种存货的需要出自以下原因：

1）保证生产或销售的经营需要。实际上，企业很少能做到随时购入生产或销售所需的各种物资，即使市场供应量充足的物资也是如此。这不仅因为不时会出现某种材料的市场断档，还因为企业距供货点较远而需要必要的途中运输及应对可能出现的运输故障。一旦生产或销售所需物资短缺，生产经营将被迫停顿，造成损失。为了避免或减少出现停工待料、停业待货等事故，企业需要储存货物。

2）出自价格的考虑。零购物资的价格往往较高，而整批购买在价格上常有优惠。不过过多的存货要占用较多的资金，并且会增加包括仓储费、保险费、维护费、管理人员工资在内的各项开支。存货占用资金有成本，占用过多会使利息支出增加并导致利润损失，各项开支的增加更会直接使成本上升。

3.4.3 储备存货的有关成本

1. 取得成本

取得成本是指为取得某种存货而支出的成本，通常用 TC_α 表示，又可以分为订货成本和购置成本。

(1) 订货成本　订货成本是指取得订单的成本，如办公费、差旅费、电话费等。订货成本中有一部分与订货次数没有关系，如常设机构的基本开支等，称为订货固定成本，用 F_1 表示；另一部分与订货次数有关，如差旅费等，称为订货变动成本。每次订货的变动成本用 K 表示；订货次数等于存货年需要量 D 与每次进货量 Q 之间的商。其表达公式为

$$订货成本 = F_1 + \frac{D}{Q}K$$

(2) 购置成本　购置成本是指存货本身的价值，经常用数量与单价的乘积来确定。年需要量用 D 表示，单价用 U 表示，于是购置成本为 $D \times U$。

订货成本加上购置成本，就等于存货的取得成本。其公式可表达为

取得成本 = 订货成本 + 购置成本 = 订货固定成本 + 订货变动成本 + 购置成本

即

$$TC_\alpha = F_1 + \frac{D}{Q}K + DU$$

2. 储存成本

储存成本是指为保持存货而发生的成本，包括存货占用资金所应计的利息（若企业用现有现金购买存货，便失去了现金存放银行或投资于证券本应取得的利息，即“放弃利息”；若企业借款购买存货，便要支付利息费用，即“付出利息”）、仓库费用、保险费用、存货破损和变质损失等，通常用 TC_c 来表示。

储存成本也分为固定成本和变动成本。固定成本与存货数量的多少无关，如仓库折旧、仓库职工的固定月工资等，常用 F_2 表示。变动成本与存货的数量有关，如存货资金的应计利息、存货的破损和变质损失、存货的保险费用等，单位成本用 K_c 来表示。用公式表达的储存成本为

$$储存成本 = 储存固定成本 + 储存变动成本$$

即
$$TC_c = F_2 + K_c \frac{Q}{2}$$

3. 缺货成本

缺货成本是指由于存货供应中断而造成的损失，包括材料供应中断造成的停工损失、产成品库存缺货造成的拖欠发货损失和丧失销售机会的损失、需要主观估计的商誉损失；如果生产企业以紧急采购代用材料解决库存材料中断之急，那么缺货成本表现为紧急额外购入成本（紧急额外购入的开支会大于正常采购的开支）。缺货成本用 TC_s 表示。

如果以 TC 来表示储备存货的总成本，则它的计算公式为

$$TC = TC_\alpha + TC_c + TC_s = F_1 + \frac{D}{Q}K + DU + F_2 + K_c \frac{Q}{2} + TC_s$$

储备成本、订货成本与总成本的关系如图 3-5 所示。

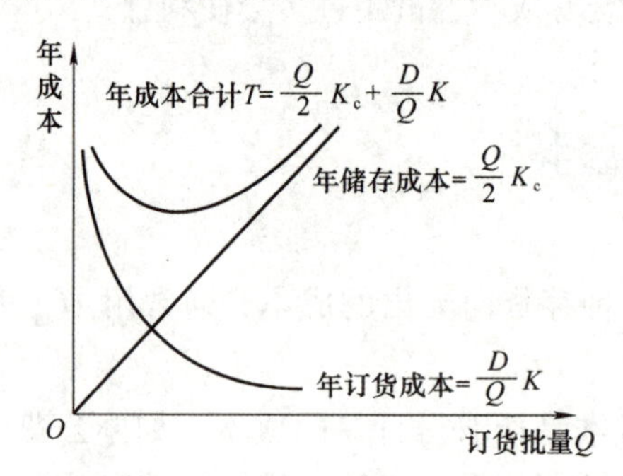

图 3-5 储存成本、订货成本与总成本关系图

3.4.4 存货决策

存货的决策涉及四项内容，即决定进货项目、选择供应单位、决定进货时间和决定进货批量。决定进货项目和选择供应单位是销售部门、采购部门和生产部门的职责。财务部门要做的是决定进货时间和决定进货批量（分别用 T 和 Q 表示）。按照存货管理的目的，需要通过合理的进货批量和进货时间，使存货总成本最低，这个批量叫作经济订货量或经济批量。有了经济订货量，可以很容易地找出最适宜的进货时间。

与存货总成本有关的变量（即影响总成本的因素）很多，为了解决比较复杂的问题，有必要简化或舍弃一些变量，通过假设建立经济订货量的基本模型。

1. 经济订货量基本模型

经济订货量基本模型需要设立的假设条件如下：

1）企业能够及时补充存货，即需要订货时便可立即取得存货。

2）能集中到货，而不是陆续入库。

3）不允许缺货，即缺货成本为零。这是因为良好的存货管理本来就不应该出现缺货

成本。

4）需求量稳定，并且能预测，即 D 为已知常量。

5）存货单价不变，不考虑现金折扣，即 U 为已知常量。

6）企业现金充足，不会因现金短缺而影响进货。

7）所需存货市场供应充足，不会因买不到需要的存货而影响其他。

依据图 3-4 和上述假设，存货总成本的公式可以简化为

$$\mathrm{TC}=F_1+\frac{D}{Q}K+DU+F_2+K_c\frac{Q}{2}$$

当 F_1、K、D、U、F_2、K_c 为常数时，TC 的大小取决于 Q。为了求出 TC 的极小值，对其进行求导演算，可得出下列公式：

$$Q^*=\sqrt{\frac{2KD}{K_c}}$$

以上公式称为经济订货量基本模型，求出的每次订货批量，可使 TC 达到最小值。

这个基本模型还可以演变为其他形式。

每年最佳订货次数公式：

$$N=\frac{D}{Q^*}=\frac{D}{\sqrt{\frac{2KD}{K_c}}}=\sqrt{\frac{DK_c}{2K}}$$

与批量有关的存货总成本公式：

$$\mathrm{TC}_{(Q^*)}=\frac{KD}{\sqrt{\frac{2KD}{K_c}}}+\frac{\sqrt{\frac{2KD}{K_c}}}{2}K_c=\sqrt{2KDK_c}$$

最佳订货周期公式：

$$t^*=\frac{1}{N^*}$$

经济订货量占用资金：

$$I^*=\frac{Q^*}{2}U=\sqrt{\frac{KD}{2K_c}}U$$

【例 3-7】 某企业每年消耗某种材料 3 600kg，该材料单位成本为 10 元，单位储存成本为 2 元，一次订货成本 25 元。则

$$Q^*=\sqrt{\frac{2KD}{K_c}}=\sqrt{\frac{2\times 3\,600\times 25}{2}}\text{kg}=300\text{kg}$$

$$N^*=\frac{D}{Q^*}=\frac{3\,600}{300}\text{次}=12\text{ 次}$$

$$\mathrm{TC}_{(Q^*)}=\sqrt{2KDK_c}=\sqrt{2\times 25\times 3\,600\times 2}\text{元}=600\text{ 元}$$

$$t^*=\frac{1}{N^*}=\frac{1}{12}\text{年}=1\text{ 月}$$

$$I^* = \frac{Q^*}{2}U = \left(\frac{300}{2} \times 10\right)元 = 1\,500\ 元$$

2. 存货决策模型的扩展

扩展一：一次订货，边进边出情况下的决策

在实际工作中，存在一次订货后陆续到达入库并陆续领用的情况，如图 3-6 所示。

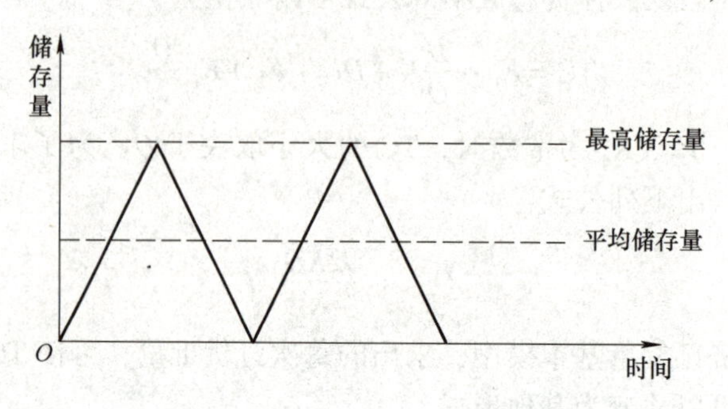

图 3-6　一次性订货边进边出、存货储存情况图

经济订货量

$$Q^* = \sqrt{\frac{2DK}{K_c\left(1 - \frac{Y}{X}\right)}}$$

式中　Y——每日耗用存货量；

　　　X——每日到达存货量。

经济订购批次

$$\frac{D}{Q^*} = \sqrt{\frac{DK_c\left(1 - \frac{Y}{X}\right)}{2K}}$$

年最低成本合计

$$T^* = \sqrt{2DK\left(1 - \frac{Y}{X}\right)}$$

扩展二：订单批量受限时的决策

实际工作中，供应商只接受整数批量的订单，如按打、吨等单位来计量。

【例 3-8】　某供应商销售甲材料时，由于包装运输原因，只接受 200 件整数批量的订单（如 200 件、400 件、600 件等），不接受有零数的订单（如 500 件）。圆庆公司全年需用甲材料 1 800 件，每次订货成本为 120 元，每件年储存成本为 2 元。

1）计算不考虑订单限制时的经济订货量。

$$Q^* = \sqrt{\frac{2DK}{K_c}} = \sqrt{\frac{2 \times 1800 \times 120}{2}}件 = 465\ 件$$

2）计算订购 400 件时的年度总成本。

$$储存成本 = \frac{Q}{2}K_c = \left(\frac{400}{2} \times 2\right)元 = 400\ 元$$

$$订货成本=\frac{D}{Q}K=\left(\frac{1\ 800}{400}\times 120\right)元=540\ 元$$

$$年成本合计=400\ 元+540\ 元=940\ 元$$

3）订购600件时的年度总成本。

$$储存成本=\frac{Q}{2}K_c=\left(\frac{600}{2}\times 2\right)元=600\ 元$$

$$订货成本=\frac{D}{Q}K=\left(\frac{1\ 800}{600}\times 120\right)元=360\ 元$$

年成本合计 $=600$ 元 $+360$ 元 $=960$ 元

扩展三：存储量受限制时的决策

实际工作中，每个企业的存储面积是有限的，存储量也就不能无限制扩大，如图3-7所示。

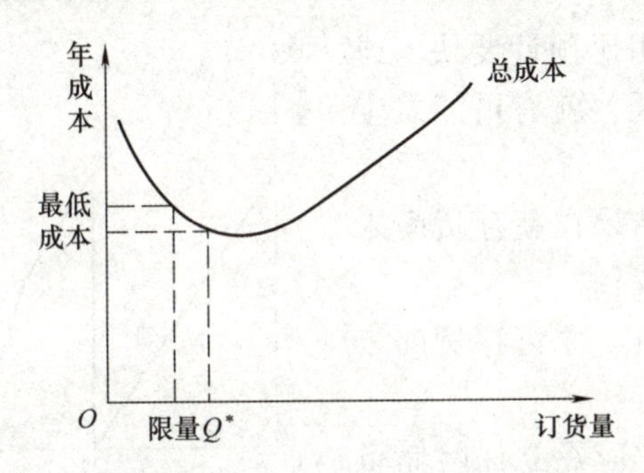

图3-7　存储量受限制时的决策

存储量含有约束性因素时，也可以通过某些方法，如租用新的库房、建造新的仓库等来增加存储量，以达到最佳存储量（经济订货量）的要求。

【例3-9】　圆庆公司每年需要乙材料360 000kg，每次订货成本为1 225元，全年存储成本为0.5元/kg。该公司目前仓库最大存储量为30 000kg，考虑到业务发展需要，已与其他单位意向租用一可存储20 000kg乙材料的仓库，年租金约为4 000元。

要求：请做出合理的存储决策。

1）计算不受任何限制时的经济订货量和年成本合计。

$$Q^*=\sqrt{\frac{2DK}{K_c}}=\sqrt{\frac{2\times 360\ 000\times 1225}{0.5}}\text{kg}=42\ 000\text{kg}$$

$$\text{TC}^*=\sqrt{2DKK_c}=\sqrt{2\times 360\ 000\times 1225\times 0.5}元=21\ 000\ 元$$

2）如果一次订购30 000kg（根据约束性因素的限制所能做到的最佳选择），则

$$储存成本=\frac{Q}{2}K_c=\left(\frac{30\ 000}{2}\times 0.5\right)元=7\ 500\ 元$$

$$订货成本=\frac{D}{Q}K=\left(\frac{360\ 000}{30\ 000}\times 1\ 225\right)元=14\ 700\ 元$$

$$年成本合计=7\ 500\ 元+14\ 700\ 元=22\ 200\ 元$$

---

3. 不确定情况下的存货决策

（1）安全库存量与库存耗竭成本　在存货耗用率和采购间隔期稳定不变时，企业可以及时发出订单，按照经济订货量订货，在原有存货耗尽之时新的存货恰好入库，如图3-8所示。

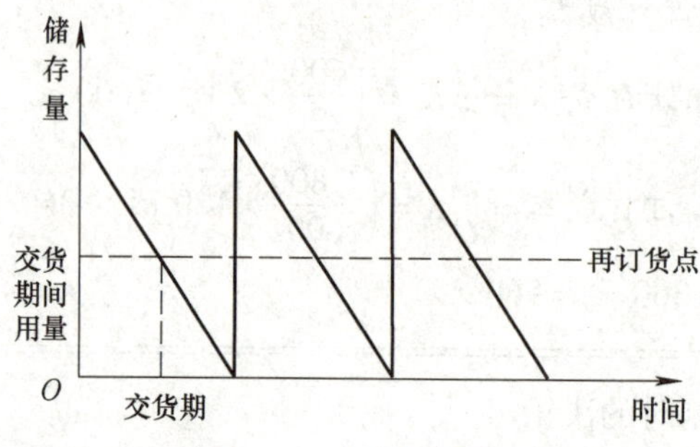

图3-8　安全库存量

但如果某项存货的耗用比预计要快，或者采购间隔期比预期时间长，就有可能发生库存耗竭，如图3-9所示。

由于耗用量增加了，结果在新存货尚未到达前，库存存货已耗尽。

耗用量保持不变，但由于原订存货尚未运达以致原库存存货耗尽。

为避免不利影响，企业应建立保险储备并确定最佳安全库存量，将可能发生的额外成本降到最小。

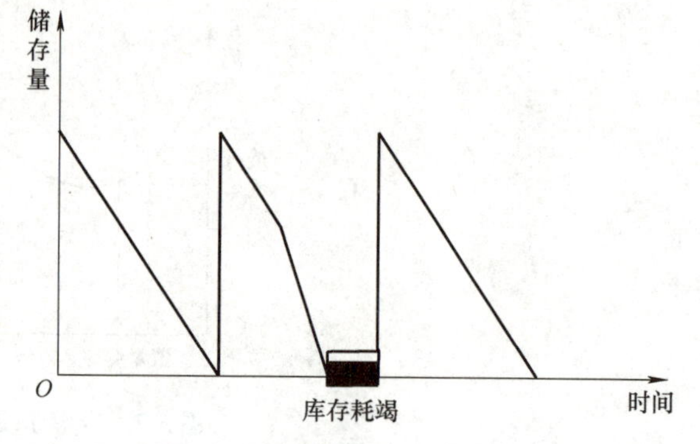

图3-9　库存耗竭时的库存量

如果企业有充足的安全库存量，就不会发生库存耗竭现象，增加的耗用量和供货间隔期变动而耗用的存货可以从安全库存量中得以满足，并在新的订货到达时补足安全库存量，如图3-10所示。

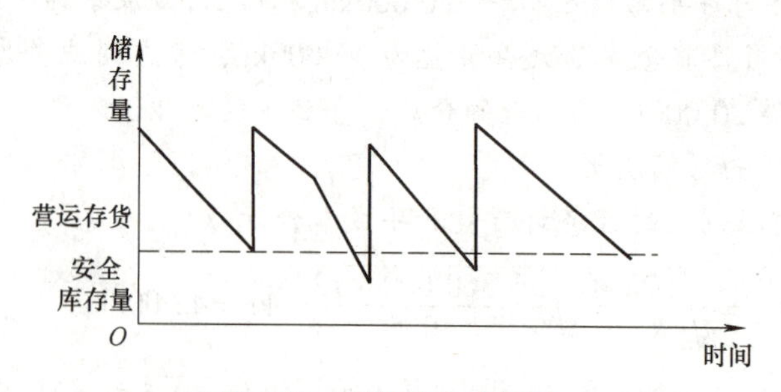

图3-10　最佳安全库存量

（2）安全库存量的确定方法

1）经验法。经验法是指存货的安全库存量由经验丰富的经理人员在安全库存量上限范围内加以规定的方法。

其适用范围为品种繁多、价值较小的存货。

其计算公式如下：

安全库存量的上限＝最长交货期×最高每天用量－交货期正常天数×平均每天用量

2）不连续的概率法。在不连续的概率法下，应按不同档次的相应概率计算不同安全库存量的库存耗竭成本，并进行比较。比较时，可以计算不同安全库存量的预期库存耗竭成本与该安全库存量对应的储存成本之和，然后选择成本总额最低的安全库存量。

【例3-10】　江威公司每年需用C材料360 000kg，C材料的年平均存储成本为16元/kg，每次订购费用为648元，最优订货批量为5 400kg。

根据历史资料估计如表3-4所示。

表3-4　安全库存量及耗竭率估计表

安全库存量/kg	库存耗竭概率
0	0.6
200	0.3
350	0.05
600	0.015
800	0.035

如果不能及时到货而动用备选供货渠道，需增加成本约2 000元，停产待料损失约3 000元。

在确定安全库存量时，应比较不同安全库存量时的成本总额（储存成本与预期库存耗竭成本之和），并做出选择，分析过程如表3-5所示。

表3-5　安全库存量成本分析

安全库存量/kg	储存成本（元）	预期库存耗竭成本（元）	成本总额（元）
0	0×16=0	(360 000÷5 400)×0.6×(2 000+3 000)=200 000	200 000
200	200×16=3 200	(360 000÷5 400)×0.3×(2 000+3 000)=100 000	103 200
350	350×16=5 600	(360 000÷5 400)×0.05×(2 000+3 000)=16 666.67	22 266.67
600	600×16=9 600	(360 000÷5 400)×0.015×(2 000+3 000)=5 000	14 600
800	800×16=12 800	(360 000÷5 400)×0.035×(2 000+3 000)=11 666.67	24 466.67

事实上，完全消除库存耗竭不可能，存货决策旨在寻找有关安全库存量水平和库存耗竭两者的最低成本政策。

3.5 固定资产管理

3.5.1 固定资产管理概论

1. 固定资产的分类

（1）按照固定资产的经济用途分类　按照固定资产的经济用途，可分为经营用固定资产和非经营用固定资产。

1）经营用固定资产是指企业直接用于开发经营方面的各种固定资产，具体包括房屋及建筑物、施工机械、运输设备、生产设备、仪器及试验设备和其他经营用固定资产等。

2）非经营用固定资产是指企业不直接服务于开发经营方面的固定资产，如职工宿舍、招待所、幼儿园、食堂、浴室、理发室等使用的房屋、设备和其他固定资产等。

该分类可反映出企业经营用和非经营用固定资产所占的比重，便于分析固定资产的组成、用途及变化，从而了解企业的生产能力和职工生活条件的改善情况。

（2）按照固定资产使用情况分类　按照固定资产使用情况，可分为使用中的固定资产、未使用的固定资产和不需用的固定资产。

1）使用中的固定资产是指企业正在使用中的经营性和非经营性固定资产。由于季节性经营或大修理等原因，暂时停止使用的固定资产仍属于企业使用中的固定资产，企业出租给其他单位使用的固定资产和内部替换使用的固定资产也属于使用中的固定资产。

2）未使用的固定资产是指企业已完工或已购建的尚未达到预定使用状态前的新增固定资产，以及因进行改建、扩建等原因暂停使用的固定资产，如企业购建尚待安装的固定资产、因经营业务变更而停止使用的固定资产等。

3）不需用固定资产是指企业多余或不适用，需要调配处理的各种固定资产。

这种分类，有助于反映企业固定资产的使用情况，也便于企业分析、考核固定资产的利用程度，并据此正确地计算固定资产折旧，促使企业及时处理不需用的固定资产，从而提高固定资产利用效率。

（3）按照固定资产的所有权分类　按照固定资产的所有权，可分为自有固定资产和租入固定资产。

1）自有固定资产是指所有权归企业所有的固定资产，包括自用固定资产和租出固定资产。其中，租出固定资产是指企业以经营租赁方式出租给外单位使用的多余、闲置的固定资产。

2）租入固定资产是指企业采用租赁方式从其他单位租入的，企业只有使用权而没有所有权，且使用时需要支付租金的固定资产。租入固定资产可以分为经营租入固定资产和融资租入固定资产两类。融资租入固定资产是指企业以融资租赁方式租入的固定资产，在租赁期内，应视同企业自有固定资产进行管理。

这种分类有助于反映企业固定资产的产权关系，便于了解企业固定资产来源，有利于企业合理地确定计提折旧的范围，加强企业对固定资产实物的管理。

特别说明：土地可以作为固定资产，是针对过去已经估价单独入账的情况。因征地而支付的补偿费，应计入与土地有关的房屋、建筑物的价值内，不单独作为土地价值入账。企业取得的土地使用权不能作为固定资产进行核算和管理。

2. 固定资产投资的特点

（1）固定资产投资的回收时间长　固定资产投资或者固定资产价值回收是采取在使用寿命期内分期收回的方式进行的。这意味着固定资产投资一经投入，便会在较长时间内影响企业。一项固定资产投资至少需要数年才能收回，这种收回方式要求固定资产的使用必须在较长时间内都能取得稳定的投资收益。这就要求在固定资产管理中，要强化固定资产投资的预期管理，准确预期固定资产的未来收益。

（2）固定资产投资的变现能力较差　固定资产主要是厂房和机器设备等，这些资产不易改变用途，出售困难，变现能力差。固定资产的变现只能采取逐渐变现的方式，若想改变用途，则不是无法实现就是代价太大。所以，固定资产投资具有不可逆转性，这就要求企业合理安排现金流入和流出计划。

(3) 固定资产投资面临的风险较大　固定资产的“固定”表现在其用途的固定性，而且在使用期很长的情况下用途的固定性也具有长期性。在市场需求不断变化的情况下，用途的固定性与消费的多变性互相矛盾。在固定资产建成投产后，因市场需求突然变动或周期变动，很可能使运用固定资产所形成的产品和劳务不再适合市场需要，固定资产投资不仅得不到回报，而且有面临损失的可能。为此，企业必须使固定资产的生产和服务周期与市场需求周期一致，并有应付市场突然变动的措施。

(4) 固定资产使用成本是一种非付现成本　固定资产使用成本是以折旧形式提取，并通过销售抵扣而进入货币准备金形态，以备固定资产更新投资使用的。由于折旧分期提取，而固定资产的实物更新则是在若干年以后进行。所以，固定资产折旧一方面会以成本形式抵扣收入；另一方面，在提取折旧时不支付现金而成为非付现成本，而且还以货币准备金的形态存在。这样，企业可以在固定资产更新之前，利用折旧的货币准备金进行投资，以充分发挥这一部分货币资金的作用。为此，在管理上既要考虑充分运用这部分准备金，也要确保在固定资产更新改造之前有足够的资金用来进行固定资产的再生产。

(5) 固定资产的资金运用要考虑货币时间价值　因固定资产投资有一次投资和分次投资而存在时间价值的不同，必须将它们进行价值同口径计算。固定资产使用后，通过折旧收回投资按时间顺序分期收回，从货币时间价值角度来看，提前收回的货币资金，其价值较大；反之亦然。折旧可能形成的货币时间价值包括两个部分：一是提前折旧收回货币资金的时间价值；二是提前折旧收回货币资金，从而延期纳税所造成的现金暂时多余而带来的货币时间价值。在固定资产管理中考虑时间价值，不仅要合理选择投资的投入时间，也要通过折旧方式的选择，合理确定折旧时间和折旧数额，如加速折旧法的选择既能使固定资产价值的收回提前，又能使前期收回的数额更多。这样折旧所包含的时间价值相对较大。

(6) 固定资产的资金占用量相对稳定，而实物营运能力取决于利用程度　固定资产投资一经完成，在资金占用数上就会保持相对稳定，而不像流动资产投资那样经常变动。而且，固定资产投资一经完成，其实物营运能力也会被确定。

3. 固定资产管理的原则

固定资产管理的核心是使用效率。使用效率的高低直接影响固定资产投资的风险大小和收益多少。为此要充分利用固定资产，并尽可能用于生产经营和服务领域，使固定资产运用后所取得的产出效益最大。这要求在管理固定资产时遵循以下基本原则：

(1) 充分使用原则　它要求企业必须将固定资产全部投入使用，不能出现闲置不用的固定资产。

1) 对于新增使用的固定资产，应注意在固定资产购建计划中衔接好生产经营和提供服务的时间和做好投入生产经营和服务营运的准备工作，这一准备工作最好能安排在购建期间同时完成。

2) 对于季节性闲置不用的固定资产，应尽可能开发利用其多用途功能，进行其他生产经营和服务业务，使固定资产能够充分利用。

3) 对于转产的固定资产发生闲置时，应尽可能将停产与转产进行时间衔接，减少以致避免转产闲置。

4) 对于不用的固定资产，如果该固定资产不能在市场上出售，继续生产经营或提供服务其单位收入不能抵偿单位变动成本，则应尽早将固定资产清理变卖。如果固定资产在市场上能出售，并可继续生产经营或提供服务，其单位收入大于单位变动成本，则是出售还是继续使用应进行收益比较后做出选择。如果固定资产在市场上不能出售，且继续生产经营或提供劳务又能使单位收入大于单位变动成本，则应继续使用，不能闲置。

（2）满负荷运行原则　满负荷运行原则要求企业所使用的固定资产都能按照设计能力高效率运转，使固定资产的营运能力不致闲置。①只要市场不受限制，固定资产必须以其相关业务量范围的最高点作为营运目标，使固定资产运用后的业务量达到最高。此时单位业务量的固定成本最低，从而其单位成本也最低。如果单位收入不变，则单位业务量所提供的利润最大。②如果市场需求受限，则固定资产的生产能力以最后提供的单位业务所带来的边际收入等于边际成本时的总业务量为限，这时固定资产的获利水平最高。③确因市场需求所限而导致营运能力过剩的，企业必须通过该固定资产使用用途的拓展，充分利用其过剩营运能力。

（3）生产最大可能性原则　生产包括生产经营和服务。生产最大可能性原则是指固定资产应尽可能多地使用于生产经营和服务领域，使直接创造收入或提供收入的固定资产所占比重最大。①在企业初创和迅速发展时期，企业需要集中资金扩大生产经营和服务的规模，此时应尽可能多地将资金投放于生产经营和服务领域。②在企业发展处于相对稳定时期，若资金充裕，则可根据实际需要将一部分资金用于非生产经营和服务领域，但要留有余地，使企业面临发展机遇时，有一定的资金迅速投放于生产经营和服务领域。③在市场或企业处于衰退时期，应首先缩小非生产经营和服务的固定资产规模，以减缓其对企业收入的冲抵效应。④企业增加非生产经营和服务的固定资产应以边际固定资产利润率有所提高或至少不能降低为前提，这样可以真正体现非生产经营和服务所用固定资产对企业产生的积极效用。

（4）实物负责原则　它是指固定资产实行分级归口管理。

（5）更新年限的经济性原则　固定资产更新是指对固定资产的整体补偿，也就是以新的固定资产来更换需要报废的固定资产。固定资产更新有两种形式：一种是完全按原样进行更新，即按原来的技术基础、原来的规模、原来的结构和原来的用途进行更新，以实现固定资产的实物再生产；另一种是在先进技术基础上的更新，也就是以先进、效率和性能更好的，能产生更大经济效益的设备更换陈旧落后的设备，不断提高企业的技术水平，它是扩大再生产的重要途径。

企业选用何种更新形式，必须根据经济性原则，以所提供的整体经济效益最大为标准进行选择。不仅如此，企业何时更新固定资产也要根据经济性原则进行决策。一项固定资产只有到使用期满后才更新，从成本角度来看似乎是节约的，但是，如果较早地用新固定资产来代替旧固定资产，不仅可能使成本尤其是单位成本得到有效控制，而且会由于其效率提高而带来更大的整体经济效益。

3.5.2 固定资产折旧理解

1. 固定资产折旧及其实质

固定资产折旧是指固定资产因磨损或损耗而转移到产品和服务中去的那部分价值，这是从固定资产价值角度对折旧所做的定义。由于固定资产价值的双重存在，一部分价值仍然保留在固定资产上，在会计上称为固定资产净值或剩余价值；另一部分价值转移到产品或劳务中，通过产品或劳务的出售而收回，称为转移价值或折旧价值。

折旧作为成本影响企业的收益，作为一种非付现成本会影响企业的现金流转。从折旧影响收益的角度来说，折旧是包括在产品或劳务成本中由固定资产磨损而转移的固定成本部分。折旧数额越大，固定成本越多，产品或劳务成本也越高，其他因素不变时，企业利润必然下降。同时，因为折旧表现为固定成本，所以总折旧成本与业务量无关，即在相关业务量范围内保持不变。而单位产品或劳务折旧随业务量的变动而相应呈反方向变动。从折旧影响现金流转来说，固定资产折旧是以成本形式从收入中提取的用于补偿固定资产损耗的价值，用以进行固定资产更新的现金准备额，又称固定资产更新准备金。固定资产作为资产也是双重存在的，既以固定资产实物形态而存在，又以现金形态而存在。从这个意义出发，折旧是作为固定资产更新的现金资产。如果它被使用，就会转化为别的资产，而不是它被提取时的形态。折旧越多，企业处于更新准备状态的现金就越多，企业可用现金也就越多。这主要是因为固定资产作为劳动资料，在整个使用过程内会不断地发生损耗。一种是由于使用过程中所发生的机械磨损；另一种是由于自然力的作用而产生的自然磨损。一直到固定资产报废之前，这两种形式的损耗都是不可避免的。随着固定资产的损耗，它的价值随其功能的丧失逐渐地转移到产品中去，构成产品价值的一个组成部分。因此，固定资产的价值是随着固定资产的使用而逐渐减少的。以货币形式表现的固定资产自身因损耗而减少的价值，就是固定资产折旧。固定资产的损耗价值逐渐地、部分地转移到产品中去，以折旧费的形式成为成本的一个组成部分。

固定资产由于使用而发生的机械磨损以及由于自然力的作用所引起的自然损耗，称为固定资产有形损耗。固定资产自全新投入使用起，直到完全报废为止的使用年限称为固定资产物理使用年限。固定资产物理使用年限的长短取决于固定资产本身的质量和使用条件。正确确定固定资产物理使用年限，是正确计算折旧的前提。

固定资产除了有形损耗外，还存在着无形损耗。无形损耗是在劳动生产率不断提高和科学技术进步条件下而引起的固定资产的价值损失。无形损耗有两种形式：①因劳动生产率不断提高，成本降低，更便宜的同样功能的机械设备被生产出来，使原有机械设备价值相应降低所造成的损失；②由于科学技术应用发展，新的、效率更高的先进设备出现，使原有落后的机械设备继续使用成为不经济，因而必须淘汰，以致提前报废所造成的损失。第一种形式的无形损耗，不影响设备的使用功效，财务上一般也不进行重新估价，所以不构成实际的损失。第二种无形损耗只有通过缩短使用年限才能避免，因此在存在无形损耗的情况下，确定固定资产的平均使用年限既要考虑其物理性能，又要考虑无形损耗。考虑固定资产无形损耗而确定的使用年限，称为固定资产的经济使用年限。显然，固定资产的经济使用年限必然比物理使用年限短。

综上所述，固定资产折旧不仅是固定资产价值损耗的补偿尺度，而且通过折旧从收入中提取的形式形成了固定资产更新的资金准备，保证了固定资产简单再生产的资金来源，同时固定资产折旧是产品成本的重要组成部分。正确计算固定资产折旧，对加强企业经济核算和正确组织固定资产再生产有着重要的作用。

2. 企业折旧政策

固定资产折旧及其数额的多少取决于固定资产折旧政策。折旧政策包括国家折旧政策和企业折旧政策。在目前税务会计与财务会计分离的情况下，财权真正归还企业后，国家折旧政策实际就是税法中有关对计提固定资产折旧的固定资产范围、折旧分类以及折旧的方法和年限的规定。显然，国家折旧政策是为了实现纳税目标、稳定税收而设立的，它具有普遍适应性和相对稳定性。当然，国家折旧政策的制定会涉及纳税所得额的确定，这也会对企业的现金流量产生重要影响。本书介绍企业折旧政策。

（1）企业折旧政策的概念　企业折旧政策是企业根据自身财务状况及其变动趋势，就固定资产折旧方法和折旧年限所做出的选择。理解这一概念必须把握以下几点：

1）折旧政策与企业财务状况及其变动趋势密切联系在一起，即采取怎样的折旧政策不仅受制于企业的财务状况及其变动趋势，而且通过折旧政策也可以调整和改善企业的财务状况。所以，折旧政策的选择是与一定的理财目标相联系的。

2）折旧政策的中心内容就是确定折旧方法和折旧年限，从而最终确定一定时期内折旧数额的多少及其对企业财务状况所构成的重大影响。

3）折旧政策表现为一个选择过程。因企业财务状况在不断变化，折旧政策也需相应做出调整。在会计准则中，一般允许企业在一个会计年度后调整折旧方法和年限，并必须在财务报表上披露。这也反映了企业折旧政策是一个不断选择的过程。

（2）折旧政策的影响因素　折旧政策是一种财务政策，其影响因素主要是企业财务状况及其变动。归纳起来，制定折旧政策要考虑的因素如下：

1）固定资产的磨损状况。固定资产折旧反映了固定资产的磨损价值，包括有形损耗和无形损耗两种价值。选择折旧政策时，必须首先考虑这两项影响因素，它们从根本上决定了固定资产折旧年限和折旧方法的选择，尤其是无形损耗快的固定资产，应采取快速折旧的方法，在较短时间里进行折旧。所以，在选择折旧政策时，充分考虑科学技术进步是十分重要的。

2）企业一定时期的现金流量状况。企业一定时期现金流入可能大于现金流出，出现现金盈余；也可能出现现金流入小于现金流出，出现现金短缺或拮据，以致财务支付困难。从理论上分析，出现现金盈余较多时，可选择直线折旧和折旧年限较长的折旧政策；当现金短缺时，应选择快速折旧和折旧年限较短的折旧政策。

3）纳税考虑。由于国家折旧政策是与纳税相联系的，所以纳税考虑只是在国家折旧政策的弹性范围内，由企业做出一种有限选择。企业通过折旧政策的选择，以延期纳税，从中获得货币时间价值带来的好处。同时，国家为了鼓励产业的发展，也可能通过国家折旧政策予以引导，允许采取快速折旧，给予企业因货币时间价值带来的好处。

4）企业市场价值高低。一定时期企业市场价值高低与企业利润分配水平密切相关。就股份制企业而言，当企业利润水平高，从而每股收益或股息较高且其他条件不变时，该企业的股票市价必然上升，相应企业市场价值提高。反之，两者则同时下降。从企业需要树立一种良好的市场形象特别是财务形象而言，一般要求企业市场价值相对稳定并逐步提高。但是，受市场波动的影响，企业盈利水平也可能发生波动，从而造成企业市场价值不稳定。为了熨平市场波动带给企业利润波动的影响，选择合适的折旧政策是一种有效的方法。当需要提高盈利水平时，可以采用直线法等折旧年限较长的折旧政策；反之亦然。这样，企业盈利水平相对稳定，可以增强投资者的投资信心。

企业的风险偏好也会影响折旧政策。风险偏好者并不害怕未来市场变动对固定资产价值收回的影响，可能选择直线折旧和较长年限折旧的政策；相反，风险厌恶者担心未来市场变动对固定资产价值收回的影响，可能选择快速折旧和较短年限折旧的政策。

在上述折旧政策的四种影响因素中，每种因素对折旧政策的影响方向是不同的，甚至存在一种完全相反的趋向。

1）在科技不断进步的今天，固定资产磨损状况对折旧的影响实际主要体现在无形损耗或精神磨损加快上，从而快速折旧、短期收回固定资产价值已成为一种发展趋势。

2）在企业现金短缺，又需要快速扩张时，企业也需要加速折旧，短时期收回固定资产价值。

3）出于纳税的考虑，为延期纳税，企业也需要快速折旧，短时期收回固定资产价值。

4）当企业现金盈余，也不需要快速扩张时，企业无须快速折旧、短时期收回固定资产价值。企业为了提高其市场价值，往往希望实现更多利润，把利益分配水平维持在一定点上。因为企业现金盈余，而又不需要扩张，意味着企业边际报酬有下降趋势，要使边际报酬水平不下降，采取直线法折旧，较长时期收回固定资产价值不失为一种方法。

5）为了稳定和提高企业市场价值，企业应该增加利润，提高利润水平。为此，要采取直线法，延缓收回固定资产投资。

上述五种情形中，除了第四种情形与第五种情形一致外，第一、二、三种情形与第五种情形是彼此矛盾和对立的，两者不可兼得，这迫使企业对折旧政策应做出一种合理选择，既考虑到无形损耗、企业扩张和纳税延期的要求，又不致使企业获利水平下降、利润分配水平下降而导致企业市场价值下跌。

(3) 折旧政策的种类和选择　折旧政策的选择不是直接根据影响折旧政策的因素及其结果做出的，而是在此基础上，还必须考虑折旧政策的各影响因素在影响的方向上互相矛盾的事实，要求选择的折旧政策既能考虑无形损耗、企业扩张和纳税延期的要求，又能满足维护和提高企业市场价值的要求。

1）折旧政策的种类。折旧政策从根本上讲就是怎样确定折旧方法和折旧期间。折旧方法有两种基本类型，即快速折旧和直线折旧（亦称慢速折旧），折旧时间有长期和短期两种。这两者似乎一致，即快速折旧必然折旧期间很短，直线折旧必然折旧期间很长。但事实上并不完全一致，表现在快速折旧可以认为折旧时间并不缩短，而只是折旧数额前期多而后期少；慢速折旧在理论上也可以认为折旧时间并不延长，而只是折旧数额前期少而后期多。这样，企业折旧政策就可以归为以下四种类型：

a. 短时期快速折旧政策。短时期快速折旧政策要求折旧在较短时间里提取完毕，而折旧数额的时间分布可以各年等额，也可以先多后少。

b. 长时期快速折旧政策。长时期快速折旧政策要求折旧提取依时间顺序先多后少，使固定资产投资收回前期较多，而后期较少，在折旧时间上并不缩短。

上述两种政策相比较，前一种不考虑固定资产的实物磨损程度，只考虑精神磨损，在折旧完毕后，固定资产还可以继续无偿使用；后一种既考虑固定资产的实物磨损程度，也考虑精神磨损，在折旧完毕后，固定资产将不能再继续使用。

c. 长时期慢速折旧政策。长时期慢速折旧政策要求折旧提取时间较长，并且依时间顺序提取的折旧数额先少后多，这使固定资产投资收回的数额前期较少，后期较多。

d. 长时期平均折旧政策。此政策要求折旧提取时间较长，并且折旧期间各期提取的折旧数额相等，这使固定资产投资收回的数额均匀分布在折旧期。

可以看出，后两种折旧政策是以固定资产实物磨损期为基础，优先考虑实物磨损的最长年限，并以此作为折旧期间。通常，它们不强调精神磨损对折旧的影响，这是与前两种政策的不同点。在折旧实践中，长时期慢速折旧政策并未被采用，只是一种理论设想。原因是在市场经济条件下，由于存在市场风险，不得不采取谨慎原则，即预计费用可以提前，而预计收入不能提前。以此出发，对固定资产折旧还应早提多提，而不能推迟提取。尽管如此，作为一个完整的折旧政策体系是不能缺少这种政策的。长时期平均折旧政策得以形成的基础是：平均折旧意味着每年固定资产实物磨损是均匀的，主要原因在于固定资产的生产能力通过日常养护和维修，得以长期保持。既然各期固定资产生产能力是相同或接近的，固定资产的磨损程度也应该完全相同或接近，所以应采取平均折旧的方法。与此不同，长时期慢速折旧政策得以形成的基础是：慢速折旧意味着固定资产折旧是先少后多，原因是与固定资产实物磨损性质相联系的，就是固定资产的先期磨损较少，主要是因为固定资产较新。待后期固定资产较旧，受各种自然因素和运行磨损的影响，固定资产将以递进的方式被磨损，从而折旧额也应以递进方式增加，所以，长时期平均折旧是以固定资产的生产能力不变为基础，而长时期慢速折旧是以固定资产的实物磨损状况为基础。

2）折旧政策的选择。折旧政策的选择不能使企业市价降低，不能使企业各期可分配收益减少，也应尽可能地实现企业特定时期的理财需要。因此，折旧政策选择的总标准如下：

当企业盈利水平不断提高时，可选择长时期慢速折旧和长时期平均折旧政策，这可使各期可分配利润不致下降，或可以因盈利水平提高而使可分配利润上升。

当企业盈利水平呈下降趋势或先高后低时，可以选择短时期快速折旧和长时期快速折旧政策。这样可以使各期可分配利润不致下降，或可以因折旧减少的速度超过盈利水平的下降速度，使各期可分配利润略有上升。

两种选择的结果是使折旧变动与企业盈利水平的变动成同向运动，以折旧的增减与获利的多少相配置。获利多则折旧多提；反之亦然。这样财务报表所揭示的利润或获利水平就会显示稳定和稳步增长的趋势，企业市场价值也会趋向稳定和稳步增长。这样就把折旧政策与企业财务目标有机地结合起来了。

但以上标准只是将折旧政策与企业财务目标联系起来，或与企业市场价值的变动联系起来，未考虑在影响折旧政策的诸多因素中，有多项因素对折旧政策的影响方向与企业市场价值的影响方向的不一致性。其主要表现在：当企业需要以增加折旧来增加可用现金、延期纳税时，会导致企业可分配利润减少，影响企业市价。如果加入这些因素，则折旧政策的选择标准应做出适当调整。

当企业盈利水平不断上升时，企业可以通过选择短时期（或长时期）快速折旧政策，以实现增加可用现金、延期纳税和规避风险的要求或目的。但是必须保证企业在盈利水平不断上升时，不致由于折旧政策选用不当，而使企业账面利润呈现下降趋势，导致企业利润分配水平下降。这里的分界点就是采用短时期（或长时期）快速折旧政策时，企业的资本利润率变得低于未采用之前的水平。考虑到企业盈利水平增强的趋势，应使采用短时期（或长时期）快速折旧政策后的资本利润率比以前有所上升，而且在此基础上应稳步地随盈利水平的提高而逐渐提高。

当企业盈利水平出现下降时，如果企业基于可用现金和延期纳税的考虑，也想选用短时期（或长时期）快速折旧政策，则企业的盈利水平必然下降。这时，只有当短时期（或长时期）快速折旧政策的采用有助于企业未来盈利水平提高时，这种折旧政策的选用才是合理的，否则，只会使企业盈利水平降低，以致亏损，企业市价跌入谷底，财务运作面临强大的市场压力而举步维艰。

值得说明的是，现在我国企业自行选择折旧方法和时间的余地很小，是由国家以统一的折旧政策所规定的，企业只能在国家规定的折旧时期的弹性区间里进行有限的折旧时期选择。

（4）折旧政策对企业理财的影响　企业财务状况决定了折旧政策的选择，在不同折旧政策情况下，甚至在同一折旧政策情况下可运用的折旧方法有多种，不同的方法对某一期间财务运作所产生的影响不同。不同折旧方法的计算结果会使每种折旧方法对某一期间的财务运作所产生的影响不同。即不同折旧方法的计算结果会使每一个经营期所负担的折旧费用不同，从而会直接影响各期的产品成本、产品定价、企业净收益及应缴纳的税款，同时还会影响企业固定资产的账面净值、企业用于购建和更新固定资产的资金积累，最终影响企业目前的收益和长远的发展规划。企业的折旧政策对企业理财的影响主要表现在以下几个方面：

1）对筹资的影响。在一定会计期间，折旧越多，意味着企业留下的现金越多，或处于固定资产更新准备状态的现金越多，则企业可用资金越多，企业向外筹资越少；反之亦然。相应地也会带来筹资成本的差别。假定同一固定资产采取两种折旧政策，其中，政策一使第一个折旧年度的折旧为200万元，政策二使第一个折旧年度的折旧为300万元，所得税税率为25%。那么，政策一会使利润相对多出100万元，为此应多缴所得税25万元。政策二会因利润相对减少100万元，而少缴所得税25万元，加之折旧准备金多100万元，所以企业采用政策二时，实际可用资金增加了125万元，企业筹资相对就会减少。而且，第一个折旧年度多出的折旧准备金可以在以后折旧期内不断使用，而迟纳的税金，也可以在未来补交时间到来前无偿使用。

2）对投资的影响。对投资的影响表现在两个方面：一是折旧政策的选择会影响某一具体会计期间的投资规模。固定资产折旧的多少会影响企业留存现金的多少，留存越多，可用于投资的资金越多。之所以能将折旧准备金用于投资，是因为在固定资产更新未到期之前，不能让折旧准备金沉淀无用，而应投入生产经营和服务之中。只要在固定资产更新之日到来时，企业能收回用于其他投资的折旧准备金，则将折旧准备金用于投资，在经济上是完全合理和有效的。二是折旧政策的选择会影响固定资产更新投资的速度，采用快速折旧，折旧年限短，固定资产更新投资速度快。

3）对分配的影响。折旧政策的选择直接决定进入产品和劳务成本中折旧成本的多少。折旧政策选择的结果如果提高了折旧成本，则在其他因素不变时，企业可分配利润会减少。折旧政策选择的结果如果降低了折旧成本，则在其他因素不变时，企业可分配利润会增加。

4）对固定资产风险收益关系的影响。固定资产风险是指固定资产投资难以收回的风险，与固定资产使用时间相联系，即使用时间越长，未来市场的预期越困难，变动也更多，从而固定资产使用后所形成的产品和劳务的市场实现越不肯定。一旦市场实现受阻，固定资产投资收回就会变得困难。因此，固定资产折旧年限越长，固定资产投资收回所面临的风险越大。固定资产收益是指固定资产使用后提供的净收入，它也与固定资产的折旧方法和折旧年限相联系。快速折旧，折旧年限短，年折旧成本高，当期体现的净收入随之减少；相反，直线折旧，折旧年限长，年折旧成本低，当期体现的净收入随之增加。如果将固定资产风险与相应的收益联系起来可以得出以下结论：

a. 当采用快速折旧，折旧年限较短时，固定资产投资的风险小，相应的年净收入也较低。

b. 当采用直线折旧，折旧年限长时，固定资产投资的风险大，相应的年净收入高。

所以，固定资产折旧政策的改变，会自动调整固定资产的风险收益对等关系。

3.5.3 固定资产折旧的范围及方法

1. 固定资产计提折旧的范围

1）计提折旧的固定资产，包括：①房屋及建筑物；②在用的施工机械、运输设备、生产设备、仪器仪表、工具器具；③季节性停用、大修理停用的固定资产、融资租赁方式租入和经营租赁方式租出的固定资产、未使用和不需用的固定资产。

2）不计提折旧的固定资产，包括：①已提足折旧仍继续使用的固定资产；②按照规定单独估价作为固定资产入账的土地。

企业一般应按月计提固定资产折旧。当月增加的固定资产，当月不计提折旧，从下月起计提折旧；当月减少的固定资产，当月照提折旧，从下月起停止计提折旧。提前报废的固定资产，不补提折旧；固定资产提足折旧后，不论能否继续使用，均不再提取折旧。

2. 影响固定资产折旧的因素

影响固定资产折旧的因素主要有三个方面，即折旧基数、预计净残值和预计使用年限。

（1）折旧基数　折旧基数是指计算固定资产折旧的基准，一般为取得固定资产的原始成本，即固定资产账面原值。以固定资产原始成本作为折旧基数，可以使折旧计算建立在客观的基础上，不容易受会计人员主观因素的影响。

（2）预计净残值　预计净残值是指固定资产报废时，预计可收回的残余价值扣除预计清理费用后的数额。固定资产账面原值减去预计净残值即为固定资产应计提的折旧总额。

（3）预计使用年限　预计使用年限是指固定资产预计经济使用年限，即折旧年限。固定资产使用年限的长短直接影响各期应计提的折旧数额。

3. 固定资产折旧的计算方法

施工企业计提固定资产折旧，一般采用平均年限法和工作量法。对技术进步较快或使用寿命受工作环境影响较大的施工机械和运输设备，可以采用双倍余额递减法或年数总和法计提折旧。

（1）平均年限法　平均年限法又称直线法，是指按固定资产预计使用年限平均计算折旧的一种方法。采用这种方法算得的每期（年、月）折旧额都相等。其计算公式如下：

$$\text{固定资产年折旧额} = [(\text{固定资产原值} - \text{预计净残值})/\text{固定资产预计使用年限}]$$

$$\text{固定资产年折旧率} = [(1 - \text{预计净残值率})/\text{固定资产预计使用年限}] \times 100\%$$

$$\text{固定资产月折旧率} = \text{固定资产年折旧率} \div 12$$

$$\text{固定资产月折旧额} = \text{固定资产原值} \times \text{固定资产月折旧率}$$

（2）工作量法　工作量法是按照固定资产预计可完成的工作量计提折旧额的一种方法。这种方法实际上是平均年限法的一种演变。其基本计算公式如下：

$$\text{单位工作量折旧额} = [\text{固定资产原值} \times (1 - \text{预计净残值率})] \div \text{预计总工作量}$$

$$\text{某项固定资产月折旧额} = \text{该项固定资产当月工作量} \times \text{单位工作量折旧额}$$

施工企业常用的工作量法有以下两种方法：

1）行驶里程法。行驶里程法是按照行驶里程平均计算折旧的方法。它适用于车辆、船舶等运输设备计提折旧。其计算公式如下：

$$\text{单位里程折旧额}=[\text{固定资产原值}\times(1-\text{预计净残值率})]\div\text{总行驶里程}$$

$$\text{某项固定资产月折旧额}=\text{该项固定资产当月行驶里程}\times\text{单位里程折旧额}$$

2）工作台班法。工作台班法是按照工作台班数平均计算折旧的方法。它适用于机器、设备等计提折旧。其计算公式如下：

$$\text{每工作台班折旧额}=[\text{固定资产原值}\times(1-\text{预计净残值率})]\div\text{总工作台班}$$

$$\text{某项固定资产月折旧额}=\text{该项固定资产当月工作台班}\times\text{每工作台班折旧额}$$

（3）双倍余额递减法　双倍余额递减法是在不考虑固定资产净残值的情况下，根据每期期初固定资产账面价值和双倍的直线法折旧率计算固定资产折旧的一种方法。采用这种方法，固定资产账面价值随着折旧的计提逐年减少，而折旧率不变。因此，各期计提的折旧额必然逐年减少。其计算公式如下：

$$\text{固定资产年折旧率}=(2\div\text{固定资产预计使用年限})\times100\%$$

$$\text{固定资产月折旧率}=\text{固定资产年折旧率}\div12$$

$$\text{固定资产月折旧额}=\text{固定资产账面价值}\times\text{月折旧率}$$

采用双倍余额递减法计提折旧的固定资产，应当在固定资产使用后期发现某期按双倍余额递减法计算的折旧小于该期剩余年限按直线法计提的折旧时，改用直线法计提折旧，即将固定资产净值扣除预计净残值后按剩余年限平均摊销。

（4）年数总和法　年数总和法是将固定资产的原值减去净残值后的净额乘以一个逐年递减的分数计算每年折旧的一种方法。逐年递减分数的分子为该项固定资产年初时尚可使用的年数，分母为该项固定资产使用年数的逐年数字总和。假设使用年限为 N 年，分母即为 $1+2+3+\cdots+N=N(N+1)\div2$，这个分数因逐年递减，为一个变数。而作为计提折旧依据的固定资产原值和净残值则各年相同，采用年数总和法计提折旧各年提取的折旧额必然逐年递减。其计算公式如下：

$$\text{固定资产折旧率}=\frac{\text{预计使用年限}-\text{已使用年限}}{\text{预计使用年限}\times(\text{预计使用年限}+1)\div2}\times100\%$$

$$\text{固定资产月折旧率}=\text{固定资产年折旧率}\div12$$

3.6 无形资产管理

3.6.1 无形资产理解

1. 无形资产的概念及特点

（1）无形资产　无形资产是指不具有物质实体，能给企业提供某种特殊的经济权利，有助于企业在较长时期内获取利润的财产。

（2）无形资产的特点

1）没有物质形态。

2）不具有流动性。

3）收益具有很大程度的不确定性。

4）不能直接用来增加社会财富，必须与企业或企业的有形资产相结合。

5）具有排他性，只与特定的主体相关，受到法律的保护，禁止非所有者无偿取得。

2. 无形资产的确认

资产在符合下列条件时，满足无形资产定义中的可辨认性标准：

1）能够从企业中分离或者划分出来，并能单独或者与相关合同、资产或负债一起，用于出售、转移、授予许可、租赁或者交换。

2）源自合同性权利或其他法定权利，无论这些权利是否可以从企业或其他权利和义务中转移或者分离。

或者同时满足下列条件的无形项目，才能确认为无形资产：

1）符合无形资产的定义。

2）与该资产相关的预计未来经济利益很可能流入企业。

3）该资产的成本能够可靠计量。

3. 无形资产的内容

（1）专利权　专利权是国家专利机关依照有关法律规定批准的发明人或其权利受让人对其发明创造成果，在一定期限内享有的专有权或独占权。

（2）商标权　商标权是企业在其生产经营的商品上所使用的一种注册标志。

（3）著作权　著作权是对著述或出版的某一专门著作或者创作的某一艺术品所享有的专属权利。

（4）土地使用权　土地使用权是企业对土地所拥有的有限期的使用权。

（5）非专利技术　非专利技术又称技术秘密和技术诀窍。法律上没有保护规定，但具有保密性，它只是在技术贸易的合同中做出相应的规定予以保护。

（6）商誉　商誉是指企业在有形资产规模一定的情况下，能够获得的高于正常投资报酬率的价值。商誉一般具有以下特性：

1）商誉是企业长期积累起来的一项价值。商誉受多项因素的影响，但影响商誉的个别因素，不能以任何方法单独计价。

2）商誉不能与企业分开而独立存在，不能与企业可确认的资产分开销售。

3）商誉本身不是一项单独的、能产生收益的无形资产，而只是超过企业可确指的各单项资产价值之和的价值。

4. 无形资产的分类

1）按取得方式，可以分为自创无形资产和外来无形资产。

2）按可否辨认，可以分为可辨认无形资产和不可辨认无形资产。

3）按有无期限，可以分为有期限无形资产和无期限无形资产。

无形资产的分类如表3-6所示。

表3-6　无形资产的分类

项　目	可否辨认	取得方式	有无期限
专利权	可辨认	外来和自创	有
非专利权（技术诀窍）	不可辨认	自创	无
商标权	可辨认	外来和自创	有
著作权（版权）	可辨认	外来和自创	有
土地使用权	可辨认	外来	有
商誉	不可辨认	外来和自创	无

5. 无形资产的功能

1）创新作用。无形资产的创新性通常成为差异化战略的基础，从而为企业获得巨大的竞争优势，这一点在高新技术企业中表现得尤为明显。

2）在激烈竞争中是否能够获胜。无形资产已成为企业的核心竞争力所在，其价值往往数倍于有形资产。

3）持续发展作用。在知识经济时代，无形资产对于企业持续发展起着重要的作用。

3.6.2　无形资产形成和使用的管理

1. 无形资产的形成方式及管理

1）无形资产的形成方式有购买和企业自创。

2）无形资产投资的特点是风险大、不确定性强、投资回报高、企业周期性明显。

3）研究与开发费用处理方式的比较：①全部费用化。将某一期间发生的研究与开发费用全部直接列为当期费用，计入损益，研究与开发费用不作为无形资产看待。②全部资本化。将某一期间发生的研究与开发费用归集起来，列为资产，等到开发成功取得收益时开始摊销。③有条件地资本化。将研究与开发费用区别对待。对于研究费用，要求在发生的期间即作为费用处理，随后也不再将其作为资产；而对于开发所发生的费用，只要满足其特殊条件，具有成功的可能，就确认为资产。④根据研究开发的最终结果决定。如果研究开发取得成功，则可以将全部费用资本化，并且在其收益期内进行摊销，否则就作为费用计入当期损益。

4）我国研究与开发费用的会计处理。我国《企业会计准则第6号——无形资产》第六条规定，企业无形项目的支出，除下列情形外，均应于发生时计入当期损益：

a. 符合《企业会计准则第6号——无形资产》规定的确认条件、构成无形资产成本的部分。

b. 非同一控制下企业合并中取得的、不能单独确认为无形资产、构成购买日确认的商誉的部分。

5）《企业会计准则第6号——无形资产》第九条规定，企业内部研究开发项目开发阶段的支出，同时满足下列条件的，应当确认为无形资产：

a. 从技术上来讲，完成该无形资产以使其能够使用或出售具有可行性。

b. 具有完成该无形资产并使用或出售的意图。

c. 无形资产产生未来经济利益的方式，包括能够证明运用该无形资产生产的产品存在市场或无形资产自身存在市场；无形资产将在内部使用时，应当证明其有用性。

d. 有足够的技术、财务资源和其他资源支持，以完成该无形资产的开发，并有能力使用或出售该无形资产。

e. 归属于该无形资产开发阶段的支出能够可靠计量。

2. 无形资产的计价与摊销

（1）无形资产的计价　无形资产的受益期长，购置无形资产的支出是资本性支出。

无形资产应按照取得时的实际成本计价：

1）投资者作为资本金或者合作条件投入的，按照评估确认或者合同、协议约定的金额计价。

2）购入的，按照实际支付的价款计价。

3）自行开发并且依法申请取得的，按照开发过程中的实际支出计价。接受捐赠的，按照发票账单所列金额或者同类无形资产市价计价。除企业合并外，商誉不得作价入账。

4）非专利技术和商誉的计价应当经法定评估机构评估确认。

（2）无形资产的摊销　无形资产从开始使用之日起，在使用寿命内平均摊入管理费用。

无形资产的使用寿命期限分为使用寿命有限和使用寿命不确定两种类型。

使用寿命有限的无形资产，其应摊销金额应当在使用寿命内系统、合理地摊销（一般采用直线法摊销，其残值为零）。

使用寿命不确定的无形资产不应摊销。

无形资产的使用寿命按照下列原则确定：

1）法律和合同或者企业申请书分别规定有法定有效期限和受益年限的，按照法定有效期限与合同或者企业申请书规定的受益年限孰短的原则确定。

2）法律没有规定有效期限，企业合同或者企业申请书中规定有受益年限的，按照合同或者企业申请书规定的受益年限确定。

3）法律和合同或者企业申请书均未规定法定有效期限或者受益年限的，按照不少于10年的期限确定。

3. 无形资产的转让

无形资产的转让包括所有权转让和使用权转让两种类型。

（1）收入的确认　无论转让所有权还是转让使用权，取得的收入均计入企业其他销售收入。

（2）成本的确认　转让无形资产所有权时，转让成本按无形资产的摊余价值计算；转让使用权时，按为履行出让合同规定的义务所发生的费用（如派出技术服务人员的费用等）作为转让成本。

（3）土地使用权的转让　根据国家有关规定，国有企业的建设用地，现仍采取划拨方式，政府不对企业收取地价费，企业通过划拨方式取得的土地使用权也不得转让、出租或抵押。

如确有需要对土地使用权进行转让，则其转让收入，包括土地出让金和土地收益金（或土地增值费），企业不能作为其他销售收入处理，需全部上缴国家。

4. 无形资产的创新管理

（1）无形资产技术创新的管理　无形资产技术创新的阶段如图3-11所示。

1）初创构思阶段。企业应对所要投资的技术项目做充分的市场调研，对于所要投资的环境进行详细调查，特别是对投资对象的市场供求预测、与投资有关的相关资源供应情况、相关的科学技术水平及工艺等，进行细致调查，做好可行性研究。

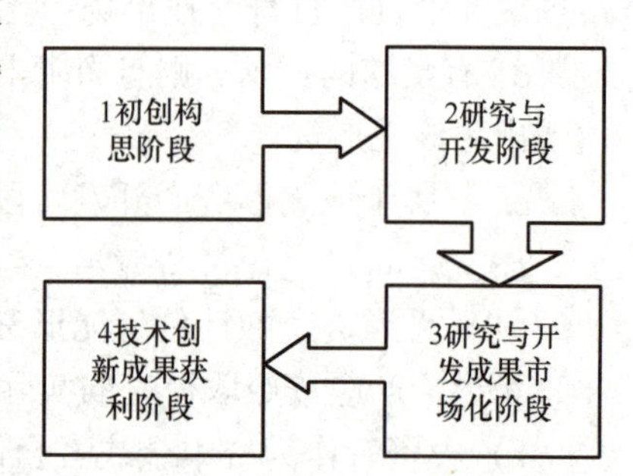

图3-11　无形资产技术创新的阶段

2）研究与开发阶段。该阶段是将前一阶段技术创新构思中形成的投资计划具体实施的阶段，在实施过程中可以根据实际情况对原来的方案进行修正，使其更加合理。企业进入该阶段，投入的资金更大。在该阶段，企业的投资仍具有较大的不确定性和风险性。

3）研究与开发成果市场化阶段。研究与开发成功的成果，若要取得更好的经济效益，就必须将其引入市场。

4）技术创新成果获利阶段。企业技术创新成功并实现了市场化，进入获利阶段，企业投资就有了回报，技术创新的投资回报率比传统的投资回报率要高。

（2）无形资产文化创新的管理　企业文化是由人的群体所构成的一种区别于其他群体特有的氛围，它可以形成无形资产的重要组成内容。

企业技术创新能力是企业的灵魂，而创新能力必须由人来进行。

人力资产是指企业所拥有的，能够给企业未来带来经济利益的一项资产。

（3）无形资产品牌创新的管理

1）优秀的管理队伍。优秀的管理队伍是确保企业超额收益的关键，管理和技术同样是企业发展不可或缺的因素。

2）出众的销售经理或组织。在市场经济条件下，出众的销售经理或组织对于企业的重要性不言而喻。

3）有效的广告。有效的广告可以为企业造就忠实的顾客，赢得美誉度。但作为有利于商誉形成的手段，广告本身并不是商誉。

4）秘密制造工艺。秘密制造工艺属于企业的非专利技术，这一秘密制造工艺属于企业可辨认的无形资产，而与不可确指的商誉无关。

5）良好的劳资关系。良好的劳资关系有助于营造融洽的企业氛围，从而提升劳动效率。

6）卓越的信用等级。卓越的信用等级对于企业的筹资具有明显的作用。

7）高瞻远瞩的人员培训计划。员工是企业最宝贵的财富，这是知识经济时代人们的共识。

8）与政府的良好关系。与政府的良好关系反映了企业具有良好的外部政治环境。

思考题与习题

1. 某股份有限公司预计计划年度存货周转期为120天，应收款周转期为80天，应付账款周转期为70天，预计全年需要现金1 400万元。问最佳现金持有量是多少？

2. 简述持有现金产生的成本与现金持有量的关系。

3. 某企业2017年度现金平均占用额为100万元，企业管理人员通过对现金使用情况的分析，从中发现有20万元属于不必要的占用额，2018年的营业收入预计将比2017年营业收入增长10%，试计算该企业2018年度的最佳现金持有量。

4. 某公司有价证券年利率为9%，每次固定转换成本为50元，公司认为任何时候其银行活期存款及现金余额均不能低于1 000元，又根据以往资料测算出现金余额波动的标准差为800元。试计算现金持有量的上限和最优现金返回线。

5. 某企业预测2019年度销售收入净额为4 500万元，现销与赊销比例为1∶4，应收款平均收账天数为60天，变动成本率为50%，企业的资金成本率为10%。一年按360天计算。

要求：

(1) 计算2019年度赊销额。

(2) 计算2019年度应收款的平均余额。

(3) 计算2019年度维持赊销业务所需要的资金额。

(4) 计算2019年度应收款的机会成本额。

(5) 若2019年应收款需要控制在400万元，在其他因素不变的条件下，应收款平均收账天数应调整为多少天?

6. 某建筑预制构件生产厂生产和销售甲、乙两种预制产品。目前的信用政策为“2/15，*n*/30”，有占销售额60%的客户在折扣期内付款并享受该厂提供的折扣；不享受折扣的应收款中有80%可以在信用期内收回，另外20%在信用期满后10天（平均数）收回。逾期账款的收回，需要支出占逾期账款额10%的收账费用。

如果明年继续保持目前的信用政策，则预计甲产品销售量为4万件，单价100元，单位变动成本为60元；乙产品销售量为2万件，单价300元，单位变动成本为240元。

如果明年将信用政策改为“5/10，*n*/20”，则预计不会影响产品的单价、单位变动成本和销售的品种结构，而销售额将增加到1 200万元。与此同时，享受折扣的比例将上升至销售额的70%；不享受折扣的应收款中，有50%可以在信用期内收回，另外50%可以在信用期满后20天（平均数）收回。这些逾期账款的收回，需要支出占逾期账款额10%的收账费用。该厂应收款的资金成本率为12%。

要求：

(1) 假设该厂继续保持目前的信用政策，计算其平均收现期和应收款机会成本（一年按360天计算）。

(2) 假设该厂采用新的信用政策，计算其平均收现期和应收款机会成本。

(3) 计算改变信用政策引起的损益变动净额，并据此说明该厂是否应改变信用政策。

7. 新宇建筑公司全年需要甲零件1 200件，每次订货的成本为400元，每件存货的年储存成本为6元。试计算新宇公司的经济订货量。

8. 某企业每年需耗用A材料45 000件，单位材料年存储成本20元，平均每次进货费用为180元，A材料全年平均单价为240元。假定不存在数量折扣，不会出现陆续到货和缺货的现象。

要求：

(1) 计算A材料的经济订货量。

(2) 计算A材料年度最佳进货批数。

(3) 计算A材料的相关订货成本。

(4) 计算A材料的相关储存成本。

(5) 计算A材料经济订货量平均占用资金。

9. 欧海公司甲材料的年需要量为16 000kg，标准价格为20元/kg。销售企业规定：客户每批购买量不足1 000kg的，按照标准价格计算；每批购买量1 000kg以上2 000kg以下的，价格优惠2%；每批购买量2 000kg以上的，价格优惠3%。已知每批进货费用为600元，单位材料的年储存成本为30元。

要求：

(1) 按照基本模型计算经济订货量及其相关总成本（含订货成本）。

（2）计算确定实行数量折扣的经济订货量。

10. 甲公司2018年6月21日购置一台不需安装即可投入使用的固定资产。固定资产入账价值为600万元，采用双倍余额递减法计提折旧，预计使用寿命为5年，预计净残值为零。试计算2018年对该项固定资产计提的折旧额。

11. 丁企业在2017年3月购入一项固定资产，该资产原值为300万元，采用年数总和法计提折旧，预计使用年限为5年，预计净残值率为5%。试计算2017年和2018年对该项固定资产计提的折旧额。

12. 某建筑公司2018年资产变动情况如下：

（1）2018年1月投入使用2017年12月购进的价值100万元的生产线，可用10年，预计残值为零。

（2）2018年1月投入使用2017年11月购进的价值25万元的钢管脚手架，可使用2年，预计残值为5万元。

（3）2018年1月投入使用2017年12月购进的价值150万元的混凝土搅拌机，可使用5年，预计残值为零。

（4）2018年5月领用总价值为10万元的办公桌椅，可使用4年，预计残值为1万元。

（5）在2018年6、7月对价值为230万元，可使用20年，预计残值为30万元的机器设备进行检修，在8月继续投入使用。

（6）2018年12月报废办公桌椅5套，价值2 000元。

要求：

（1）指出以上事项中在2018年年底可以计提折旧的资产范围和价值，并说明理由。

（2）就以上事项，在2018年用平均年限法和双倍余额递减法进行折旧。

（3）两种折旧方法对企业所得税会产生什么影响（所得税税率为25%）？

4

第4章
工程收入与成本管理

本章主要内容：

工程收入管理：工程收入管理概论（收入概述、工程收入管理概述、工程收入的确认）、工程收入的管理（一般工程收入的管理、工程结算管理）；工程成本管理：成本与费用的关系（企业支出的类别、费用及其特点、费用的分类、成本形成和分类）、工程成本的确认和计算方法（工程成本的确认、施工费用的计量）、工程成本的核算（工程成本及其核算的内容、工程成本核算的对象、工程成本核算的任务和基本要求、工程成本核算的程序）、施工企业期间费用的核算（管理费用、财务费用、期间费用核算）。

本章重点和难点：

工程收入的确认；工程结算管理；费用的分类、成本形成；工程成本的确认、施工费用的计量；工程成本及其核算的内容。

4.1 工程收入管理

根据现行规定，建筑业企业实行营改增后，采用一般计税方法的建设工程按以下公式计算：工程造价＝税前工程造价×（1＋10%）。其中，10%为建筑业增值税税率，税前工程造价为人工费、材料费、施工机具使用费、企业管理费、利润和规费之和，各费用项目均以不包含增值税可抵扣进项税额的价格计算。企业管理费组成内容中增加附加税，包括国家税法规定的应计入建筑安装工程造价内的城市建设维护税、教育费附加及地方教育附加。甲供材料和甲供设备费用应在计取现场保管费后，在税前扣除。

正常情况下，“营改增”后要按新的造价规则制定不含增值税的预算合同成本。有了增值税规则下的预计合同总收入和预计合同总成本，就可以按照当前建造合同准则，确认建造合同收入，此时的建造合同收入为不含税收入。

2017年7月，财政部修订印发了《企业会计准则第14号——收入》，修订后的收入准则将原收入和建造合同两项准则纳入统一的收入确认模型。

4.1.1 工程收入管理概论

1. 收入概述

（1）收入的概念　收入有广义和狭义之分。狭义的收入是指营业收入，即企业销售商品、提供劳务及让渡资产使用权等日常活动中形成的经济利益的总流入，包括主营业务收入和其他业务收入，不包括为第三方或客户代收的款项。一般在企业工商营业执照中注明了企业主营和兼营的项目内容。企业主营业务内容获取主营业务收入，它是企业经常性的基本收入，如制造业的销售产品、半成品和提供工业性劳务作业的收入，商品流通企业的销售商品收入等，对于建筑企业而言，则是施工收入。企业兼营的业务内容就是其他业务收入（亦称附营业务收入），包括材料销售、技术转让、代购代销、固定资产出租、包装物出租、运输等非工业性劳务收入。

广义的收入是指营业收入、投资收益、补贴收入和营业外收入。

投资收益是指企业进行投资所获得的经济利益，是企业在一定的会计期间对外投资所取得的回报。投资收益包括对外投资所分得的股利和收到的债券利息，以及投资到期收回或到期前转让债权得到的款项高于账面价值的差额等。

补贴收入是指国有企业得到的各级财政部门给予的专项补贴收入，包括：①企业实际收到的先征后返的增值税税款；②企业实际收到的按销量或工作量等，依据国家规定的补助定额计算并按期给予的定额补助；③属于国家财政扶持的领域而给予的其他形式的补助。

营业外收入是指与企业生产经营活动没有直接关系的各种收入，包括非流动资产处置利得、非货币性资产交换利得、债务重组利得、盘盈利得、捐赠利得等。营业外收入并不是由企业经营资金耗费所产生的，不需要企业付出代价，实际上是一种纯收入，不可能也不需要与有关费用进行配比。

（2）收入的特点　收入有以下特点：

1）收入可能表现为企业资产的增加，也可能表现为企业负债的减少，或两者兼而有之，最终导致了所有者权益的增加。

根据会计恒等式“资产＝负债＋所有者权益”，无论是收入的哪种表现，最终均表现为所有者权益的增加，它是与所有者投入无关的经济利益的总流入。不符合这一特征的经济利益流入，就不是企业收入。

2）收入只包括企业自身的经济利益流入，不包括为第三方或者客户代收代管的款项，如房地产企业代替国家收取的契税和印花税、房地产企业代替物业管理公司收取的物业管理费、物业管理公司代管的大修基金等。因为对于这些款项，一方面增加企业资产，另一方面增加企业负债，两者抵消，并没有真实地增加企业所有者权益，不属于企业自身的经济利益，因此不能作为企业收入。

3）收入来自于企业的日常活动，而不是从偶发事项中产生的。日常活动是指企业为了完成经济目标而从事的一切活动。这些活动具有经常性、重复性和可预见性的特点。例如，企业从事的主营业务、投资和兼营业务。此外，企业还会发生偶然事项，导致经济利益的流入，如出售固定资产、接受捐赠等，这些收入来自于非正常活动，不能作为企业的收入。

（3）收入的分类　按收入的性质，企业的收入可以分为建造（施工）合同收入、销售商品收入、提供劳务收入和让渡资产使用权收入。

1）建造（施工）合同收入是指施工企业通过签订建造（施工）合同，并按合同要求为客户设计和建造房屋、道路、桥梁、水利水电等建筑物而取得的收入。

2）销售商品收入是指企业销售产品或商品而取得的收入。建筑业企业销售商品主要包括产品销售和材料销售。产品销售主要有各种门窗制品、商品混凝土等；材料销售主要有低值易耗品、原材料、周转材料、包装物等。

3）提供劳务收入是指企业通过提供劳务作业而获取的收入，是建筑业企业提供的建造合同劳务以外的劳务作业而获取的收入，如机械作业、运输服务、设计业务、产品安装等。提供劳务的种类不同，完成的时间也不同，如运输服务，一次就能完成，且一般为现金交易；而产品安装、机械作业、设计业务，则需要较长的一段时间才能完成。

4）让渡资产使用权收入是指企业通过让渡资产使用权而取得的收入，如企业让渡无形资产使用权而获取的收入等。

当然，收入也可以按其他方式分类。按企业经营业务的主次，分为主营业务收入和其他业务收入（附营业务收入）。对于建筑业企业而言，主营业务收入就是建造合同收入，其他业务收入主要包括产品销售收入、材料销售收入、机械作业收入、无形资产出租收入、固定资产出租收入等。

2. 工程收入管理概述

（1）建造合同概述　建筑业企业的主营业务收入来自于建造合同。建造合同是指为建造一项资产或者在设计、技术、功能、最终用途等方面密切相关的资产而订立的合同。建造合同存在以下主要特征：

1）先有买主（客户），后有标的（资产），建造资产的造价在合同签订时就已经确定。任何一个建筑工程，都必须先有建设方，即建筑产品的卖方，其在发现市场机会且有足够资金的前提下，才会投资某工程项目。由于已做出市场调研，及充分考虑自身资金实力，因此在签订建造合同时，就受到上述条件的限制，且在合同中做出明确的约定。

2）资产的建设周期长，一般都要跨越一个会计年度，有的长达数年。

3）建造合同标的体积大，造价高。建造合同标的，即建筑产品是人们生产和生活的必备资料，其体积大，且投入的资源量大、种类繁多，因此造价高。

4）建造合同一般不可撤销。一般的工程项目都需要进行招投标，并在相关政府部门进行备案；建造方在获取该项业务时，必须具有足够的计划和措施，一旦撤销合同，可能需要较高的违约成本，同时建造合同的目标实现可能会受到影响。因此，建造合同一般不可撤销。

（2）建造合同的分类　建造合同按合同价格是否可调，可以分为固定造价合同与成本加成合同。

1）固定造价合同，是指按固定的合同总价或固定单价确定工程价款的建造合同。例如，某工程项目是一栋办公楼，施工企业与该项目的业主签订了建造合同，采用固定合同总价形式，价款5 000万元。在工程实施的过程中，无论成本发生了怎样的变化，均按5 000万元结算；如果施工企业与业主签订的是固定单价合同，且约定的价格是2 000元/m^2，则决算时同样工作内容的价格也不会因为成本的变化而有所变化。

2）成本加成合同（也称成本加酬金合同），是指以合同约定或其他方式议定的成本为基础，加上该成本的一定比例或定额费用确定工程价款的建造合同。其表现为成本加成合同、成本加固定费用合同、成本加酬金合同及成本加奖金合同等多种形式，其中“成本”以合同实施中的实际成本为准。例如，某工程项目为一栋工业厂房，建设方和建造（施工）企业签订一份成本加成合同，约定以该厂房的实际建造成本为基础，加上3%的加成率来计算合同价款。

3）固定造价合同与成本加成合同的区别。固定造价合同和成本加成合同的最大区别在于它们所含风险的承担者不同。固定造价合同中，由于在双方签订合同时已经确定合同价款，在合同实施中不管材料价格与人工费用上涨与否，或是否出现其他成本变化的状况，最终结算时均按合同中确定的价款结算。也就是说，承包人承担了成本上涨的风险，而如果成本下降，也仍按合同价款结算，这部分风险则由发包人承担。在成本加成合同中，以实际成本结算，所以无论成本如何变动，均由发包人承担，因此发包人承担了所有的价格变动风险。

（3）工程收入的构成　工程收入主要是建造合同收入。合同预计总收入则是指预计完成全部合同可从业主收回的全部价款，由合同初始收入、合同变更收入、合同索赔收入、合同奖励收入组成。

1）合同初始收入。合同初始收入是指合同中最初的合同总金额，它是构成合同收入的基本内容。

2）合同变更收入。合同变更收入是指由于合同实施条件发生变化，客户为改变合同规定的作业内容而提出的调整所形成的价款。合同变更款应同时满足以下条件，才能构成合同收入：①客户能够认可因变更而增加的收入；②该收入能够可靠地计量。

3）合同索赔收入。合同索赔收入是指因客户或第三方的原因造成的，由建造承包商向客户或第三方收取的，用于补偿不包括在合同造价中成本的款项。索赔款应同时满足以下条件，才能构成合同收入：①根据谈判情况，预计对方能够同意该项索赔；②对方同意接受的金额能够可靠地计量。

4）合同奖励收入。合同奖励收入是指工程达到或超过规定的标准时，客户同意支付给建造承包商的额外的款项。奖励款应同时满足以下条件，才能构成合同收入：①根据合同完成情况，足以判断工程进度和工程质量能够达到或超过规定的标准；②奖励金额能够可靠地计量。

3. 工程收入的确认

工程收入主要来自于建造合同，因此对于工程收入的管理，主要是指对于建造合同的管理。

（1）合同收入的确认原则　企业应当在履行了合同中的履约义务，在客户取得相关商品控制权时，即能够主导该商品的使用并从中获得全部经济利益时，确认收入。因此，收入判断标准是控制权是否转移。

确认收入可以分为五个步骤：

第一步：识别与客户订立的合同。

当企业与客户之间的合同同时满足下列条件时，企业应当在客户取得相关商品控制权时确认收入：

1）合同各方已批准该合同并承诺将履行各自义务。

2）该合同明确了各方与所转让商品或提供劳务（以下简称“转让商品”）相关的权利和义务。

3）该合同有明确的与所转让商品相关的支付条款。

4）该合同具有商业实质，即履行该合同将改变企业未来现金流量的风险、时间分布或金额。

5）企业因向客户转让商品而有权取得的对价很可能收回。

在合同开始日（合同生效日）即满足前款条件的合同，企业在后续期间无须对其进行重新评估，除非有迹象表明相关事实和情况发生重大变化。

第二步：识别合同中的履约义务。

在合同开始日，企业应当对合同进行评估，识别合同所包含的各单项履约义务。若这些商品或服务是可以明确区分的，则应视为单项履约义务，分别确认收入。若客户能够从某项商品本身，或从该商品能与其他易于获得资源一起使用中受益，且企业向客户转让该商品的承诺与其他承诺可单独区分时，仍作为单项履约义务。

那么，什么是履约义务呢？履约义务是指合同中企业向客户转让可明确区分商品的承诺。履约义务既包括合同中明确的承诺，也包括由于企业已公开宣布的政策、特定声明或以往的习惯做法等导致合同订立时客户合理预期企业将履行的承诺。企业为履行合同而应开展的初始活动，通常不构成履约义务，除非该活动向客户转让了承诺的商品。

第三步：确认交易价格。

企业应当按照分摊至各单项履约义务的交易价格计量收入。交易价格是指企业因向客户转让商品而预期有权收取的对价金额。企业代第三方收取的款项以及企业预期将退还给客户的款项，不计入交易价格，而应作为负债。

第四步：将交易价格分摊至单独的履约义务。

合同中包含两项或多项履约义务的，企业应当在合同开始日，按照各单项履约义务所承诺商品的单独售价的相对比例，将交易价格分摊至各单项履约义务。企业不得因合同开始日之后单独售价的变动而重新分摊交易价格。

第五步：履行履约义务时确认收入。

施工企业应当通过向客户转让建造合同标的物履行履约义务时确认收入，即转让标的物控制权时确认收入。

在确认收入时，需要判断该单项任务是按某一时段内履行的义务，还某一时点履行的义务，然后，在履行了各单项履约义务时分别确认收入。

当满足下列条件之一的，属于在某一时段内履行履约义务；否则，属于在某一时点履行履约义务：

1）客户在企业履约的同时即取得并消耗所带来的经济利益。

2）客户能够控制企业履约过程中在建的商品。

3）企业履约过程中所产出的商品具有不可替代用途，即由于合同限制或实际可行性限制，企业不能轻易地将商品用于其他用途，并且在由于客户或其他方原因终止合同的情况下，企业有权就对整个合同期间已完成的履约部分收取款项补偿其已发生成本和合理利润款项，并且该权利具有法律约束力。

工程项目的建造合同大多数是以某一时段内履行义务。对于在某一时段内履行的履约义务，企业应当在该段时间内按照履约进度确认收入，工程建筑合同需采用产出法或投入法确定恰当的履约进度。

方法1：投入法

投入法是根据企业为履行履约义务的投入确定履约进度。对于类似情况下的类似履约义务，企业应当采用相同的方法确定履约进度。

根据累计实际发生的合同成本占合同预计总成本的比例确认，是确认收入的常用办法。其计算公式如下：

$$合同履约进度=\frac{累计实际发生的合同成本}{合同预计总成本}\times 100\%$$

其中，累计实际发生的合同成本不包括施工中尚未安装或使用的材料成本，即合同未来获得相关的合同成本，也不包括在分包工程的工程量完成之前预付给分包单位的款项。

【例 4-1】 某建筑施工企业与A业主签订了一项总造价为5 000万元的建造合同，合同约定建设期为3年。第1年实际发生合同成本为1 750万元，年末预计为完成合同尚需发生成本2 750万元；第2年实际发生合同成本为2 050万元，年末预计为完成合同尚需发生成本700万元。则

$$第1年合同履约进度=\frac{1\ 750万元}{(1\ 750+2\ 750)万元}\times 100\%=38.9\%$$

$$第2年合同履约进度=\frac{(1\ 750+2\ 050)万元}{(1\ 750+2\ 050+700)万元}\times 100\%=84.4\%$$

方法2：产出法

产出法是根据已完成的合同工作量占合同预计总工作量的比例确定，适用于合同工作量容易确定的建造合同，如道路工程、巷道工程、土石方工程等。其计算公式如下：

$$合同履约进度=\frac{已经完成的合同工程量}{合同预计工程量}\times 100\%$$

【例 4-2】 某建筑业企业与某交通局签订合同，修建一条200km的公路。合同约定工程总造价为90 000万元，建设期为3年。该建筑业企业第1年修建了60km，第2年修建了80km。则

$$第1年合同履约进度=\frac{600km}{200km}\times 100\%=30\%$$

$$第2年合同履约进度=\frac{60km+80km}{200km}\times 100\%=70\%$$

若企业适用的是某一时点履行履约义务，企业应在客户取得相关商品控制权时点确认收入。在判断客户是否已取得商品控制权时，企业应当考虑下列迹象：

1）企业就该商品享有现时收款权利，即客户就该商品负有现时付款义务。

2）企业已将该商品的法定所有权转移给客户，即客户已拥有该商品的法定所有权。

3）企业已将该商品实物转移给客户，即客户已实物占有该商品。

4）企业已将该商品所有权的主要风险和报酬转移给客户，即客户已取得该商品所有权的主要风险和报酬。

5）客户已接受该商品。

6）其他表明客户已取得商品控制权的迹象。

（2）建造合同的分立与合并　施工企业执行建造合同时，工程收入测算对象为项目承揽合同（项目总包合同）。如一个工程项目只存在一个合同，则会计核算的对象就是该合同。如一个项目由多个合同组成，则为多个合同的集合。企业通常需要对单项建造合同进行会计处理。但在某些情况下，为了反映一项或一组合同的实质，需要将单项合同进行分立或将数项合同进行合并。

建造合同中有关合同分立与合同合并，实际上是确定建造合同的会计核算对象，一组建造合同是合并为一项合同进行会计处理，还是分立为多项合同分别进行会计处理，对建造承包商的报告损益将产生重大影响。一般情况下，企业应以所订立的单项合同为对象，分别计算和确认各单项合同的收入、费用和利润。

1）建造合同的分立。

一项包括建造数项资产的建造合同，同时满足下列条件的，每项资产应当分立为单项合同：

① 每项资产均有独立的建造计划。

② 与客户就每项资产单独进行谈判，双方能够接受或拒绝与每项资产有关的合同条款。

③ 每项资产的收入和成本可以单独辨认。

2）建造合同的合并。企业与同一客户（或该客户的关联方）同时订立或在相近时间内先后订立的两份或多份合同，在满足下列条件之一时，应当合并为一份合同进行会计处理：

① 该两份或多份合同基于同一商业目的而订立并构成一揽子交易。

② 该两份或多份合同中的一份合同的对价金额取决于其他合同的定价或履行情况。

③ 该两份或多份合同中所承诺的商品（或每份合同中所承诺的部分商品）构成本准则第九条规定的单项履约义务。

（3）建造合同的变更　建造合同变更，是指经建造合同各方批准对原合同范围或价格做出的变更。

企业应当区分下列三种情形对建造合同变更分别进行会计处理：

第一种情形：合同变更增加了可明确区分的工程、资产或服务及合同价款，且新增合同价款反映了新增工程或资产的单独售价，应当将该合同变更部分作为一份单独的合同进行会计处理。

第二种情形：合同变更不属于第一种情形，且在合同变更日已转让的工程、资产或已提供的服务与未转让的工程、资产或未提供的服务之间可明确区分的，应当视为原合同终止，同时，将原合同未履约部分与合同变更部分合并为新合同进行会计处理。

第三种情形：合同变更不属于第一种情形，且在合同变更日已转让的工程、资产或服务与未转让的工程、资产或服务之间不可明确区分的，应当将该合同变更部分作为原合同的组成部分，由此产生的对已确认收入的影响，应当在合同变更日调整当期收入。

4.1.2　工程收入的管理

1. 一般工程收入的管理

收入管理的内容主要是对企业营业收入进行预测、计划、组织、考核和分析。

1）收入预测是企业经过充分的市场调查研究，搜集有关信息数据，运用一定方法分析影响企业营业收入的各种因素，测算在未来一定时期内营业收入及其变动趋势。以销售收入为例，影响企业销售的因素有内部因素和外部因素。内部因素主要有商品质量、商誉、价格、生产能力、推销策略、售后服务质量等；外部因素有市场环境、社会政治经济形势等。

销售收入的预测主要依据销售量预测和售价预测。

销售量预测的方法主要是定性分析和定量分析两大类。定性分析如营销员判断法、专家判断法、产品寿命周期分析法。定量分析如因果（回归）分析法、趋势分析法、量本利分析法等。

售价预测是在调查分析的基础上，选择用合适的定价方法，预测销售商品可能且恰当的售价。主要影响因素包括市场供求因素、成本因素、竞争因素和政策法规因素等。管理人员在进行售价预测时需要综合企业的战略需要，考虑是以占领市场为目标，还是以保持或提高市场占有率为目标。是以实现利润最大化为目标，还是以现金流最大化为目标，是以应付或避免竞争为目标，还是以树立企业或品牌形象为目标。

2）收入计划是在企业营业收入预测的基础上，以货币计量反映企业在一定时期内总的收入的计划。

3）收入组织是指为了收入的获取而进行的各种组织工作。以销售收入的获取为例，组织工作包括：①认真签订和履行销售合同；②及时办理结算，加快应收货款收回；③做好销售服务和市场信息反馈工作。

4）收入考核是指由企业的主管部门对于合同的履行情况、发出商品中的拒付情况、发出商品计划完成情况以及营业收入计划完成情况等对相关人员进行考核。常见的考核指标有销货合同履行率、拒付商品率、发出商品计划完成率、销售收入计划完成率等。

5）收入分析是指对营业收入的计划完成情况及其影响因素进行分析，以便采取措施，开拓市场，寻找扩大销售的途径。营业收入分析包括商品销售收入计划完成情况分析、商品市场分析、商品价格分析等内容。

2. 工程结算管理

工程成本是对象化了的施工费用，并在收入实现时结转成本。因此，工程成本的结算方法一般应根据工程价款的结算方式确定。建筑安装工程价款结算，可以采取按月结算、分段结算、竣工后一次结算，或按双方约定的其他方式结算。

（1）工程成本月份结算法　工程成本月份结算法，是在按单位工程归集施工费用的基础上，逐月定期地结算单位工程的已完工程实际成本。也就是既要以建造合同为对象，于工程竣工后办理单位工程成本结算，又要按月计算单位工程中已完分部分项工程成本（这里的已完工程是指已完成的分部分项工程），办理工程成本中间结算。

（2）工程成本分段结算法　实行分段结算办法的合同工程，已完工程实际成本的计算原理，与上述月份结算法相似。所不同的是，其已完工程是指到合同约定的结算部位或阶段时已完成的工程阶段或部位，未完工程是指未完成的工程阶段或部位。不像月份结算法定期进行。

（3）工程成本竣工结算法　工程成本竣工结算法，是以合同工程为对象归集施工过程中发生的施工费用，在工程竣工后按照所归集的全部施工费用，结算该项工程的实际成本总额。

实行竣工后一次结算工程价款办法的工程，施工企业所属各施工单位平时应按月将该工程实际发生的各项施工费用及时登记。在工程竣工以前，归集的自开工起至本月末止的施工费用累计额，即为该项工程的未完工程（或在建工程）实际成本。工程竣工后，在清理施工现场、盘点剩余材料和残次材料、及时办理退库手续、冲减工程成本后，归集的自开工起至竣工止的施工费用累计总额，就是竣工工程的实际成本。

需要说明的是，工程成本的结算期虽然有上述按月、分段及竣工后结算方式，但不论定期或不定期结算已完工程成本，当月发生的施工费用必须在会计月末按照成本核算对象和成本项目进行归集与分配，以便及时掌握生产费用的发生情况和成本动态。

4.2 工程成本管理

4.2.1 成本与费用的关系

1. 企业支出的类别

支出是一个会计主体各项资产的流出，也就是企业的一切开支及耗费。企业的支出可分为资本性支出、收益性支出、营业外支出及利润分配支出四大类。

（1）资本性支出　资本性支出是指某项效益及于几个会计年度（或几个营业周期）的支出，如企业购置和建造固定资产、无形资产及其他资产的支出、长期投资支出等，对于这类支出在会计核算中应予以资本化，形成相应的资产。

（2）收益性支出　收益性支出是指某项效益仅及于本会计年度（或一个营业周期）的支出，这种支出应在一个会计期间内确认为费用，如企业生产经营所发生的外购材料、支付工资及其他支出，以及发生的管理费用、销售费用（营业费用）、财务费用等；另外，生产经营过程中所缴纳的税金、有关费用等也包括在收益性支出之内，它是企业得以存在并持续经营的必要的社会性支出。

（3）营业外支出　营业外支出是指不属于企业生产经营支出，与企业生产经营活动没有直接的关系，但应从企业实现的利润总额中扣除的支出，包括债务重组损失、罚款支出、捐赠支出、非常损失（指自然灾害造成的各项资产净损失如地震损失等，还包括由此造成的停工损失和善后清理费用）、计提无形资产、固定资产和在建工程的减值准备、固定资产盘亏、处理固定资产净损失、出售无形资产净损失等。

（4）利润分配支出　利润分配支出是指在利润分配环节发生的支出，如股利分配支出等。

2. 费用及其特点

在财务会计中，费用是指企业上述支出类别中的收益性支出，即企业为生产和销售商品或提供劳务发生的，且其作用和效益仅及于本会计年度（或一个营业周期）的支出。是企业在生产和销售商品、提供劳务等日常经济活动中所发生的，会导致所有者权益减少的，与向所有者分配利润无关的经济利益的总流出。费用具有以下特点：

1）费用是企业日常活动中发生的经济利益的流出，而不是偶发的。不是日常活动发生的经济利益的流出则称为损失（营业外支出）。

2）费用可能表现为资产的减少，或负债的增加，或者兼而有之。费用本质上是一种企业资源的流出，是资产的耗费，其目的是为了取得收入。

3）费用将引起所有者权益的减少，但与向企业所有者分配利润时的支出无关。向企业所有者分配利润只是表明所有者权益留在企业还是支付给企业所有者，而费用会导致企业所有者权益减少。

费用只包括本企业经济利益的流出，而不包括为第三方或客户代付的款项及偿还债务支出，并且经济利益的流出能够可靠计量。

3. 费用的分类

费用按不同的分类标准，有不同的分类方法。如费用按经济内容和性质进行分类，可分为外购材料、外购燃料、外购动力费用，职工薪酬、折旧费，利息支出，税金和其他支出；也可按照形成生产力三要素进行分类，可分为购置劳动对象（生产活动加以改造加工的对象，如原材料、半成品、构配件等）的费用，购建劳动资料（劳动资料是人用以影响和改变劳动对象的一切物质资料的总和，包括生产工具、建筑物、道路、运河、仓库、机器、设备等）的费用和支付职工薪酬的费用；费用按经济用途进行分类，可分为计入产品成本的生产费用和直接计入当期损益的期间费用，两类费用会计核算的处理过程不同。

（1）计入产品成本的生产费用　计入产品成本的生产费用是指为生产产品（或提供劳务）而发生的、与产品生产（或提供劳务）直接相关的费用。可计入产品成本的生产费用的会计核算程序是：费用确认和计量；根据费用具体用途和成本项目记账（生产成本项目）；会计期末（如月末资产负债表日）根据成本费用核算对象（费用受益对象）和权责发生制汇总结转产品成本；编制利润表、资产负债表等财务报表（其中已销售产品成本结转利润表中营业成本）。

（2）直接计入当期损益的期间费用　期间费用是为生产产品（或提供劳务）提供正常的条件和进行管理的需要，而与产品的生产本身并不直接相关费用。工业企业的期间费用包括管理费用、销售费用（营业费用）、财务费用。期间费用的会计核算程序是：费用确认和计量根据具体用途记账（登记账簿）—会计期末（如月末资产负债表日）汇总结转利润表。

计入产品成本的生产费用和直接计入当期损益的期间费用的区别如图4-1所示。

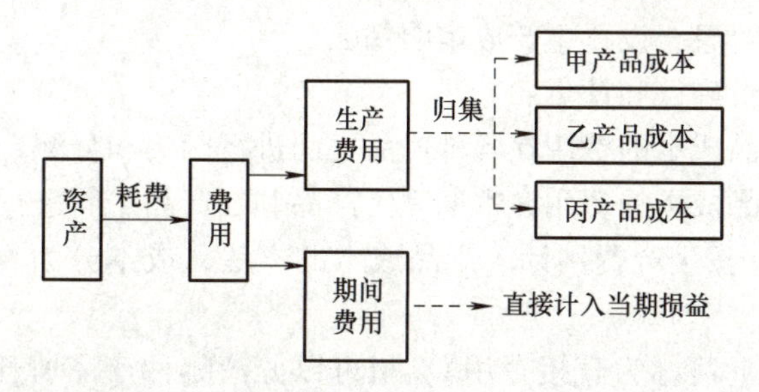

图4-1　计入产品成本的生产费用和直接计入当期损益的期间费用的区别

需要明确的是，费用分为计入产品成本的费用和期间费用的依据是费用的经济用途而不是费用的性质。如生产车间生产工人的薪酬属于生产费用中的直接人工，生产车间管理人员薪酬属于生产费用中的制造费用；而企业管理人员薪酬属于期间费用。又如生产车间办公费属于生产费用中的制造费用，而企业总部办公费用属于期间费用中的管理费用。

4. 成本形成和分类

成本是指在发生的费用中最终要计入一定的成本核算对象的那部分费用，由计入产品成本的生产费用转化而来，所以成本是费用的一种转化形式，是可以对象化的费用，费用的发生是成本计算的前提与基础。

(1) 成本的形成　将生产费用对象化为成本过程中，为了提供产品（或劳务）成本构成情况的资料，对计入产品成本的生产费用的各种用途，还应将其进一步划分为若干个项目，称为产品生产成本项目（简称成本项目）。如：工业企业生产成本项目一般分为原材料、燃料及动力、工资及福利费、制造费用；会计期末（如月末资产负债表日）应将确认为本期（权责发生制）的生产成本项目按照成本核算对象进行归集和分配，以计算产品生产成本；为满足分期核算损益、编制会计报表等需要，产品生产成本应进一步按完工产品和在产品进行归集和分配，其中已销售的完工产品成本还应结转利润表中营业成本。

以材料成本项目为例的成本形成过程如图4-2所示。

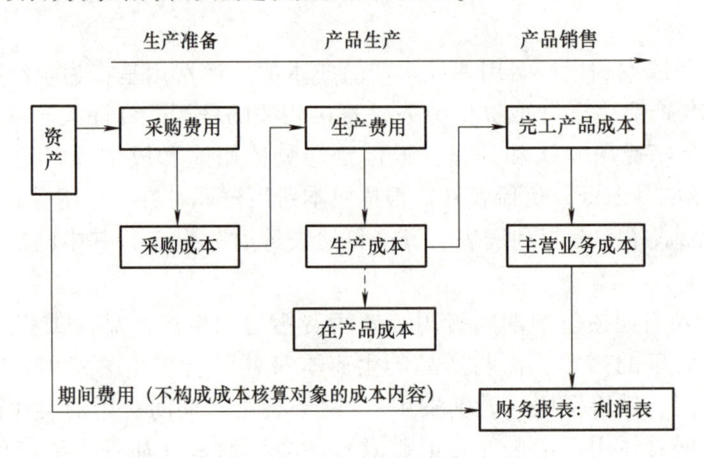

图4-2　成本形成过程

成本核算（生产费用对象化为成本）基本程序如下：

1）确定成本核算对象，设置生产成本明细账。

2）对生产费用进行确认和计量。

3）将计入本期产品成本的费用在各种产品之间进行归集和分配。

4）将计入各种产品成本的费用在本期完工产品和在产品之间进行归集和分配。

(2) 成本的分类　按生产费用计入产品成本的方法，成本分为直接计入费用和间接计入费用。

1）直接计入费用（简称为直接费用）：指可以分清哪种产品所耗用、能直接计入某种产品成本的生产费用。如直接用于某种产品生产的原材料费用，可以根据有关的领料单直接计入该种产品成本。直接费用主要指直接材料、直接人工。直接材料是指企业生产产品和提供劳务的过程中所消耗的、直接用于产品生产、构成产品实体的原材料、主要材料、外购半成品以及有助于产品形成的辅助材料等。直接人工是指企业在生产产品和提供劳务过程中，直接从事产品生产的工人的工资、津贴、补贴和福利费等。

2）间接计入费用（简称为间接费用）：指不能分清哪种产品所耗用，不能直接计入某种产品成本，而必须按照一定标准分配后才能计入有关的各种产品成本的生产费用。如生产部门管理人员的工资、福利费，为几种产品同时加工零件的生产设备折旧费等。在制造成本法下，制造费用是最主要的间接费用，它核算企业为生产产品和提供劳务而发生的各项间接费用，包括车间管理人员的工资和福利费、折旧费、修理费、办公费、水电费、机物料消耗、劳动保护费等。需要注意的是，间接费用具有管理费用性质，但不属于管理费用。管理费用是进行整个企业的经营管理发生的费用；制造费用是车间管理层进行产品生产的管理而发生的费用。

4.2.2　工程成本的确认和计算方法

1. 工程成本的确认

成本是对象化了的生产费用，所以工程成本确认本质上是施工费用的确认。我国《企业会计准则——基本准则》规定："费用只有在经济利益很可能流出从而导致企业资产减少或者负债增加，且经济利益的流出额能够可靠计量时才能予以确认。"这是费用确认的基本标准。但由于工程施工周期较长，收入和成本确认比较特殊，应当采用合理方式确认工程成本。

《中华人民共和国企业所得税法实施条例》第23条第2款规定："企业受托加工制造大型机械设备、船舶、飞机，以及从事建筑、安装、装配工程业务或者提供其他劳务等，持续时间超过12个月的，按照纳税年度内完工进度或者完成的工作量确认收入的实现。"

《国家税务总局关于确认企业所得税收入若干问题的通知》（国税函［2008］875号）第2条规定："企业在各个纳税期末，提供劳务交易的结果能够可靠估计的，应采用完工进度（完工百分比）法确认提供劳务收入。"《企业会计准则——基本准则》规定："企业为生产产品、提供劳务等发生的可归属于产品成本、劳务成本等的费用，应当在确认产品销售收入、劳务收入等时，将已销售产品、已提供劳务的成本等计入当期损益。"《企业会计准则第14号——收入》规定：企业应当在履行了合同中的履约义务，即在客户取得相关商品控制权时确认收入。取得相关商品控制权，是指能够主导该商品的使用并从中获得几乎全部的经济利益。

企业为履行合同发生的成本，同时满足下列条件的，应当作为合同履约成本确认为一项资产：①该成本与一份当前或预期取得的合同直接相关，包括直接人工、直接材料、制造费用（或类似费用）、明确由客户承担的成本以及仅因该合同而发生的其他成本；②该成本增加了企业未来用于履行履约义务的资源；③该成本预期能够收回。

企业为取得合同发生的增量成本预期能够收回的，应当作为合同取得成本确认为一项资产；但是，该资产摊销期限不超过一年的，可以在发生时计入当期损益。增量成本，是指企业不取得合同就不会发生的成本（如销售佣金等）。

企业为取得合同发生的、除预期能够收回的增量成本之外的其他支出（如无论是否取得合同均会发生的差旅费等），应当在发生时计入当期损益，但是，明确由客户承担的除外。

按照上述规则确认的资产（简称"与合同成本有关的资产"），应当采用与该资产相关的商品收入确认相同的基础进行摊销，计入当期损益。

2. 施工费用的计量

(1) 施工费用的构成　首先需要明确的是，本节施工费用的构成和计量以及工程成本核算是站在施工企业会计核算的角度展开的，不同于确定工程造价时的建筑安装工程费用组成，后者是进行招标投标、结算工程价款的依据。

施工企业承建的工程项目，是按照与建设单位签订的建造合同组织生产的。施工企业在生产经营过程中，必然要发生各种各样的资金耗费，如领用材料、支付职工薪酬，发生固定资产损耗等。施工企业在一定时期内从事工程施工、提供劳务等发生的各种耗费称为生产费用，将这些生产费用按一定的对象进行分配和归集，就形成了工程成本。

工程成本是建筑安装企业在工程施工过程中发生的，按一定成本核算对象归集的生产费用总和，包括直接费用和间接费用两部分。直接费用是指直接耗用于施工过程，构成工程实体或有助于工程形成的各项支出，包括人工费、材料费、机械使用费和其他直接费；间接费用是指施工企业所属各直接从事施工生产的单位（如施工队、项目部等）为组织和管理施工生产活动所发生的各项费用。

施工直接费用在发生时即明确其受益对象，发生时直接计入合同成本，其计量在此不讨论。这里主要讨论间接费用、固定资产、无形资产等需要分摊计量的费用。

(2) 间接费用分摊　间接费用是施工企业所属各直接从事施工生产的单位为组织和管理施工生产活动所发生的各项费用，当施工企业所属直接从事施工生产的单位组织和管理多个成本核算对象时，应将其间接费用合同分摊计入合同成本。间接费用一般按各成本核算对象直接费的百分比（水电安装工程、设备安装工程按人工费的百分比）进行分配；或者按各成本核算对象间接费定额加权分配。

考虑间接费定额加权时，施工间接费用分配公式是：

$$\text{某项工程本期应分配的施工间接费用}=\frac{\left(\begin{array}{c}\text{某项工程本期实际发生}\\\text{的直接费(或人工费)}\end{array}\times\begin{array}{c}\text{该项工程规定的}\\\text{施工间接费用定额}\end{array}\right)\times\text{本期实际发生的施工间接费用}}{\sum\left(\begin{array}{c}\text{各项工程本期实际}\\\text{发生的间接费(或人工费)}\end{array}\times\begin{array}{c}\text{各项工程规定的}\\\text{施工间接费用定额}\end{array}\right)}$$

不考虑间接费定额加权分配时，施工间接费用分配公式是：

$$\begin{array}{c}\text{间接费用}\\\text{分配率}\end{array}=\frac{\text{当期实际发生的全部间接费用}}{\text{当期各项合同实际发生的间接费用之和}}\times100\%$$

$$\begin{array}{c}\text{某项合同当期应}\\\text{负担的间接费用}\end{array}=\begin{array}{c}\text{该合同当期实际发生的直接费用}\\\text{(或人工费)}\end{array}\times\begin{array}{c}\text{间接费用}\\\text{分配率}\end{array}$$

4.2.3　工程成本的核算

在成本管理的主要环节中，成本预测是成本计划的基础，成本计划是成本预测的结果，也是所确定的成本目标的具体化；成本控制是对成本计划的实施进行监督，以保证成本目标的实现；成本核算则是对成本目标是否实现的最后检验。工程成本核算既是施工项目进行成本分析和成本考核的基本依据，又是项目后期用于同类项目成本预测、成本计划和成本控制所需信息的重要来源。

施工成本核算包括两个基本环节：一是按照规定的成本开支范围对施工费用进行归集和

分配，计算出施工费用的实际发生额；二是根据成本核算对象，采用适当的方法，计算出该施工项目的总成本和单位成本。施工成本管理需要正确、及时地核算施工过程中发生的各项费用，计算施工项目的实际成本。

1. 工程成本及其核算的内容

如前所述，工程成本包括从建造合同签订开始至合同完成止所发生的、与执行合同有关的直接费用和间接费用。直接费用是指为完成合同所发生的、可以直接计入合同成本核算对象的各项费用支出。直接费用包括：①耗用的材料费用；②耗用的人工费用；③耗用的机械使用费；④其他直接费用，指其他可以直接计入合同成本的费用。

间接费用是企业下属的施工单位或生产单位为组织和管理施工生产活动所发生的费用。合同成本不包括应当计入当期损益的管理费用、销售费用和财务费用。因订立合同而发生的有关费用，应当直接计入当期损益。

（1）直接费用

1）耗用的人工费用。人工费用包括企业从事建筑安装工程施工人员的工资、奖金、职工福利费、工资性质的津贴等。

2）耗用的材料费用。材料费用包括施工过程中耗用的构成工程实体的原材料、辅助材料、构配件、零件、半成品的费用和周转材料的摊销及租赁费用。周转材料是指企业在施工过程中能多次使用，并可基本保持原来的实物形态而逐渐转移其价值的材料，如施工中使用的模板、挡板和脚手架等。

3）耗用的机械使用费。机械使用费包括施工过程中使用自有施工机械所发生的机械使用费和租用外单位施工机械的租赁费，以及施工机械安装、拆卸和进出场费等。

4）其他直接费用。其他直接费用包括施工过程中发生的材料二次搬运费、临时设施摊销费、生产工具用具使用费、工程定位复测费、工程点交费、场地清理费等。

（2）间接费用　间接费用是指为完成工程所发生的、不易直接归属于工程成本核算对象而应分配计入有关工程成本核算对象的各项费用支出。主要是企业下属施工单位或生产单位为组织和管理工程施工所发生的全部支出，包括临时设施摊销费用和施工单位管理人员工资、奖金、职工福利费，固定资产折旧费及修理费，物料消耗，低值易耗品摊销，取暖费，水电费，办公费，差旅费，财产保险费，检验试验费，工程保修费，劳动保护费，排污费及其他费用。这里所说的“下属施工单位”是指建筑安装企业的工区、施工队、项目经理部、非独立核算为内部工程项目服务的维修、加工单位等。间接费用不包括企业行政管理部门为组织和管理生产经营活动而发生的费用。

财政部“关于印发《企业产品成本核算制度（试行)》的通知”（财会［2013］17号）则将成本项目分为以下类别：

直接人工是指按照国家规定支付给施工过程中直接从事建筑安装工程施工的工人以及在施工现场直接为工程制作构件和运料、配料等工人的职工薪酬。

直接材料是指在施工过程中所耗用的、构成工程实体的材料、结构件、机械配件和有助于工程形成的其他材料以及周转材料的租赁费和摊销等。

机械使用费是指施工过程中使用自有施工机械所发生的机械使用费，使用外单位施工机械的租赁费，以及按照规定支付的施工机械进出场费等。

其他直接费用是指施工过程中发生的材料搬运费、材料装卸保管费、燃料动力费、临时设施摊销、生产工具用具使用费、工程定位复测费、工程点交费、场地清理费，以及能够单独区分和可靠计量的为订立建造承包合同而发生的差旅费、投标费等费用。

间接费用是指企业各施工单位为组织和管理工程施工所发生的费用。

分包成本是指按照国家规定开展分包，分付给分包单位的工程价款。

施工企业在核算产品成本时，就是按照成本项目来归集企业在施工生产经营过程中所发生的应计入成本核算对象的各项费用。其中，属于人工费、材料费、机械使用费和其他直接费等直接成本费用，直接计入有关工程成本。间接费用可先通过费用明细科目进行归集，期末再按确定的方法分配计入有关工程成本核算对象的成本。

2. 工程成本核算的对象

工程成本核算对象是指在成本核算时所选择的施工生产费用的归集产品，即工程成本的承担者。合理确定工程成本核算对象，是正确进行工程成本核算的前提。如果对工程成本核算对象划分过粗，把相互之间没有联系或联系不大的单项工程或单位工程合并起来，作为一个工程成本核算对象，就不能反映独立施工的各个单项工程或单位工程的实际成本水平，不利于分析和考核工程成本的升降情况；反之，如果对工程成本核算对象划分过细，就会出现许多间接费用需要分摊，其结果是不仅增加了工程成本核算的工作量，而且也不能保证正确、及时地计算出各项工程的实际成本。

一般情况下，企业应以每一单位工程为对象归集生产费用，计算工程成本。这是因为施工图预算是按单位工程编制的，所以按单位工程核算的实际成本，便于与工程预算成本比较，以检查工程预算的执行情况，分析和考核成本节超的原因。但是，一个企业通常要承建多个工程项目，每项工程的具体情况又各不相同，因此，企业应按照与施工图预算相适应的原则，并结合承包工程的具体情况，合理确定成本核算对象。

《企业产品成本核算制度（试行）》（财会［2013］17号）第十二条规定："建筑企业一般按照订立的单项合同确定成本核算对象。单项合同包括建造多项资产的，企业应当按照企业会计准则规定的合同分立原则，确定建造合同的成本核算对象。为建造一项或数项资产而签订一组合同的，按合同合并的原则，确定建造合同的成本核算对象。"

对于合同合并，《企业会计准则第14号——收入》规定："企业与同一客户（或该客户的关联方）同时订立或在相近时间内先后订立的两份或多份合同，在满足下列条件之一时，应当合并为一份合同进行会计处理：①该两份或多份合同基于同一商业目的而订立并构成一揽子交易；②该两份或多份合同中的一份合同的对价金额取决于其他合同的定价或履行情况；③该两份或多份合同中所承诺的商品（或每份合同中所承诺的部分商品）构成《企业会计准则》规定的单项履约义务。"

施工企业的成本核算对象应在工程开工以前确定，且一经确定后不得随意变更，更不能相互混淆。施工企业所有反映工程成本费用的原始记录和核算资料都必须按照确定的成本核算对象填写清楚，以便于准确地归集和分配施工生产费用。

3. 工程成本核算的任务和基本要求

（1）工程成本核算的原则　工程成本核算应按照企业会计准则要求，结合成本核算的特点进行。应遵循的主要原则有：

1）分期核算原则。成本核算的分期应与会计核算的分期相一致，这样便于财务成果的确定。《企业会计准则》第51条指出："成本计算一般应当按月进行"，这就明确了成本分期核算的基本原则。

2）相关性原则。《企业会计准则》第 11 条指出：“会计信息应当符合国家宏观经济管理的要求，满足有关方面了解企业财务状况和经营成果的需要，满足企业加强内部经营管理的需要。”因此，成本核算要为企业（项目）成本管理目的服务，成本核算不只是简单的计算问题，要与管理融于一体，算为管用。

3）一贯性原则。成本核算所采用的方法应前后一致。《企业会计准则》第 51 条指出：“企业也可以根据生产经营特点，生产经营组织类型和成本管理的要求自行确定成本计算方法。但一经确定，不得随意变动。”只有这样，才能使企业各期成本核算资料口径统一，前后连贯，相互可比。成本核算办法的一贯性原则体现在各个方面，如耗用材料的计价方法，折旧的计提方法，施工间接费的分配方法。

4）实际成本核算原则。指成本核算要采用实际成本计价。《企业会计准则》第 52 条指出：“企业应当按实际发生额核算费用和成本。采用定额成本或者计划成本方法的，应当合理计算成本差异，月终编制会计报表时，调整为实际成本。”即必须根据计算期内实际产量（已完工程量）以及实际消耗和实际价格计算实际成本。

5）及时性原则。指企业（项目）成本的核算、结转和成本信息的提供应当在要求时期内完成。

6）配比原则。是指营业收入与其相对应的成本、费用应当相互配合。为取得本期收入而发生的成本和费用，应与本期实现的收入在同一时期内确认入账，不得脱节，也不得提前或延后，以便正确计算和考核项目经营成果。

7）权责发生制原则。权责发生制原则主要从时间选择上确定成本会计确认的基础，其核心是根据权责关系的实际发生和影响期间来确认企业的支出和收益，能够更加准确地反映特定会计期间真实的财务成本状况和经营成果。

8）谨慎原则。是指在市场经济条件下，在成本、会计核算中应当对可能发生的损失和费用，做出合理预计，以增强抵御风险的能力。为此，《企业会计准则》规定，企业可以采用后进先出法、提取坏账准备、加速折旧法等，都体现了谨慎原则的要求。

9）划分收益性支出与资本性支出原则。划分收益性支出与资本性支出是指成本、会计核算应当严格区分收益性支出与资本性支出界限，以正确地计算当期损益。

10）重要性原则。是指对于成本有重大影响的业务内容，应作为核算的重点，力求精确，而对于那些不太重要的琐碎的经济业务内容，可以相对从简处理，不要事无巨细，均做详细核算。

（2）工程成本核算的任务

1）执行国家有关成本开支范围、费用开支标准、工程预算定额和企业施工预算、成本计划的有关规定，控制费用，促使项目合理、节约地使用人力、物力和财力。这是工程项目成本核算的先决前提和首要任务。

2）正确、及时地核算施工过程中发生的各项费用，计算施工项目的实际成本。这是项目成本核算的主体和中心任务。

3）反映和监督施工项目成本计划的完成情况，为项目成本预测，项目施工生产、技术和经营决策提供可靠的成本报告和有关资料，促进项目改善经营管理，降低成本，提高经济效益。这是施工项目成本核算的根本目的。

(3) 施工项目成本核算的要求

1) 划清成本、费用支出和非成本、费用支出界限。即划清资本性支出和收益性支出与其他支出、营业支出与营业外支出的界限。这个界限，也就是成本开支范围的界限。企业为取得本期收益而在本期内发生的各项支出，根据配比原则，应全部作为本期的成本或费用。只有这样才能保证在一定时期内不会虚增或少记成本或费用。至于企业的营业外支出，是与企业施工生产经营无关的支出，所以不能构成工程成本，如误将营业外收支作为营业收支处理，就会虚增或少计企业营业（工程）成本或费用。

2) 正确划分各种成本、费用的界限。这是指对允许列入成本、费用开支范围的费用支出，在核算上应划清的几个界限。

① 划清工程成本和期间费用的界限。工程成本相当于工业产品的制造成本。为工程施工发生的各项直接支出，包括人工费、材料费、机械使用费、其他直接费，直接计入工程成本。为工程施工而发生的各项施工间接费（间接成本）分配计入工程成本。企业行政管理部门为组织和管理施工生产经营活动而发生的管理费用和财务费用应当作为期间费用，直接计入当期损益。可见期间费用与施工生产经营没有直接联系，费用的发生基本不受业务量增减所影响。在“制造成本法”下，它不是施工项目成本的一部分。

② 划清本期工程成本与下期工程成本的界限。根据分期成本核算的原则，成本核算要划分本期工程成本和下期工程成本。前者是指应由本期工程负担的生产耗费，不论其收付发生是否在本期，应全部计入本期的工程成本之中；后者是指不应由本期工程负担的生产耗费，不论其是否在本期内收付（发生），均不能计入本期工程成本。划清两者的界限，实际上就是权责发生制原则的具体化。

③ 划清不同成本核算对象之间的成本界限。这是指要求各个成本核算对象的成本不得互相混淆，尤其是对于需要分摊或分配进入成本的费用开支，应有合理的分配方法，否则就会失去成本核算和管理的意义，造成成本不实，歪曲成本信息，引起决策上的重大失误。

④ 划清未完工程成本与已完工程成本的界限。施工项目成本的真实程度取决于未完施工和已完工程成本界限的正确划分，以及未完施工和已完施工成本计算方法的正确度，按月结算方式下的期末未完施工，要求项目在期末应对未完施工进行盘点，按照预算定额规定的工序，折合成已完分部分项工程费。再按照未完施工成本计算公式计算未完分部分项工程成本。

竣工后一次结算方式下的期末未完施工成本，就是该成本核算对象成本明细账所反映的自开工起至期末止发生的工程累计成本。

本期已完工程实际成本根据期初未完施工成本、本期实际发生的生产费用和期末未完施工成本进行计算。

竣工后一次结算的工程，其已完工程的实际成本就是该工程自开工起至期末止所发生的工程累计成本。

上述成本费用界限的划分过程，实际上也是成本计算过程。只有划分清楚成本的界限，施工项目成本核算才能正确。

3) 加强成本核算的基础工作。

a. 建立各种财产物资的收发、领退、转移、报废、清查、盘点制度。做好各项财产物资的收发、领退、清查和盘点工作，是正确计算成本的前提条件。施工企业的所有财产物资的收发都要经过计量、验收并办理必要的凭证手续。

b. 建立、健全与成本核算有关的各项原始记录和工程量统计制度。做到形象进度、产值统计、实际成本归集三同步，即三者的取值范围应是一致的。形象进度表达的工程量、统计施工产值的工程量和实际成本归集所依据的工程量均应是相同的数值。

c. 制定或修订工时、材料、费用等各项内部消耗定额以及材料、结构件、作业、劳务的内部结算指导价。

d. 完善各种计量检测设施，严格计量检验制度，使项目成本核算具有可靠的基础。

4. 工程成本核算的程序

工程成本核算是企业会计核算的重要组成部分，应当根据工程成本核算的要求和作用，按照企业会计核算程序总体要求，确立工程成本核算程序。

会计核算程序包括填制会计凭证、登记会计账簿和编制会计报表，它是会计工作的核心任务。为了连续、全面、系统地反映企业的经济活动，为会计信息使用者提供系统的会计信息，合理、科学地组织会计核算工作，企业必须根据自身的具体情况，确定相应的会计核算程序，使会计凭证的填制、会计账簿的登记和会计报表的编制能够有机地结合起来，做到相互配合，相互衔接，从而形成一个严密的核算体系。

根据会计核算程序，结合工程成本发生的特点和核算的要求，工程成本的核算主要步骤包括：对所发生的费用进行审核，以确定应计入工程成本的费用和计入各项期间费用的数额；将应计入工程成本的各项费用，区分为哪些应当计入本月的工程成本，哪些应由其他月份的工程成本负担；将每个月应计入工程成本的生产费用，让各个成本对象之间进行分配和归集，计算各工程成本；对未完工程进行盘点，以确定本期已完工程实际成本；将已完工程成本转入工程结算成本；核算竣工工程实际成本。

（1）确定成本核算对象，设置成本核算科目，开设成本明细账　确定成本核算对象是正确归集、分配和计算工程成本的基础和前提，工程成本核算对象的确定原则和方法前已阐述。为了对各项生产费用进行归集和分配，划清有关费用的界限，正确计算工程成本，需要设置成本核算科目，成本核算科目同时还是填制会计凭证和设置、登记账簿的依据。根据工程施工生产费用的特点和成本核算要求，成本核算可以设置“工程施工”“机械作业”“辅助生产”“间接费用”“工程结算”等账户。

1）工程施工。该账户下设合同成本和合同毛利二级账户，核算施工企业进行工程施工发生的合同成本和合同毛利。登记施工过程中实际发生的各项直接费、应负担的间接费以及确认的合同毛利，用于归集直接计入成本核算对象的生产费用以及分配计入的生产费用以及累计毛利（或亏损）。已完工程施工生产费用转入工程结算成本（产成品成本），合同毛利账户应与“工程结算”账户对冲后结平。

2）机械作业。该账户核算施工企业使用自有的施工机械和运输设备进行机械作业（包括机械化施工和运输作业）所发生的各项费用。该账户应按不同的施工机械作为成本核算对象，设置明细账，分设明细账户。月末分配计入“工程施工—合同成本”的机械化施工和运输作业成本。本账户期末结转后应无余额。

3）辅助生产。该账户核算企业所属的非独立核算的辅助生产部门为工程施工生产材料和提供劳务所发生的费用。该账户应按不同的车间设置明细账。登记实际发生的费用，以及生产完工验收入库的产品成本或者按受益对象分配结转的费用。

4）间接费用。该账户核算企业所属的施工生产单位（即工区或施工队）为组织管理施工生产而发生的各项费用。包括工区或施工队管理人员的薪酬、固定资产折旧费、财产保险费、差旅费、办公费等间接费用。应按不同的施工管理单位设置明细账，进行明细核算。登记实际发生的各项间接费用，以及期末分配转入各工程成本的间接费用，期末结转后一般无余额。

5）工程结算。该账户核算施工企业根据建造合同约定向发包方（即业主或甲方）办理工程价款结算的累计金额。登记企业向发包方办理工程价款结算的金额，以及合同完工时，与"工程施工"账户对冲的金额。

（2）核算与分配各项生产费用　成本核算总的原则是：各项费用能分清受益对象的直接计入，分不清的需按一定标准分配计入。各项费用的核算方法如下：

1）人工费的核算。劳动工资部门根据考勤表、施工任务书和承包结算书等，每月向财务部门提供"单位工程用工汇总表"，财务部门据以编制"工资分配表"，按受益对象计入成本和费用。

采用计件工资制度的，费用一般能分清为哪个工程项目所发生的；采用计时工资制度的，计入成本的工资应按照当月工资总额和工人总的出勤工日计算的日平均工资及各工程当月实际用工数计算分配；工资附加费可以采取比例分配法；劳动保护费的分配方法与工资是相同的。

2）材料费的核算。应根据发出材料的用途，划分工程耗用与其他耗用的界限，只有直接用于工程所耗用的材料才能计入成本核算对象的"材料费"成本项目，为组织和管理工程施工所耗用的材料及各种施工机械所耗用的材料，应先分别通过"间接费用""机械作业"等科目进行归集，然后再分配到相应的成本项目中。

材料费的归集和分配的方法：

a. 凡领用时能够点清数量、分清用料对象的，应在领料单上注明成本核算对象的名称，财会部门据以直接汇总计入成本核算对象的"材料费"项目。

b. 领用时虽然能点清数量，但属于集中配料或统一下料的，则应在领料单上注明"集中配料"，月末由材料部门根据配料情况，结合材料耗用定额编制"集中配料耗用计算单"，据以分配计入各受益对象。

c. 既不易点清数量、又难分清成本核算对象的材料，可采用实地盘存制计算本月实际消耗量，然后根据核算对象的实物量及材料耗用定额编制"大堆材料耗用计算单"，据以分配计入各受益对象。

d. 周转材料、低值易耗品应按实际领用数量和规定的摊销方法编制相应的摊销计算单，以确定各成本核算对象应摊销费用数额。

3）机械使用费的核算。租入机械费用一般都能分清核算对象。自有机械费用，应通过"机械作业"归集并分配，其分配方法有台班分配法、预算分配法、作业量分配法。

4）其他直接费的核算。其他直接费一般都可分清受益对象。发生时直接计入成本。

5）间接费用的核算。间接费用的分配一般分两次，第一次是以人工费为基础将全部费用在不同类别的工程以及对外销售之间进行分配；第二次分配是将第一次分配到各类工程成本和产品的费用再分配到本类各成本核算对象中。分配的标准是：建筑工程以直接费为标准，安装工程以人工费为标准，产品（劳务、作业）的分配以直接费或人工费为标准。

（3）计算期末工程成本（施工生产费用）　企业应在会计期末（月末、年末）对未完工程进行盘点，按照预算定额规定的工序，折合成已完部分分项工程量，再乘以该部分分项工程预算单价，以计算出期末未完工程成本。期末未完工程、已完工程和本期生产费用的关系式是：

期初未完工程成本 + 本期发生的生产费用—期末未完工程成本 = 本期已完工程成本

（4）计算年度合同费用　同一会计年度内开始并完成的劳务，应当在提供劳务交易完成且收到款项或取得收款权利时确认提供劳务收入。

劳务的开始和完成分属不同会计年度的，应当按照收入确认方法确认年度末劳务收入。

年度资产负债表日，按照提供劳务收入总额扣除以前会计年度累计已确认提供劳务收入后的金额，确认本年度的提供劳务收入；同时，按照与收入确认相同的方法计算期末合同费用扣除以前会计年度累计已确认营业成本后的金额，结转本年度营业成本。

计算竣工单位工程的实际成本和预算成本，编制单位工程竣工成本决算。

4.2.4　施工企业期间费用的核算

期间费用是指企业本期发生的、不能直接或间接归入营业成本，而是直接计入当期损益的各项费用，包括销售费用、管理费用和财务费用等。

施工企业的期间费用主要包括管理费用和财务费用，通常不单独设置销售费用（营业费用）核算。

1. 管理费用

管理费用是指建筑安装企业行政管理部门为管理和组织经营活动而发生的各项费用，包括：

1）管理人员工资：是指管理人员的计时工资、奖金、津贴补贴、加班加点工资及特殊情况下支付的工资等。

2）办公费：是指企业管理办公用的文具、纸张、账表、印刷、邮电、书报、办公软件、会议、水电、烧水和集体取暖降温等费用。施工企业不设置销售费用（营业费用）核算时，企业建造承包商为订立合同发生的差旅费、投标费等，能够单独区分和可靠计量且合同很可能订立的，应当予以归集，待取得合同时计入合同成本，未满足上述条件的，应当计入当期损益。

3）差旅交通费：是指职工因公出差、调动工作的差旅费、住勤补助费，市内交通费和误餐补助费，职工探亲路费，劳动力招募费，职工离退休、退职一次性路费，工伤人员就医路费，工地转移费以及管理部门使用的交通工具的油料、燃料等费用。

4）固定资产使用费：是指管理和试验部门及附属生产单位使用的属于固定资产的房屋、设备、仪器等的折旧、大修、维修或租赁费。

5）工具用具使用费：是指管理部门使用的不属于固定资产的生产工具、器具、家具、交通工具和检验、试验、测绘、消防用具等的购置、维修和摊销费。

6）劳动保险和职工福利费：是指由企业支付的职工退职金、按规定支付给离休干部的经费，集体福利费、夏季防暑降温、冬季取暖补贴、上下班交通补贴等。

7）劳动保护费：是企业按规定发放的劳动保护用品的支出。如工作服、手套、防暑降温饮料以及在有碍身体健康的环境中施工的保健费用等。

8）检验试验费：是指施工企业按照有关标准规定，对建筑以及材料、构件和建筑安装物进行一般鉴定、检查所发生的费用，包括自设试验室进行试验所耗用的材料等费用。不包括新结构、新材料的试验费，对构件做破坏性试验及其他特殊要求检验试验的费用和建设单位委托检测机构进行检测的费用，对此类检测发生的费用，由建设单位在工程建设其他费用中列支。但对施工企业提供的具有合格证明的材料进行检测不合格的，该检测费用由施工企业支付。

9）工会经费：是指企业按《工会法》规定的全部职工工资总额计提的工会经费。

10）职工教育经费：是指按职工工资总额的规定比例计提，企业为职工进行专业技术和职业技能培训，专业技术人员继续教育、职工职业技能鉴定、职业资格认定以及根据需要对职工进行各类文化教育所发生的费用。

11）财产保险费：是指施工管理用财产、车辆等的保险费用。

12）税金：是指企业按规定缴纳的房产税、车船使用税、土地使用税、印花税等。

13）其他：包括技术转让费、技术开发费、业务招待费、绿化费、广告费、公证费、法律顾问费、审计费、咨询费、保险费等。

根据《企业会计准则第14号——收入》，企业应当在下列支出发生时，将其计入当期损益：①非正常消耗的直接材料、直接人工和制造费用（或类似费用），这些支出为履行合同发生，但未反映在合同价格中；②与履约义务中已履行部分相关的支出；③无法在尚未履行的与已履行的履约义务之间区分的相关支出。

2. 财务费用

财务费用是指企业为施工生产筹集资金或提供预付款担保、履约担保、职工工资支付担保等所发生的费用，包括应当作为期间费用的利息支出（减利息收入）、汇兑损失（减汇兑收益）、相关的手续费以及企业发生的现金折扣或收到的现金折扣等内容。

1）利息支出：利息支出主要包括企业短期借款利息、长期借款利息、应付票据利息、票据贴现利息、应付债券利息、长期应付引进国外设备款利息等利息支出。

2）汇兑损失：汇兑损失指的是企业向银行结售或购入外汇而产生的银行买入、卖出价与记账所采用的汇率之间的差额，以及月（季、年）度终了，各种外币账户的外币期末余额，按照期末规定汇率折合的记账人民币金额与原账面人民币金额之间的差额等。

3）相关手续费：相关手续费是指企业发行债券所需支付的手续费、银行手续费、调剂外汇手续费等，但不包括发行股票所支付的手续费等。

4）其他财务费用：其他财务费用包括融资租入固定资产发生的融资租赁费用、企业发生的现金折扣或收到的现金折扣等。

3. 期间费用核算

管理费用和财务费用属于期间费用，企业应设置管理费用和财务费用账户，并按照费用项目设置明细账。费用发生时在相应账户进行登记，会计期末直接汇总结转至利润表计算当期损益。需要注意的是，施工企业管理费用和财务费用属于期间费用，不能像工程成本可以采用按月结算、分阶段结算和竣工后结算等多种方式，必须按月进行结算。

思考题与习题

1. 甲公司于2018年10月1日接受一项设备安装任务，安装期为3个月，合同总收入300 000元，至年底已预收安装费220 000元，实际发生安装费用140 000元（假定均为安装人员薪酬），估计完成安装任务还需发生安装费用60 000元。假定甲公司按成本法确认履约进度，则2018年12月31日可以确认的工程收入是多少？

2. 某建筑企业与业主方签订合同，修建一条5km的隧道。合同约定工程总造价为50 000万元，建设期为2年。该建筑企业第1年修建了3km，第2年修建了2km。该企业各年可以确认的工程收入是多少？若在第1年施工过程中，发生变更款100万元，且经过业主方签字确认；并且由于监理方指挥有误，造成建筑企业经济损失50万元，且经相关专业人士鉴定。第2年发生变更款200万元。则该企业各年的工程收入又是多少？

第5章 税金与利润管理

本章主要内容：

税金管理：税金管理概述（税金的概念与意义、税金的种类、税金的基本特征、税制要素、影响税金的“四大因素”、税金管理的主要内容）、各种税金的相关规定（增值税、城市维护建设税、教育费附加、企业所得税、土地增值税、契税、关税、房产税、城镇土地使用税）；利润管理：利润（利润的理解、企业利润的来源）、利润分配（利润分配的概念、利润分配的基本原则、利润分配程序）、股利政策（股利支付程序及方式、股利政策、影响股利分配的因素）。

本章重点和难点：

增值税、土地增值税的相关规定；利润分配；股利支付程序及方式、股利政策。

5.1 税金管理

5.1.1 税金管理概述

1. 税金的概念与意义

（1）税金的概念　税金管理是企业财务管理的重要内容。对企业而言，所谓税金是指企业按照税法的规定向国家缴纳的款项。

税金制度是国家规定的税金法令、条例和征收办法的统称。从目前来看，施工企业或房地产企业向国家缴纳的税种主要有增值税、城市维护建设税、房产税、教育费附加、城镇土地使用税、土地增值税、印花税及所得税等。

（2）税金的意义　税金是国家为了实现其职能，凭借政治权力，按照法律规定的标准，无偿地、强制地取得财政收入的一种特殊的分配形式。所以说，税金具有强制性、固定性和无偿性的特点。从本质上讲，税金是国家以税的形式参与企业纯收入的分配。但在社会主义市场经济条件下，税金也具有促进企业经营机制转换，使之成为自主经营、自负盈亏、自我发展、自我约束的工程生产者和经营者的功效。做好税金管理，遵章纳税，是每个企业应尽的义务，税金管理在企业财务管理中的地位也显得愈发重要。

（3）税率的基本形式　税率的基本形式有比例税率、累进税率和定额税率三种。比例税率是指对征税对象或同一税目，无论数额大小，只规定一个比例，都按同一比例征税，税额与课税对象成正比例关系。如我国对于木制一次性筷子、实木地板征收5%的消费税，就是按产品规定的比例税率征收。累进税率是指同一课税对象，随着数额的增大，征收比例也随之增高的税率，表现为将课税对象按数额的大小分为若干等级，不同等级适用不同税率。这一般多在收益课税中使用，它可以更有效地调节纳税人的收入，正确处理税收负担的纵向公平问题。定额税率又称固定税率，是指根据课税对象的计量单位直接规定固定的征收数额。如我国的城镇土地使用税以平方米为计税单位。

2. 税金的种类

(1) 流转税　流转税包括增值税、消费税两个主体税种，是我国税收收入的主要来源。流转税在商品的生产、流通或者服务业中发挥着调节作用。

1) 增值税。增值税是对我国境内销售货物，提供应税服务，以及进口货物的单位和个人，就其货物销售额或提供服务营业额，以及货物进口金额为计税依据计算税款，并实行税款抵扣制的一种流转税。我国现行增值税是消费型增值税，其征税范围主要包括境内销售货物，从境外进口货物，提供加工、修理修配劳务，提供交通运输业服务，提供现代服务业服务，视同销售行为等。

2) 消费税。消费税是对我国境内从事生产、委托加工和进口《中华人民共和国消费税暂行条例》(以下简称《消费税暂行条例》) 规定的消费品的单位和个人，以及国务院确定的销售《消费税暂行条例》规定的消费品的其他单位和个人，就其销售额或销售数量，在特定环节征收的一种税。我国消费税的征收范围有限，在对所有商品普遍征收增值税的基础上，只选择部分应税消费品再征收一道消费税。确切地说，我国消费税是对特定消费品、特定消费行为增收的一种流转税。我国消费税的征收环节是在生产、消费环节，委托加工生产环节和进口环节，但金银首饰应纳的消费税在零售环节征收。

(2) 流转环节小税种　流转环节小税种包括城市维护建设税、关税、资源税、土地增值税、烟叶税。无论企业是盈利还是亏损，流转环节小税种都在商品的生产、流通或者服务业中发挥着调节作用。

城市维护建设税（简称城建税）是对从事工商经营，缴纳增值税、消费税的单位和个人，以其实际缴纳的税额为依据征收的一种税。城建税没有对立的征税对象或税基，而是以实际缴纳增值税、消费税税额之和为计税依据，随“二税”同时附征，是一种附加税。所以，城建税的纳税人是负有缴纳增值税、消费税“二税”义务的单位和个人。城建税实行地区差别比例税率，其征税范围包括城市、县城、建制镇，以及税法规定征收“二税”的其他地区。

关税是海关依法对进出关境的货物和物品征收的一种商品税，其征税对象是准许进出境的货物和物品。关税对进口货物的收货人、出口货物的发货人、进出境物品的所有人征收。按征税对象，关税分为进口关税和出口关税。

土地增值税是对转让国有土地使用权、地上建筑物及附着物并取得收入的单位和个人就其转让房地产取得的增值额征收的一种税。土地增值税的征税范围包括转让国有土地使用权和地上的建筑物及其附着物连同国有土地使用权一并转让的行为。其征税范围的界定，以转让的土地是否为国有、产权是否发生转让、是否取得了收入为判定标准。对于土地使用权出让和未转让土地使用权、房产产权的行为，不征收土地增值税。

(3) 所得税　所得税包括企业所得税和个人所得税，主要是在国民收入形成后，对生产经营者的利润和个人的纯收入起调节作用。

企业所得税是对我国境内的企业和其他取得收入的组织的生产经营所得和其他所得征收的所得税。企业所得税的纳税人是在境内取得收入的企业或组织，不包括个人独资企业和合伙企业。企业所得税的纳税人按照纳税人义务的不同，分为居民企业和非居民企业。居民企业负全面纳税义务，非居民企业负有限纳税义务。居民企业和境内有机构、场所且所得与机构、场所有关联的非居民企业，适用基本税率25%；在境内不设机构、场所的非居民企业，或虽设立机构、场所但取得的所得与境内机构、场所没有实际联系的，只就来源于我国境内的所得依据20%的低税率（或按税收协定减为10%）缴纳企业所得税。国家需要重点扶持的高新技术企业，按15%的税率缴纳企业所得税。影响企业所得税应纳税额的制度有三项，即关联企业制度、亏损结转制度和税收抵免制度。这三项制度体现了既要避免双重征税，又要防止逃税，还要给予税收鼓励的精神。

个人所得税是以自然人取得的各类应税所得为征税对象征收的一种所得税，是政府利用税收对个人收入进行调节的一种手段。个人所得税是政府利用税收对个人收入进行调节的一种手段。个人所得税的征税对象不仅包括个人，还包括自然人性质的企业。

（4）财产税和行为税　财产税和行为税包括房产税、车船税、城镇土地使用税、印花税、契税、车辆购置税、耕地占用税，主要是对某些财产和行为起调节作用。

房产税是以房产为征税对象，依据房产价格或房产租金收入向房产所有人或经营人征收的一种税。房产税以房产为征税对象，以城市、县城、建制镇和工矿区为征税范围，以房产的计税价值或房产的租金收入为计税依据，以城市、县城、建制镇和工矿区的房屋产权所有人为纳税人。

车船税是指在中华人民共和国境内的车辆、船舶的所有人或者管理人，按照《中华人民共和国车船税暂行条例》的规定应缴纳的一种税，其征税范围是依法应当在我国车船管理部门登记的车船。

城镇土地使用税是以开征范围内的土地为征税对象，以实际占用的土地面积为计税依据，按照规定税额对拥有土地使用权的单位和个人征收的一种税，其征税范围包括在城市、县城、建制镇和工矿区内的国家所有和集体所有的土地。

印花税是对经济活动和经济交往中成立、使用、领受具有法律效应的凭证的单位和个人征收的一种税。凡是在我国境内书立、受领和在我国境外书立但在我国境内具有法律效力、受我国法律保护的凭证，均属于印花税纳税范围，具体包括经济合同及具有合同性质的凭证、产权转移书据、营业账簿和权利许可证照。

契税是对以所有权发生转移变动的不动产为征税对象，向产权承受人征收的一种财产税。契税的征税对象是境内转移土地、房屋权属，具体包括国有土地使用权出让、土地使用权转让、房屋买卖、房屋赠与、房屋交换和承受国有土地使用权支付的土地出让金。对在我国境内转让土地、房屋权属，承受的单位和个人按照3% ~5%的幅度税率征收。但对企业改革中的公司制改造、企业合并、企业分立、股权重组、国有或集体企业出售、企业注销或破产，经国务院批准实行债转股的企业，契税有优惠政策。

耕地占用税是国家对占用耕地建房或从事其他非农业建设的单位和个人，就其实际占用耕地面积一次性征收的一种税。耕地占用税以境内占用耕地建房或从事其他非农业建设的单位或者个人为纳税人，以建房或者从事其他非农业建设所占用的耕地为征税对象，实行差别定额税率。

3. 税金的基本特征

税金是国家财政收入的一种形式，与其他财政收入相比，税金具有强制性、无偿性和固定性三个基本特征。

(1) 税金的强制性　税金的强制性是指国家凭借政治权力，制定各种税收法规，凡是税法规定有纳税义务的单位和个人，不论其主观意志如何，都必须依法纳税，否则将受到法律的制裁。税金的强制性是国家无偿取得财政收入的可靠保证。

(2) 税金的无偿性　税金的无偿性是指国家在征税的时候，不向纳税人支付任何报酬，税金为国家所有，由国家支配使用，不再直接归还纳税人。税金的无偿性是满足国家需要的可靠保证。

(3) 税金的固定性　税金的固定性是指国家通过法律形式，把每种税金的征税对象、纳税人、税率、征收方法都规定下来，作为征纳税依据。对上述规定，征纳税双方都必须共同遵守，非经国家法令调整，不能随意变更或取消。税金的固定性是国家及时、稳定地取得财政收入的可靠保证。

企业是国家税收的主要承担者。因此，加强企业的税金管理，依法向国家缴纳税金，是企业应尽的法定义务。这对于保证国家财政收入，加强企业经济核算，促进生产发展，具有十分重要的意义。

4. 税制要素

税收制度简称“税制”，是国家各种税收法规和征收管理制度的总称。我国税制主要由纳税人、征税对象、税目、税率、纳税环节、纳税期限、减税免税和违章处理等基本要素构成。

(1) 纳税人　纳税人是纳税义务人的简称，是指税法上规定的直接负有纳税义务的单位和个人，包括法人和自然人。每一种税都有纳税人的规定，独立核算的工程企业是承担相关纳税义务的纳税人。

(2) 征税对象　征税对象是指对什么征税，每个税种都有具体的征税对象。例如，消费税的征税对象是应税产品的销售额或销售量，营业税的征税对象是营业额等。

(3) 税目　税目是征税对象的具体化，通过划分征税项目，可以进一步确定具体的征税范围，体现征税的广度。凡属列举税目之内的商品和经营项目，都要征税；未列者免征税。此外，还可通过不同税目制定高低不同的税率，以贯彻国家一定时期的经济和税收政策。

(4) 税率　税率是应纳税额与征税对象数额之间的比例，是计算税额的尺度。税率的高低直接关系到国家的财政收入和纳税人的负担。

(5) 纳税环节　纳税环节是指产品在整个流通过程中应当纳税的环节。产品从生产到消费要经过销售、商业调拨、批发和零售等环节，确定在哪个环节纳税，关系到是否有利于生产和流通，关系到税款能否及时入库，也关系到是否便利纳税人缴纳税款。

(6) 纳税期限　纳税期限是指纳税人向国家缴纳税款的期限。由于征税对象不同，纳税人义务发生时间不同，因而不同税种规定了不同的纳税期限。纳税期限是在保证税款及时足额入库的前提下，视征税对象的特点和税款额度大小而定的。纳税人必须在规定的时间内，及时将税款缴入国库。国家从更好贯彻税收政策出发，可针对不同情况，因时、因地、因事制宜地灵活运用。

(7) 减税免税　减税免税是对某些纳税人和征税对象给予鼓励和照顾的一种特殊规定，是税收的一种补充性调节措施。它主要包括三项内容：①减税是指对应纳税额少征收一部分税款；②免税是指对应纳税额全部免征；③免征额是指对征税对象总额中免征的数额，即免征额部分予以免税，超额部分征税。

(8) 违章处理　违章处理是指对纳税人违反税法行为所采取的惩罚性措施，是税收强制性的具体表现。纳税人的违章行为一般可分为欠税、漏税、偷税和抗税四种，与之相适应违章行为的处理也有批评教育、经济制裁、追究刑事责任等。

5. 影响税金的"四大因素"

(1) 经济因素　经济对税金的影响主要体现在税金承受能力、税金的多少及征收的方便程度上。关于经济因素对税金的影响，主要体现在人均收入、国家开放程度、产业结构这几个方面。其中，人均收入一直都是衡量税金承受能力的首要经济指标，是影响税金水平的重要因素。但这种影响作用的实现是有条件的；一国外贸规模的增长会增强这个国家的税金承受能力，分别用进口比重、出口比重、进出口比重来衡量一国的开放程度；产业结构主要通过产业在经济总量中的比重来衡量，决定税金承受能力和可得税基在整个经济中的比重。

(2) 政府因素　国家征缴税金的能力主要体现为与纳税人协商、衡量和监督的能力。国家为了降低收税的成本，往往希望能够和社会达成一定的契约，使得纳税人能够形成高水平的税收遵从。这主要体现在以下四个方面：一是政府的集权程度，集权国家通常有着更高的征缴税金的能力，而地方政府能够更有效地进行征缴工作，也能够提供更贴近公民需要的公共产品，博得纳税人的信任，增强纳税人的遵从度；二是腐败，腐败使得纳税人缴纳的税收一部分落入了征税人员的手中，降低了国家的总体税收水平，同时还会对经济造成不良影响，进而影响税金水平；三是政府合法性、行政效率以及公信力，它会影响政府征缴税金的能力，对税金水平的提高有明显的促进作用；四是政府支出规模，发展中国家的税收收入能力相比政府支出的需要更能决定税金水平，而发达国家的政府支出的需要则是税金支出水平的主要决定因素。

(3) 税金制度因素　税金制度因素包括税种的选择、税金体系内税种的数量和税率高低。有效税基只是潜在税基的一小部分，不同税种的有效税基占潜在税基的比重也不同。因此，不同税种的选择以及税金体系内不同税种的搭配，会在一定程度上影响整体税金水平，而高税率一般被认为是逃税行为的主要驱动因素，所以税率的高低也会对税金水平产生影响。

(4) 宏观经济政策因素　上述因素决定了税金水平的长期变化，但却无法解释税金水平在短期内的波动。而宏观经济政策因素是影响税金水平短期波动的主要因素，这些因素包括汇率、进口限制（进口替代政策）、外债规模、利率。首先，对于汇率来说，发展中国家的汇率与税金收入之间存在明显的负相关关系，本币升值会导致税金水平的下降。汇率的上升或者高估，会降低进出口商品的总价值，从而直接减少进出口税金，同时还会造成国内针对进口商品征收的增值税、消费税的减少。其次，对于进口限制来说，进口限制一般是为保护本国特定产业而采取的贸易保护措施，这种措施将政府的征税权力转化为拥有进口许可部门的寻租权力，会减少政府的进口税金。同时，本国企业在这种贸易保护政策下会用更高的成本生产被限制进口产品的替代品，将会扭曲经济中的资源配置，减少经济总产出，进而减少税金收入。再次，对于外债规模来说，拥有大量外债的国家，为了支付债务利息，必须减少进口规模或提高通货膨胀率。减少进口会减少进口税金，以及与进口商品相关的国内税金，通货膨胀也会对税金水平产生负向影响。最后，对于利率来说，在利息税占重要地位的国家，利率的高低会直接影响税金水平。低利率会通过其他渠道降低税金水平：①通过地下金融机构放贷，购买不课税的固定资产、耐用品或国债，从而减少可课税税基；②大量持有外币，降低本国经济的货币化程度；③资金外逃引起税基流失，降低本国税金水平。

6. 税金管理的主要内容

企业税金管理的内容主要包括及时办理税务登记、申请纳税核定，正确计算税金，建立和健全会计账册、记录和报表，设置专人办理纳税事务。

（1）及时办理税务登记　这是指纳税单位在开业后、停业前，以及在经营期间发生较大变动时，向当地税务机关办理法定书面登记的一项制度。企业开业时，应持工商行政管理部门批准的营业执照，向当地税务机关办理税务登记手续。企业在经营期间发生改组、合并、转业、分设、联营、变更企业名称、地点转移、新增经营项目和停业情况时，应及时向税务机关办理变更登记手续。

（2）申请纳税核定　这是指纳税单位向税务机关申报生产经营情况，税务机关根据税法的规定，按照企业所属行业、产品名称、业务项目、经营方式来确定征税范围、适用税种、税目、税率、计税价格、纳税环节、纳税期限、纳税手续、违章处理、入库方式等，做出书面核定。在纳税核定中，还规定企业应向税务机关报送的报表、资料等制度。申请纳税核定一般是每年进行一次，遇到企业的生产经营情况或税法发生变化时，应及时修订。

申请纳税核定，要先向税务机关填写纳税核定申请表，经税务机关审核后，核发纳税核定书，据以计算缴纳税款。

经税务机关核定为自核、自交税款的单位，可按照税务机关确定的纳税期限、自行计算税额，填写自核、自交缴款书，到银行缴纳税款，同时按照规定格式，向税务机关报送纳税申报表，由税务机关进行纳税鉴定和纳税检查。

（3）正确计算税金　企业应按照税法的规定，按期正确计算税金，申报纳税。

（4）建立和健全会计账册、记录和报表　企业必须按照国家财务会计制度和税务机关的规定建立健全会计账册、记录和报表，正确计算成本费用和盈利，据以正确计税。

（5）设置专人办理纳税事务　企业应配备既熟悉财会业务，也懂得法律和税金知识的人员办理纳税工作，保证企业正确、及时地履行纳税义务。

5.1.2　各种税金的相关规定

1. 增值税

增值税的纳税人是指在中华人民共和国境内销售货物或者加工、修理修配劳务（以下简称劳务）、销售服务、无形资产、不动产以及进口货物的单位和个人。增值税纳税人分为一般纳税人和小规模纳税人。

（1）一般纳税人　应税行为的年应征增值税销售额超过财政部规定的小规模纳税人标准的企业和企业性单位。目前的标准是年应征增值税销售额超过500万（不含500万）。

1）增值税税率

a. 纳税人销售货物、劳务、有形动产租赁服务或者进口货物的税率为16%。

b. 纳税人销售交通运输、邮政、基础电信、建筑、不动产租赁服务，销售不动产，转让土地使用权，税率为10%。

c. 纳税人销售金融服务、现代服务业、生活服务、无形资产，税率为6%。

d. 纳税人出口货物，税率为零；但是，国务院另有规定的除外。

e. 境内单位和个人跨境销售国务院规定范围内的服务、无形资产，税率为零。

2）增值税的计算。应纳税额为当期销项税额抵扣当期进项税额后的余额。应纳税额计算公式为

$$应纳税额 = 当期销项税额 - 当期进项税额$$

$$销项税额 = 销售额 \times 税率$$

其中，销售额为纳税人发生应税销售行为收取的全部价款和价外费用，但是不包括收取的销项税额。销售额的计算公式为

$$销售额 = 含税销售额 \div (1 + 税率)$$

进项税是指纳税人购进货物、劳务、服务、无形资产、不动产支付或者负担的增值税额。下列进项税额准予从销项税额中抵扣：

a. 从销售方取得的增值税专用发票上注明的增值税税额。

b. 从海关取得的海关进口增值税专用缴款书上注明的增值税税额。

c. 购进农产品，除取得增值税专用发票或者海关进口增值税专用缴款书外，按照农产品收购发票或者销售发票上注明的农产品买价和10%的扣除率计算的进项税额，国务院另有规定的除外。进项税额计算公式为

$$进项税额 = 买价 \times 扣除率$$

d. 自境外单位或者个人购进劳务、服务、无形资产或者境内的不动产，从税务机关或者扣缴义务人取得的代扣代缴税款的完税凭证上注明的增值税税额。

当当期销项税额小于当期进项税额不足抵扣时，其不足部分可以结转下期继续抵扣。

（2）小规模纳税人　小规模纳税人是指连续12个月（以1个月为1个纳税期）或者连续4个季度（以1个季度为1个纳税期）累计应征增值税销售额（以下称应税销售额）在500万元及以下。

小规模纳税人发生应税销售行为，实行按照销售额和征收率计算应纳税额的简易办法，并不得抵扣进项税额。应纳税额计算公式为

$$应纳税额 = 销售额 \times 征收率$$

小规模纳税人增值税征收率为3%。

【例5-1】　某招标代理公司为增值税一般纳税人。2018年4月，取得咨询服务收入不含税价款530万元，奖励收入5.3万元；支付设备租赁费，取得的增值税专用发票注明税额17万元。根据增值税法律制度的规定，该招标代理公司当月上述业务应缴纳增值税为多少万元？

解： 招标代理机构适用6%的增值税税率。

$$应缴纳增值税税额 = [530 + 5.3 \div (1 + 6\%)]万元 \times 6\% - 17万元 = 15.10万元$$

【例5-2】　甲施工企业公司（下称“甲企业”）为增值税一般纳税人。2018年8月，甲

公司取得含税工程结算收入400万元。收到某咨询单位开的增值税专业用发票含税收入100万元。该发票已通过验证。此外，当期甲公司其他可抵扣的进项税额为6万元。根据增值税法律制度的规定，甲公司当月应缴纳的增值税税额为多少万元？

解：（1）施工企业适用10%的增值税税率；招标代理机构适用6%的增值税税率。

（2）甲公司当月应缴纳的增值税税额 = [400 ÷ (1 + 10%) × 10% − 100 ÷ (1 + 6%) × 6% − 6]万元 = (36.36 − 5.66 − 6)万元 = 24.7万元

【例5-3】 甲企业为增值税小规模纳税人，2018年7月，销售包装物，取得含税销售额82 400元。根据增值税法律制度的规定，甲企业当月应缴纳的增值税税额为多少元？

解： 甲企业当月应缴纳的增值税税额 = [82 400 ÷ (1 + 3%) × 3%]元 = 3 200元

---

2. 城市维护建设税与教育费附加

（1）城市维护建设税　城市维护建设税是我国为了加强城市的维护建设，扩大和稳定城市维护建设资金的来源而开征的一种税。

纳税人包括各类企业、行政单位、事业单位、军事单位、社会团体及其他单位，以及个体工商户和其他个人。

城市维护建设税实行差别比例税率。按照纳税人所在地区的不同，设置了三档比例税率：①纳税人所在地区为市区的，税率为7%；②纳税人所在地区为县城、镇的，税率为5%；③纳税人所在地区不在市区、县城或镇的，税率为1%。

城市维护建设税应纳税额的计算是以实际缴纳的增值税、消费税税额之和为基础乘以适用税率。其计算公式为

应纳税额 = (实际缴纳的增值税 + 实际消费税税额之和) × 适用税率

【例5-4】 某公司为国有企业，位于某市。2018年12月份应纳增值税120 000元，实际缴纳增值税110 000元；应纳消费税80 000元，实际缴纳消费税80 000元。计算该公司12月份应缴纳的城市维护建设税税额。

解： 应纳城市维护建设税税额 = (110 000 + 80 000)元 × 7% = 13 300元

（2）教育费附加　教育费附加是为加快发展地方教育事业，扩大地方教育经费的资金来源而征收的一种附加税。教育费附加的纳税人与城市维护建设税的纳税人相同，是指实际缴纳增值税、消费税、营业税的单位和个人。教育费附加的征收比例为3%。

应纳税额 = 实际缴纳的增值税、消费税税额之和 × 征收率

（3）地方教育费附加　地方教育费附加是指根据国家有关规定，为实施“科教兴省”战略，增加地方教育的资金投入，促进各省、自治区、直辖市教育事业发展，开征的一项地方政府性基金。该收入主要用于各地方的教育经费的投入补充。

地方教育费附加的征税对象是缴纳增值税、消费税的单位和个人。税率为2%。

地方教育费附加 = (实际缴纳的增值税 + 实际缴纳的消费税) × 2%

3. 企业所得税

（1）纳税人　企业所得税的纳税人是指取得收入的组织（以下统称企业），不包括个人

独资企业和合伙企业。企业所得税纳税人可分为居民企业和非居民企业。

1）居民企业。居民企业是指依法在我国境内成立，或者依照外国（地区）法律成立但实际管理机构在我国境内的企业。居民企业应当就其来源于我国境内、境外的所得缴纳企业所得税。

2）非居民企业。非居民企业是指依照外国（地区）法律成立且实际管理机构不在我国境内，但在我国境内设立机构、场所的，或者在我国境内未设立机构、场所，但有来源于我国境内所得的企业。

a. 非居民企业在我国境内设立机构、场所的，应当就其所设机构、场所所得的来源于我国境内的所得，以及发生在我国境外但与其所设机构、场所有实际联系的所得，缴纳企业所得税。

b. 非居民企业在我国境内未设立机构、场所的，或者已设立机构、场所但取得的所得与其所设机构、场所没有实际联系的，应当就其来源于我国境内的所得缴纳企业所得税。

（2）计税依据和税率

1）计税依据。企业所得税的计税依据为应纳税所得额，即企业每一纳税年度的收入总额，减去不征税收入、免税收入、各项扣除以及弥补以前年度亏损后的余额。其计算公式为

应纳税所得额 = 收入总额 − 不征税收入 − 免税收入 − 各项扣除 − 弥补以前年度亏损

a. 收入总额是指企业以货币形式和非货币形式从各种来源取得的收入，包括销售货物收入，提供劳务收入，转让财产收入、股息、红利等权益性投资收益，利息收入、租金收入、特许权使用费收入、接受捐赠收入，其他收入。

b. 不征税收入包括财政拨款、依法收取并纳入财政管理的行政事业性收费、政府性基金，国务院规定的其他不征税收入。

c. 免税收入包括国债利息收入，符合条件的居民企业之间的股息、红利收入，在我国境内设立机构、场所的非居民企业从居民企业取得的与该机构、场所有实际联系的股息、红利收入，符合条件的非营利公益组织的收入等。

d. 各项扣除是指企业实际发生的与取得收入有关的、合理的支出，包括成本、费用、税金、损失和其他支出，准予在计算应纳税所得额时扣除。同时，企业发生的公益性捐赠支出，在年度利润总额 12% 以内的部分，准予在计算应纳税所得额时扣除；超过年度利润总额 12% 的部分，准予结转以后 3 年内在计算应纳税所得额时扣除。

在计算应纳税所得额时不得扣除的支出，包括向投资者支付的股息、红利等权益性投资收益款项，企业所得税税款、税金滞纳金、罚金、罚款和被没收财物的损失，允许扣除范围以外的捐赠支出、赞助支出，未经核定的准备金支出，与取得收入无关的其他支出。

在计算应纳税所得额时，企业按照规定计算的固定资产折旧，准予扣除。但下列固定资产不得计算折旧扣除，包括房屋、建筑物以外未投入使用的固定资产；以经营租赁方式租入的固定资产；以融资租赁方式租出的固定资产；已足额提取折旧仍继续使用的固定资产；与经营活动无关的固定资产；单独估价作为固定资产入账的土地。

e. 弥补以前年度亏损。根据利润的分配顺序，企业发生的年度亏损，在连续 5 年内可以用税前利润进行弥补。

2）税率。企业所得税实行 25% 的比例税率。对于非居民企业取得的应税所得额，适用税率为 20%。符合条件的小型微利企业，减按 20% 的税率征收企业所得税。国家需要重点

扶持的高新技术企业，减按15%的税率征收企业所得税。

（3）应纳税额计算　企业的应纳税所得额有两种计算方法：直接计算法和间接计算法。

1）直接计算法：企业应纳税额等于应纳税所得额乘以适用税率，减去依照关于税金优惠的规定减免和抵免的税额后的余额。

应纳税额 = 应纳税所得额 × 所得税税率 − 减免和抵免的税额

企业取得的下列所得已在境外缴纳的所得税税额，可以从当期应纳税额中抵免，抵免限额为该项所得依照规定计算的应纳税额；超过抵免限额的部分，可以在以后5个年度内，用每年度抵免限额抵免当年应抵税额后的余额进行抵补。

居民企业从其直接或者间接控制的外国企业分得的来源于中国境外的股息、红利等权益性投资收益，外国企业在境外实际缴纳的所得税税额中属于该项所得负担的部分，可以作为该居民企业的可抵免境外所得税税额，在规定的抵免限额内抵免。

2）间接计算法：

应纳税所得额 = 会计利润 + 纳税调整增加额 − 纳税调整减少额

a. 纳税调整增加额

① 在计算会计利润时已经扣除，但税法规定根本不能扣除的项目，应全额调增。如税收滞纳金、向投资者支付的股息、红利等权益性投资收益款项，企业所得税税款、罚金、罚款和被没收财物的损失，与取得收入无关的其他支出。

② 在计算会计利润时已经扣除，但超过税法规定的扣除标准，超标部分应调增。如企业发生的与生产经营活动有关的业务招待费支出，按照发生额的60%扣除，但最高不得超过当年销售（营业）收入的5‰。企业发生的符合条件的广告费和业务宣传费支出，除国务院财政、税务主管部门另有规定外，不超过当年销售（营业）收入15%的部分，准予扣除；超过部分，准予在以后纳税年度结转扣除。

b. 纳税调整减少额

① 弥补以前年度亏损。

② 免税收入。

③ 加计扣除项目，如企业的研究开发费用。根据所得税税法规定，企业为开发新技术、新产品、新工艺发生的研究开发费用，未形成无形资产计入当期损益的，在按照规定据实扣除的基础上，按照研究开发费用的50%加计扣除；形成无形资产的，按照无形资产成本的150%摊销。

【例5-5】　某施工企业职工80人，总资产5 000万元，2018年实现销售收入1.8个亿，取得国家发行的国债利息收入20万元。营业成本1.4个亿，缴纳增值税1 200万，税金及附加110万元，销售费用850万元（其中广告费用100万元），管理费用1 000万元（其中业务招待费200万元，新技术研究开发费用30万元），财务费用800万元（向某商业银行贷款产生的利息支出800万元），发生营业外支出30万元（因环保问题被主管部门罚款5万元，通过当地政府向穷困山区捐款25万元）。

根据资料，计算当年企业应纳的所得税。

（1）2018年的利润总额 =（18 000 + 20 − 14 000—110 − 850 − 1 000 − 800 − 30）万元 = 1 230万元

（2）纳税调整

1）国债利息收入调减20万元。

2）广告费用扣除限额为：18 000万元×15% =2 700万元>100万元，不予调整。

3）业务招待费扣除限额为：18 000万元×5‰ =90万元<200万元，有（200-90）万元=110万元，予以调增。

4）罚款调增5万元；

5）公益性捐赠扣除限额为：1 230万元×12% =147.6万元>25万元，不予调整。

（3）应纳税所得额：（1 230-20+110+5）万元=1 325万元

（4）应纳所得税：1 325万元×25% =331.25万元

4. 土地增值税

土地增值税是指转让国有土地使用权、地上的建筑物及其附着物并取得收入的单位和个人，在转让房地产所取得的增值额为计税依据向国家缴纳的一种税赋，不包括以继承、赠予方式无偿转让房地产的行为。

土地增值税的纳税人是指转让国有土地使用权、地上的建筑物及其附着物并取得收入的单位和个人，单位包括各类企业单位、事业单位、国家机关和社会团体及其他组织，个人包括个体经营者。土地增值税的纳税对象为转让国有土地使用权、地上建筑物及其附属物连同国有土地使用权一并转让所取得的增值额。

（1）计税依据和税率

1）计税依据。土地增值税以纳税人转让房地产所取得的收入减去税法规定的扣除项目金额后的余额为计税依据。

所谓转让房地产所取得的收入，是指纳税人转让房地产的全部价款及有关的经济收益，包括货币收入、实物收入和其他收入。土地增值税纳税人转让房地产取得的收入为不含增值税收入。

税法准予纳税人从转让收入中扣除的项目包括下列几项：

a. 取得土地使用权支付的金额。纳税人为取得土地使用权所支付的金额，包括纳税人为取得土地使用权所支付的地价款和按国家统一规定交纳的有关费用。

b. 纳税人房地产开发项目实际发生的成本（以下简称房地产开发成本），包括土地征用及拆迁补偿费、前期工程费、建筑安装工程费、基础设施费、公共配套设施费、开发间接费用。

土地征用及拆迁补偿费，包括土地征用费、耕地占用费、劳动力安置费及有关地上、地下附着物拆迁补偿的净支出、安置动迁用房支出等。

前期工程费，包括规划、设计、项目可行性研究和水文、地质、测绘、“三通一平”等支出。

建筑安装工程费，是指以发包方式支付给承包单位的建筑安装工程费，以自营方式发生的建筑安装工程费。

基础设施费，包括开发小区内道路、供水、供电、供气、排污、排洪、通信、照明、环卫、绿化等工程发生的支出。

公共配套设施费，包括不能有偿转让的开发小区内公共配套设施发生的支出。

开发间接费用，是指直接组织、管理开发项目发生的费用，包括工资、职工福利费、折旧费、修理费、办公费、水电费、劳动保护费、周转房摊销等。

c. 开发土地和新建房及配套设施的费用（以下简称房地产开发费用），是指与房地产开发项目有关的销售费用、管理费用、财务费用。这三项费用不能据实扣除，应按下列标准扣除：

纳税人能够按转让房地产项目计算分摊利息支出，并能提供金融机构贷款证明的，允许据实扣除，但最高不能超过按商业银行同类同期贷款利率计算的金额：

其他房地产开发费用 = 利息 +（取得土地使用权所支付的金额 + 房地产开发实际成本）×5% 以内

纳税人不能按转让房地产项目计算分摊利息支出，或不能提供金融机构贷款证明的：

房地产开发费用扣除总额 =（取得土地使用权所支付的金额 + 房地产开发实际成本）× 10% 以内

d. 旧房及建筑物的评估价格。旧房及建筑物的评估价格是指在转让已使用的房屋及建筑物时，由政府批准设立的房地产评估机构评定的重置成本价乘以成新度折扣率后的价格。评估价格须经当地税务机关确认。

e. 与转让房地产有关的税金，是指转让房地产时缴纳城市维护建设税、印花税及教育费附加。土地增值税扣除项目涉及的增值税进项税额，允许在销项税额中计算抵扣的，不计入扣除项目，不允许在销项税额中计算抵扣的，可以计入扣除项目。企业在转让不动产时计算缴纳土地增值税，扣除项目中不包含企业转让不动产缴纳的增值税。

转让旧房的扣除额 = 评估价 + 取得土地使用权所支付的地价款 + 按国家规定缴纳的费用 + 转让环节缴纳的税金

f. 其他扣除项目。对于从事房地产开发的纳税人可加计 20% 的扣除：

加计扣除费用 =（取得土地使用权支付的金额 + 房地产开发成本）×20%

2）税率。土地增值税实行四级超率累进税率。具体税率如表 5-1 所示。

表 5-1 土地增值税税率表

增值额占扣除项目金额比例	税 率	速算扣除系数
50% 以下（含 50%）	30%	0
50% ~100%（含 100%）	40%	5%
100% ~200%（含 200%）	50%	15%
200% 以上	60%	35%

（2）应纳税额　土地增值税应纳税额的计算公式为

应纳税额 = Σ（每级距的土地增值额 × 适用税率）

或

应纳税额 = 土地增值额 × 适用税率 − 扣除项目金额 × 速算扣除系数

土地增值额 = 转让收入 − 扣除项目金额

【例 5-6】 某企业 2018 年转让一幢新建办公楼取得含税收入 8 000 万元，增值税税额为 800 万元，该办公楼建造成本和相关费用为 6 000 万元，缴纳与转让办公楼相关的税金 610.75 万元。试确定该企业应缴纳的土地增值税。

解：扣除项目金额 = 6 000 万元 + 610.75 万元 = 6 610.75 万元

土地增值额 = 8 000 万元 − 800 万元 − 6 610.75 万元 = 589.25 万元

增值额与扣除项目比例 = 589.25 万元/6 610.75 万元 = 8.91%，适用税率为 30%，扣除率为 0。

应纳土地增值税 = 589.25 万元 × 30% = 176.78 万元

【例5-7】 某企业转让房地产，收入总额为 1 000 万元（不含增值税），扣除项目金额为 250 万元，试计算此次转让房地产应缴纳的土地增值税。

解：应缴纳土地增值税可按以下步骤进行：

1）计算增值额：

$$1\ 000\text{ 万元} - 250\text{ 万元} = 750\text{ 万元}$$

$$250/750 \times 100\% = 33.33\%$$

2）计算每级距的土地增值额：

税率为 30% 部分的土地增值额：250 万元 × 50% = 125 万元

税率为 40% 部分的土地增值额：250 万元 × 100% − 250 万元 × 50% = 125 万元

税率为 50% 部分的土地增值额：250 万元 × 200% − 250 万元 × 100% = 250 万元

税率为 60% 部分的土地增值额：750 万元 − 250 万元 × 200% = 250 万元

3）计算应纳土地增值税税额：

125 万元 × 30% + 125 万元 × 40% + 250 万元 × 50% + 250 万元 × 60% = 362.5 万元

本例中增值额占扣除项目比例为 200% 以上，税率为 60%，速算扣除系数为 0.35，采用速算扣除法可计算如下：

应纳税额 = 750 万元 × 60% − 250 万元 × 0.35 = 450 万元 − 87.5 万元 = 362.5 万元

（3）税金优惠

1）纳税人建造普通标准住宅出售时（不包括高级公寓、别墅、度假村等），增值额未超过扣除项目金额 20% 的，免征土地增值税；增值额超过扣除项目金额 20% 的，按全部增值额计税。

2）因城市规划、国家建设的需要而搬迁，由纳税人自行转让原房地产的，经税务机关审核，免征土地增值税。

3）个人之间互换自有居住用房地产的，经当地税务机关核实，免征土地增值税。

4）从 1999 年 8 月 1 日起，对居民个人转让其拥有的普通住宅，暂免征土地增值税。个人因工作调动或改善居住条件而转让原自用住房（非普通住宅），经向税务机关申报核准，凡居住满 5 年或 5 年以上，免予征收土地增值税；居住满 3 年未满 5 年的，减半征收土地增值税；居住未满 3 年的，按规定计征土地增值税。

5）房产所有人、土地使用权所有人将房屋产权、土地使用权赠予直系亲属或承担直接赡养义务人的，不征收土地增值税。

6）房地产开发企业将开发的部分房地产转为企业自用或用于出租等商业用途时，如果产权未发生转移，不征收土地增值税，在税款清算时不列收入，不扣除相应的成本和费用。

5. 契税

契税是指在中华人民共和国境内转移土地、房屋权属，承受的单位和个人根据所订契约按不动产的价格（不含增值税），以一定比例征收的一次性缴纳的税。

契税的纳税义务人是境内转移土地、房屋权承受的单位和个人。单位包括内资外资企业、事业单位、国家机关、军事单位和社会团体。个人包括中国公民和外籍人员。

契税的纳税对象是中华人民共和国境内转移土地、房屋权属的行为，分别包括：

1）国有土地使用权出让。

2）土地使用权转让，包括出售、赠予和交换。

3）房屋买卖，以下几种特殊情况也视同买卖房屋：①以房产抵债或实物交换房屋；②以房产做投资或做股权转让；③买卖拆料或翻建新房。

4）房屋赠予，包括以获奖方式承受土地房屋权属。

5）房屋交换。

契税的税率为3%～5%。契税的适用税率，由省、自治区、直辖市人民政府在前款规定的幅度内按照本地区的实际情况确定，并报财政部和国家税务总局备案。

契税的计税依据是不动产的价格（不含增值税）。因不动产的转移方式、定价方法不同，契税的计税依据有以下几种情况：

1）国有土地使用权出让、土地使用权出售、房屋买卖，以成交价格（不含增值税）为计税依据。

2）土地使用权赠予、房屋赠予，由征收机关参照土地使用权出售、房屋买卖的市场价格（不含增值税）核定。

3）土地使用权交换、房屋交换，以所交换的土地使用权、房屋的价格差额为计税依据。

4）以划拨方式取得土地使用权，经批准转让房地产时，由房地产转让者补交契税。计税依据为补交的土地使用权出让费用或者土地收益。

5）房屋附属设施征收契税的依据：①采取分期付款方式购买房屋附属设施土地使用权、房屋所有权的，应按合同规定的总价款（不含增值税）计征契税；②承受的房屋附属设施权属如为单独计价的，按照当地确定的适用税率征收契税。如与房屋统一计价的，适用与房屋相同的契税税率。

在转移土地、房屋权属时出现下列情形之一的，减征或者免征契税：

1）国家机关、事业单位、社会团体、军事单位承受土地、房屋用于办公、教学、医疗、科研和军事设施的免征。

2）城镇职工按规定第一次购买公有住房的免征。

3）因不可抗力灭失住房而重新购买住房的，酌情准予减征或者免征。

4）财政部规定的其他减征、免征契税的项目。

契税应纳税额的计算公式为

$$契税应纳税额 = 计税依据 \times 税率$$

【例5-8】 某公司2018年发生两笔互换房产业务，并已办理了相关手续。第一笔业务换出的房产价值500万元（不含增值税），换进的房产价值800万元（不含增值税）；第二

笔业务换出的房产价值700万元（不含增值税），换进的房产价值300万元（不含增值税）。已知当地政府规定的契税税率为3%。试确定该公司应缴纳的契税税额。

解：房屋或土地使用权相交换，交换价格相等，免征契税；交换价格不等，由多付货币、实物、无形资产或其他利益的一方按价差缴纳契税。第一笔业务应由该公司交契税，第二笔交换业务由对方缴纳契税。

$$该公司应纳契税=(800-500)万元\times3\%=9万元$$

6. 关税

关税是指中国海关根据法律规定，对通过其关境的准予进出口货物课征的一种税收。

（1）纳税人　关税的纳税义务人是进口货物的收货人、出口货物的发货人、进境物品的所有人。

（2）计税依据　关税的计税依据以进出口货物的完税价格为计税依据。进（出）口货物的完税价格由海关以该货物的成交价格以及该货物运抵中华人民共和国境内输入（输出）地点起卸前的运输及其相关费用、保险费为基础审查确定。进口货物的成交价格，是指卖方向中华人民共和国境内销售该货物时买方为进口该货物向卖方实付、应付的，并按照相应法规调整后的价款总额，包括直接支付的价款和间接支付的价款。

进口货物的下列费用应当计入完税价格：

1）由买方负担的购货佣金以外的佣金和经纪费。

2）由买方负担的在审查确定完税价格时与该货物视为一体的容器的费用。

3）由买方负担的包装材料费用和包装劳务费用。

4）与该货物的生产和向中华人民共和国境内销售有关的，由买方以免费或者以低于成本的方式提供并可以按适当比例分摊的料件、工具、模具、消耗材料及类似货物的价款，以及在境外开发、设计等相关服务的费用。

5）作为该货物向中华人民共和国境内销售的条件，买方必须支付的、与该货物有关的特许权使用费。

6）卖方直接或者间接从买方获得的该货物进口后转售、处置或者使用的收益。

进口时在货物的价款中列明的下列税收、费用，不计入该货物的完税价格：

1）厂房、机械、设备等货物进口后进行建设、安装、装配、维修和技术服务的费用。

2）进口货物运抵境内输入地点起卸后的运输及其相关费用、保险费。

3）进口关税及国内税收。

（3）税率　关税设置最惠国税率、协定税率、特惠税率、普通税率、关税配额税率等多种税率。对进出口货物在一定期限内可以实行暂定税率。

1）原产于共同适用最惠国待遇条款的世界贸易组织成员的进口货物，原产于与中华人民共和国签订含有相互给予最惠国待遇条款的双边贸易协定的国家或者地区的进口货物，以及原产于中华人民共和国境内的进口货物，适用最惠国税率。

2）原产于与中华人民共和国签订含有关税优惠条款的区域性贸易协定的国家或者地区的进口货物，适用协定税率。

3）原产于与中华人民共和国签订含有特殊关税优惠条款的贸易协定的国家或者地区的进口货物，适用特惠税率。

4）原产于以上所列以外的国家或者地区的进口货物，以及原产地不明的进口货物，适用普通税率。

（4）应纳税额 进出口货物关税，以从价计征、从量计征或者国家规定的其他方式征收。

从价计征的计算公式为

应纳税额 = 完税价格 × 关税税率

从量计征的计算公式为

应纳税额 = 货物数量 × 单位税额

（5）免税范围

1）关税税额在人民币50元以下的一票货物。

2）无商业价值的广告品和货样。

3）外国政府、国际组织无偿赠送的物资。

4）在海关放行前损失的货物。

5）进出境运输工具装载的途中必需的燃料、物料和饮食用品。

在海关放行前遭受损坏的货物，可以根据海关认定的受损程度减征关税。

【例5-9】 2016年9月1日某公司由于承担国家重要工程项目，经批准免税进口了一套电子设备。使用2年后项目完工，2018年8月31日公司将该设备出售给了国内另一家企业。该电子设备的到岸价格为300万元，关税税率为10%，海关规定的监管年限为5年，试计算该公司应补缴的关税税额。

解： 纳税人转让出售减免税进口货物时，应以该货物原进口时的成交价格为基础，扣除按使用年限折算的折旧额确定完税价格，补缴关税。

完税价格 = 海关审定的该货物原进口时的价格 ×［1 − 申请补税时实际已使用的时间（月）÷（监管年限 ×12）］= 300万元 ×［1 − 24/（5 ×12）］= 180万元

应补关税 = 180万元 ×10% = 18万元

---

7. 房产税

（1）纳税人 房产税由产权所有人缴纳。产权属于全民所有的，由经营管理的单位缴纳。产权出典的，由承典人缴纳。产权所有人、承典人不在房产所在地的，或者产权未确定及租典纠纷未解决的，由房产代管人或者使用人缴纳。

房产税的纳税义务人是征税范围内房屋的产权所有人、经营管理单位、承典人、房产代管人或者使用人。

（2）计税依据和税率

1）从价计税。计税依据是房产原值一次减去10% ~30%的扣除比例后的余值，税率为1.2%。没有房产原值作为依据的，由房产所在地税务机关参考同类房产核定。

2）从租计征。计税依据为房产租金收入，税率为12%。

（3）应纳税额 从价计征的应纳税额为

应纳税额 = 应税房产原值 ×（1 − 扣除比例）×1.2%

从租计征的应纳税额为

$$应纳税额=租金收入\times 12\%$$

（4）注意事项

1）房产出租的，以房产租金收入为房产税的计税依据。对投资联营的房产，在计征房产税时应予以区别对待。共担风险的，按房产余值作为计税依据，计征房产税；对收取固定收入，应由出租方按租金收入计缴房产税。

2）对融资租赁房屋的情况，在计征房产税时应以房产余值计算征收，租赁期内房产税的纳税人，由当地税务机关根据实际情况确定。

3）新建房屋交付使用时，如电梯设备已计算在房产原值之中，则房产原值应包括电梯设备；旧房安装电梯设备，一般都作单项固定资产入账，不应计入房产原值。

（5）免税范围

1）国家机关、人民团体、军队自用的房产。

2）由国家财政部门拨付事业经费的单位自用的房产。

3）宗教寺庙、公园、名胜古迹自用的房产。

4）个人所有非营业用的房产。

5）经财政部批准免税的其他房产。

【例5-10】 某企业2018年1月1日的房产原值为5 000万元，4月1日将其中原值为2 000万元的临街房出租给某连锁商店，月租金6万元。当地政府规定允许按房产原值减除30%后的余值计税。试确定该企业当年应缴纳的房产税税额。

解：自身经营用房的房产税按房产余值从价计征，临街房4月1日才出租，1~3月仍从价计征。

$$\begin{aligned}自身经营用房应缴房产税&=(5\,000-2\,000)万元\times(1-30\%)\times\\&\quad 1.2\%+2\,000万元\times(1-30\%)\times 1.2\%\div 12\times 3\\&=25.2万元+4.2万元=29.4万元\end{aligned}$$

$$出租的房产按本年租金从价计征=6万元\times 9\times 12\%=6.48万元$$

$$企业当年应缴房产税=29.4万元+6.48万元=35.88万元$$

---

8. 城镇土地使用税

城镇土地使用税的纳税义务人是在城市、县城、建制镇、工矿区范围内使用土地（不包括农村土地）的单位和个人。其中，单位是指国有企业、集体企业、私营企业、股份制企业、外商投资企业、外国企业以及其他企业和事业单位、社会团体、国家机关、军队以及其他单位；个人是指个体工商户以及其他个人。

城镇土地使用税以纳税人实际占用的土地面积（m^2）为计税依据。土地占用面积的组织测量工作，由省、自治区、直辖市人民政府根据实际情况确定。

城镇土地使用税采用定额税率，即采用有幅度的差别税额。按大、中、小城市和县城、建制镇、工矿区分别规定每平方米城镇土地使用税年应纳税额。各省、自治区、直辖市人民政府可根据市政建设状况、经济繁荣程度等条件，确定所辖地区的适用税额幅度。

土地使用税每平方米年税额如下：

1）大城市1.5~30元。

2）中等城市1.2～24元。

3）小城市0.9～18元。

4）县城、建制镇、工矿区0.6～12元。

城镇土地使用税应纳税额的计算公式为

$$全年应纳税额 = 实际占用应税土地面积(m^2) \times 适用税额$$

【例5-11】　某城市的一家公司，实际占用土地23 000m²。由于经营规模扩大，年初该公司又受让了一块尚未办理土地使用证的土地3 000m²，公司按其当年开发使用的2 000m²土地面积申报纳税，以上土地均适用2元/m²的城镇土地使用税税额。试确定该公司当年应缴纳的城镇土地使用税税额。

解：应纳税额 = $(23\,000 + 2\,000)m^2 \times 2元/m^2 = 50\,000元$

5.2　利润管理

5.2.1　利润

1. 利润的理解

利润是企业在一定会计期间的经营成果，包括营业利润、利润总额和净利润。利润在数量上体现为收入与费用相抵后的数额。收入是确定企业盈利水平的前提和基础，是利润的来源。企业作为独立的经济实体，应当以一定时期实现的各项收入抵补费用和支出后实现盈利。如果企业一定时期实现的各项收入不能抵补费用和支出等，就会发生亏损。因此，企业一定时期利润水平的高低在很大程度上反映了企业生产经营活动的经济效益以及企业为社会所做的贡献。在整个会计核算中，收入和利润的核算占有举足轻重的地位。

利润一般由收益和费用两个要素所构成，其三者之间的关系可用公式表示为

$$利润 = 收益 - 费用 = (收入 + 利得) - (成本 + 费用 + 损失)$$

2. 企业利润的来源

企业的利润总额表示为

$$利润总额 = 营业利润 + 营业外收入 - 营业外支出$$

利润总额是指企业一定时期内的全部经营成果，是衡量企业生产经营管理水平的一个最为重要的综合性指标。

营业利润是指企业在一定期间内从事生产经营活动所取得的利润，是企业利润中最为基本也是最重要的组成部分，集中反映了企业生产经营的财务成果。

营业利润 = 营业收入 - 营业成本 - 税金及附加 - 销售费用 - 管理费用 - 财务费用 - 资产减值损失 - 信用减值损失 + 公允价值变动收益(- 公允价值变动损失) + 投资收益(- 投资损失) + 资产处置损失(- 资产处置损失) + 净敞口套期收益(- 净敞口套期收益) + 其他收益

营业外收入是指与生产经营活动没有直接联系的各项收入。

营业外支出是指与生产经营活动没有直接联系的各项支出。

净利润是指在利润总额中按规定缴纳了所得税后企业的利润留成，一般也称为税后利润

或净收入。净利润的计算公式为

$$净利润 = 利润总额 - 所得税费用$$

净利润是一个企业的最终经营成果。净利润多，企业的经营效益就好；净利润少，企业的经营效益就差。它是衡量一个企业经营效益的主要指标。

5.2.2 利润分配

1. 利润分配的概念

利润分配是指分配主体对分配对象在各个分配参与者之间进行的分割和平衡，即企业将净利润在投资者、经营者以及其他有特殊贡献的职工、企业留存之间进行合理有效的分配。

广义的利润分配，是指对企业收入和利润进行分配的过程；狭义的利润分配，则是指对企业净利润的分配。

财务管理中的利润分配，主要是指企业净利润的分配，其实质就是确定给投资者分红与企业留用利润的比例。

2. 利润分配的基本原则

（1）依法分配原则 为规范企业利润分配行为，国家制定和颁布了若干法规，规定了企业利润分配的基本要求、一般程序和重大比例。企业的利润分配必须依法进行，这是正确处理企业、所有者、债权人及职工等各项财务关系的关键。

（2）兼顾职工利益原则 企业净利润归投资者所有是企业的基本制度。企业职工不一定是企业的投资者，净利润就不一定归他们所有。而企业利润是由全体职工劳动创造的，他们除了获得工资和奖金等劳动报酬以外，还应该以适当的方式参与净利润分配，如在净利润中提取盈余公积金，用于企业职工的集体福利设施支出。盈余公积金是所有者权益的一部分，职工对这些福利设施具有使用权并负有保管之责，但没有所有权。

（3）分配与积累并重原则 企业的利润分配，要正确处理长期利益和近期利益两者的关系，坚持分配与积累并重。企业除按规定提取法定盈余公积金外，还可适当留存一部分利润作为积累，这部分未分配利润仍归企业所有者所有。这部分积累的净利润不仅可作为企业扩大生产筹措资金，增强企业发展能力和抵抗风险能力，同时还可以供未来年度进行分配，起到平抑利润分配数额波动、稳定投资报酬率的作用。

（4）投资与收益对等原则 企业利润分配应当体现“谁投资谁收益”、收益大小与投资比例相适应，即投资与收益对等原则，这是正确处理企业与投资者利益关系的立足点。投资者因投资行为，以出资额依法享有利润分配权，这就要求企业在向投资者分配利润时，要遵守公开、公平、公正的“三公”原则，一视同仁地对待所有投资者，任何人不得以在企业中的其他特殊地位谋取私利，这样才能从根本上保护投资者的利益。

3. 利润分配程序

（1）有限责任公司的利润分配程序

1）弥补以前年度亏损。我国财务和税务制度规定，企业的年度亏损，可以用下一年度的税前利润弥补，但不得超过5年。超过法定弥补年限5年的未弥补亏损，用以后年度的税后利润弥补。

2）提取法定公积金。可供分配的利润大于零是计提法定公积金的必要条件。

$$法定公积金计提数额 = 税后利润 \times 10\%$$

当法定公积金累计额达到公司注册资本的50%时，可不再提取。

公司的公积金主要弥补公司的亏损，扩大公司生产经营或者转为增加公司资本。但是，资本公积金不得用于弥补公司的亏损。法定公积金转为资本时，所留存的该项公积金不得少于转增前公司注册资本的25%。

3）提取任意公积金。公司从税后利润中提取法定公积金后，经股东会或者股东大会决议，还可以从税后利润中提取任意公积金。任意公积金提取多少，由公司自行决定。

4）股东按照实缴的出资比例分取红利。当有限责任公司弥补亏损和提取公积金后所余税后利润，可按实缴的出资比例分取红利。

（2）股份制企业的利润分配程序　弥补以前年度亏损、提取法定公积金之后，向投资者分配利润的步骤如下：

1）支付优先股股息。

2）提取任意公积金。公司从税后利润中提取法定公积金后，经股东会或者股东大会决议，还可以从税后利润中提取任意公积金。

3）支付普通股股利。股份有限公司按照股东持有的股份比例分配，但股份有限公司章程规定不按持股比例分配的除外。

【例5-12】　某股份有限公司2018年有关资料如下：

2018年年度实现利润总额5 000万元，所得税税率为25%；公司前两年累计亏损1 000万元；法定公积金提取比例为10%，任意公积金的提取比例为10%；支付2 000万股普通股股利，每股0.8元。

根据上述资料，该公司利润分配的程序如下：

1）净利润=(5 000－1 000)万元×(1－25%)=3 000万元

2）提取法定公积金=3 000万元×10%=300万元

3）提取任意公积金=3 000万元×10%=300万元

4）可用于支付股利的利润=3 000万元－300万元－300万元=2 400万元

5）实际支付普通股股利=2 000万元×0.8=1 600万元

6）年末未分配利润=2 400万元－1 600万元=800万元

5.2.3　股利政策

1. 股利支付程序及方式

（1）股利支付程序　股利是指依股份支付给持股人的公司盈余。公司在纳税、弥补亏损、提取法定公积金、法定公益金后，如仍有剩余，可以按确定的利润分配方案向公司的普通股股东支付股利。法律规定公司的税后利润应当先用于弥补亏损、提取法定公积金，然后才能分配给公司的股东，以保持公司资本的稳定性，维护债权人的利益。如果公司的股东会、股东大会或者董事会违反法律的规定，在公司弥补亏损和提取法定公积金之前向股东分配利润，股东必须将违反规定分配的利润退还公司。

遵循法定程序，一般先由董事会提出分配预案，然后提交股东大会表决，通过了才能进行分配。股东大会决议通过分配预案后，向股东宣布发放股利的具体方案，并确定股权登记日、除息日和股利支付日。股利支付程序如图 5-1 所示。

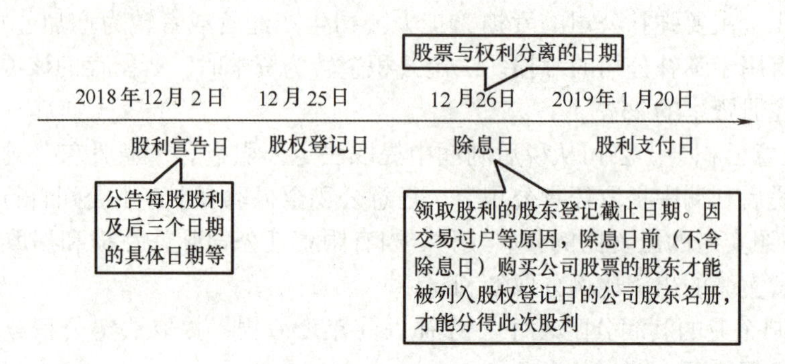

图 5-1 股利支付程序

1）股利宣告日。即董事会宣布股利支付方案的日期，而且要公布股权登记日、除息日和股利支付日。我国股份公司一般一年发放两次股利。

2）股权登记日。即有权领取股利的股东资格登记的截止日期。凡在股权登记日之前登记在册的股东才有资格领取本期股利。

由于股票可自由买卖，股东经常变换，为了确定股利的领取人，公司必须规定一些必要的日期界限。

3）除息日（除权日）。即除去股利的截止日期，是领取股利的权利与股票彼此分开的日期。在除息日前，股利权从属于股票持有者。除息日始，股利权与股票分离，新购入股票的股东无权分享股利。

4）股利支付日。即付息日。计算机交易系统将股利直接打入股东资金账户。

（2）股利支付方式

1）现金股利。企业将股东应得的股东收益以现金的形式支付给股东，即为现金股利。它是股利支付的最常见方式。

由于投资者一般都希望得到现金股利，而该企业发放股利的多少直接影响企业股票的市场价格，并间接影响企业的筹资能力。

这种股利支付方式，会增加企业的现金流出量，加大企业支付现金的压力，并有悖于企业留存现金用于投资与发展的初衷。

因此，采用现金股利支付方式时企业必须具备两个基本条件：一是流动性强，有充足的资金；二是有较强的外部筹资能力。

2）股票股利。企业以额外发行的股票代替现金支付股利，即为股票股利。以股票作为股利来发放，一般按现有股东持有股份的比例来分派。

股票股利对公司来说，并没有现金流出企业，也不会导致公司的财产减少，而只是将公司的留存收益转化为股本。但股票股利会增加流通在外的股票数量，同时降低股票的每股价值。它不会改变公司股东权益总额，但会改变股东权益的构成。它不会改变股东的财富，也不改变股东的持股比例。

从个人角度来说，发放股票股利时，有时股价并不会成比例的下降，可使股票价值上升。由于股利收入和资本利得税率的差异，如果股东把股票出售，还会给他带来资本利得纳税上的好处。

从公司角度上来说，可以留存大量的现金满足公司的发展。可以传递公司未来良好发展的预期，增加投资者的信心，稳定股票价格。

3）财产股利。财产股利是指以现金以外的其他资产支付股利，主要包括实物股利和证券股利。

实物股利就是发给股东实物资产或实物产品，这种形式并不增加企业现金流出，是企业现金支付能力较低时采取的措施。

证券股利是以其他公司的证券（债券、股票等）代替现金发放给股东，这种形式既保持了企业对其他公司的控制权，又不增加企业目前的现金流出，而且由于证券的流动性较强，股东也乐于接受。

4）负债股利。负债股利是指以负债支付股利，通常以企业的应付票据支付股利，不得已的情况下，也可发行企业债券抵付股利。

由于负债均需还本付息，因此对企业构成较大的支付压力，只能作为企业已宣布并需立即支付股利而现金又暂时不足时的权宜之策。

2. 股利政策

股利政策是指在法律允许的范围内，企业是否发放股利、发放多少股利以及何时发放股利的方针及对策。股利政策的最终目标是使公司价值最大化。

（1）股利政策的类型

1）剩余股利政策。公司在有良好投资机会时，根据目标资本结构，测算出投资所需要的权益资本，先从盈余中留用，然后将剩余的股利进行发放。

股利 = 净利润 - 投资所需的自有资金

= 净利润 - 投资所需资金 × 目标资本结构中自有资金的比例

遵循步骤：

a. 根据所选定的投资方案，确定投资所需的资金数额。

b. 设定目标资本结构，在此资本结构下，公司的加权平均资本成本将达到最低水平。

c. 确定公司的最佳资本预算，并根据公司的目标资本结构预计资金需求中所需增加的权益资本数额。

d. 最大限度地使用留存收益来满足资金需求中所需增加的权益资本数额。

e. 满足投资需要后的剩余部分用于向股东分配利润。

优点：留存收益优先保证再投资的需要，有助于降低再投资的资金成本，保持最佳的资本结构，实现企业价值的长期最大化。

缺点：股利发放额每年随着投资机会和盈利水平的波动而波动；不利于投资者安排收入与支出，也不利于公司树立良好的形象。

适用企业：新成立且高速成长的企业。

【例5-13】 某公司2018年税后净利润为1 000万元，2019年的投资计划需要资金1 200万元，公司的目标资本结构为权益资本占60%，债务资本占40%。

1）按照目标资本结构，公司投资方案所需的权益资本数额为：1 200万元×60% = 720万元

2）2019年可以发放的股利为：(1000 - 720)万元 = 280万元

3）假设公司当年流通在外的普通股为 1 000 万股，那么，每股股利为：（280/1000）元/股 = 0.28 元/股

【例 5-14】 某公司 2018 年实现的税后净利润为 2 000 万元，以前年度无亏损，法定公积金和任意公积金的提取比例分别为 10% 和 5%，2019 年的投资计划所需资金为 2 500 万元，公司的目标资本结构为“借入：自有资金 = 2 : 3”，公司发行在外的流通股股数为 500 万股。问：

（1）若公司采用剩余股利政策，则 2018 年年末可发放多少股利？

（2）计算每股利润及每股股利。

解：

（1）可供分配利润 = 2 000 万元 ×（1 − 10% − 5%）= 1 700 万元

投资所需自有资金 = 2 500 万元 × 60% = 1 500 万元

向投资者分配利润 = 1 700 万元 − 1 500 万元 = 200 万元

（2）每股利润 = 2 000 万元/500 万股 = 4 元/股

每股股利 = 200 万元/500 万股 = 0.4 元/股

2）固定或稳定增长股利政策。将每年派发的股利额固定在某一特定水平，或是在此基础上维持某一固定比率逐年稳定增长。公司只有在确信未来盈余不会发生逆转时才会宣布实施固定或稳定增长的股利政策。

$$股利 = 股票股数 \times 固定的每股股利$$

采用理由如下：

a. 传递企业经营良好的信息。有利于树立公司的良好形象，增强投资者对公司的信心，稳定股票的价格。

b. 吸引对股利收入有很高依赖性的股东。

c. 避免股利削减对股东信心的打击。

缺陷：

a. 股利支付与盈余相脱节，可能会带来较大的财务压力。

b. 资金成本相对较高。

适用企业：成熟、收益稳定的企业或正处于成长期的企业。

3）固定股利支付率股利政策。企业从每年的净利润中按固定的股利支付率发放股利。

$$股利 = 净利润 \times 某一固定比率$$

股利发放额，仅取决于公司盈利水平。

采用理由：股利支付与企业盈利紧密挂钩，体现了多盈多分，少盈少分，不盈不分的特点。

缺陷：股利波动较大，不利于股价稳定和公司价值最大化。且固定比例不易确定，若股利支付率过低，不利于股东投资的积极性，反之，则可能会给企业带来较大的财务压力。

适用企业：实际应用少，但适用于推行内部员工持股计划的企业。

【例 5-15】 某公司长期以来用固定股利支付率政策进行股利分配，确定的股利支付率

为30%。2018年税后净利润为1 500万元，如果仍然继续执行固定股利支付率政策，公司本年度将要支付的股利为

$$1500万元 \times 30\% = 450万元$$

若公司下一年度有较大的投资需求，因此，准备本年度采用剩余股利政策。如果公司下一年度的投资预算为2 000万元，目标资本结构为权益资本占60%。则可以发放的股利为多少？

按照目标资本结构的要求，公司投资方案所需的权益资本额为

$$2\,000万元 \times 60\% = 1\,200万元$$

公司2018年度可以发放的股利为

$$(1\,500 - 1\,200)万元 = 300万元$$

4）低正常股利加额外股利政策。公司每期支付稳定的较低的正常股利额，当企业盈利较多时，再根据实际情况发放额外股利。

股利发放额，取决于企业历史既定数额、本期盈利水平。

采用理由：赋予公司较大的灵活性，公司每年根据盈利状况，选择不同的股利发放水平，以稳定或提高股价，有利于实现公司价值最大化。

缺陷：不能经常连续支付股利，否则会造成股东对额外股利的预期，失去意义。

适用企业：在实际应用中为很多企业所采用，适用于盈利经常波动的企业。

3. 影响股利分配的因素

（1）法律因素

1）资本保全限制。股利分配只能来源于税后利润，不能用资本发放股利。

2）资本积累限制。企业必须按税后利润的一定比例和基数，提取法定盈余公积金，企业当年出现亏损时，一般不得给投资者分配利润。

3）偿债能力限制。企业已经无力偿付到期债务或因支付股利将失去偿还能力时，企业不能支付现金股利。

（2）企业因素

1）资产流动性。资产流动性弱，则采取低股利政策。

2）投资机会。有好的投资机会，则采取低股利政策。

3）筹资能力。筹资能力弱，则采取低股利政策。

4）盈利稳定性。盈利不稳定，则采取低股利政策。

5）资金成本。要降低资金成本，则采取低股利政策。

（3）股东意愿

1）避税考虑。低股利政策，可以给股东带来更多的资本利得收入，达到避税目的。

2）规避风险。要求企业支付较多的股利，从而减少股东投资风险。

3）稳定收入。低收入阶层以及养老基金等机构投资者，需要企业发放的现金股利来维持生活或用于发放养老金等。

4）股权稀释。高股利支付率会导致现有股东股权和盈利的稀释。

（4）其他因素　如公司的长期债务合同中通常都包括限制性条款，对股利支付比例、偿债能力指标等加以限制，以维护债权人的利益，公司股利政策的制定必然会受此限制。

思考题与习题

1. 简述税金的概念与特征。

2. 简述比例税率、累进税率和定额税率的主要区别。

3. 我国现行税种有哪些？如何正确理解流转税和所得税是我国税制的主体税种？

4. 假定某企业2018年度取得主营业务收入3 000万元，转让国债取得净收益520万元，其他业务收入120万元，与收入配比的成本2 150万元，全年发生销售费用410万元（其中广告费支出120万元），管理费用230万元（其中业务招待费支出24万元），利息费用170万元。营业外支出70万元（其中公益捐款支出40万元），假设不存在其他纳税事项。计算该企业2018年应缴纳的企业所得税。

5. 某公司为增值税一般纳税人，税率为16%，2018年8月发生以下业务：

（1）外购原材料一批，取得增值税专用发票，注明税额30万元，另支付运输费用6万元，取得运费发票。

（2）外购机器设备一套，取得专用发票，注明税额2.2万元。

（3）销售产品一批，取得含税收入2 000万元。

该月初增值税进项税余额为3万元，请计算本月应缴纳的增值税。

6. 某股份有限公司有关资料如下：

（1）公司本年年初未分配利润贷方余额为181.92万元，本年息税前利润为800万元，适用的所得税税率为25%。

（2）公司流通在外的普通股60万股，发行时每股面值1元，每股溢价收入9元；公司负债总额为200万元，均为长期负债，平均年利率为10%，假定公司筹资费用忽略不计。

（3）公司股东大会决定本年度按10%的比例计提法定公积金，按10%的比例计提任意公积金。本年按可供投资者分配利润的16%向普通股股东发放现金股利，预计现金股利以后每年增长6%。

要求：

（1）计算该公司本年度净利润。

（2）计算该公司本年应计提的法定盈余公积金和任意盈余公积金。

（3）计算该公司本年年末可供投资者分配的利润。

（4）计算该公司每股支付的现金股利。

7. 某公司发行在外的普通股股票为50万股，市场价值为800万元，债务的市场价值为200万元。到目前为止，公司没有发放过任何现金股利，目前公司考虑两种政策：①继续原来的政策，不发放任何现金股利；②根据市场价格出售价值300万元的新股，并立即将这300万元现金收入作为现金股利发放给老股东（不包括购买新股的股东），不考虑公司所得税。

请问：

（1）如果该公司要通过发行新股筹措300万元的资金，根据第一种股利政策，公司股票的发行价格是多少？需要发行多少股股票？根据第二种股利政策，股票的发行价格是多少？公司需要发行多少股股票？比较公司老股东（即不包括购买新股的股东）在两种股利政策下的财富（价值）状况。

(2) 如果该公司不得不以低于市场价格1元的价格发行股票，重新计算第（1）问的各种问题。

(3) 比较第（1）（2）问的结果，讨论低于市场价格发行新股对老股东的影响。

8. 东方公司2018年税后净利为2 000万元，2019年的投资计划需要资金900万元，公司的目标资本结构为自有资金占80%，借入资金占20%。该公司采用剩余股利政策。

要求：

(1) 计算公司投资所需自有资金数额。

(2) 计算公司投资需从外部筹集的资金数额。

(3) 计算公司2018年年度可供向投资者分配的利润。

9. 某公司成立于2010年1月1日，2017年年度实现的净利润为1 000万元，分配现金股利550万元，提取盈余公积金450万元（所提盈余公积金均已指定用途）。2018年实现的净利润为900万元（不考虑计提法定盈余公积金的因素）。2019年计划增加投资，所需资金为700万元。假定公司目标资本结构为自有资金占60%，借入资金占40%。

要求：

(1) 在保持目标资本结构的前提下，计算2019年投资方案所需的自有资金额和需要从外部借入的资金额。

(2) 在保持目标资本结构的前提下，如果公司执行剩余股利政策，计算2018年度应分配的现金股利。

(3) 在不考虑目标资本结构的前提下，如果公司执行固定股利政策，计算2018年度应分配的现金股利，可用于2019年投资的留存收益和需要额外筹集的资金额。

(4) 在不考虑目标资本结构的前提下，如果公司执行固定股利支付率股利政策，计算该公司的股利支付率和2018年度应分配的现金股利。

第6章 工程财务报表与分析

本章主要内容：

工程财务报表的类别：财务报表的构成和列报的基本要求、资产负债表的内容和作用、利润表的内容和作用、现金流量表的内容和作用；工程财务报表分析概述：财务报表的作用、工程财务报表分析的基本内容、工程财务报表分析的基本价值观念；工程财务报表分析：工程财务报表分析基本方法、基本财务比率的计算和分析、杜邦财务分析体系。

本章重点和难点：

资产负债表的内容、资产负债表的结构；利润表的内容、利润表的结构；现金流量表的内容、现金流量表的结构；基本财务比率的计算和分析；杜邦分析法的财务体系及指标关系。

6.1 工程财务报表的类别

财务报表（也称为财务报告）是企业对外提供的反映企业某一特定日期财务状况和某一会计期间经营成果、现金流量等会计信息的书面文件。企业财务报表是企业的投资者、经营者、债权人、管理机构、政府部门、客户以及其他利益相关者获取企业信息，从而进行决策的重要依据之一。

6.1.1 财务报表的构成和列报的基本要求

财务报表是指对企业财务状况、经营成果和现金流量的结构性描述。为了规范财务报表的列报，保证同一企业不同期间和同一期间不同企业的财务报表相互可比，现行《企业会计准则》中对财务报表的列报和构成要求如下：

1. 财务报表列报的基本要求

《企业会计准则》对编制财务报表列报的基本要求包括以下九个方面：

1）企业应该依据实际发生的交易和事项，遵循《企业会计准则》的所有规定进行确认和计量，并在此基础上编制财务报表。

2）企业应以持续经营为会计确认、计量和编制会计报表的基础。在编制财务报表的过程中，企业管理层应当利用所有可获得信息来评价企业自报告期末起至少12个月的持续经营能力。未以持续经营为基础列报的，应当披露未以持续经营为基础的原因以及财务报表的编制基础。

3）除现金流量表按照收付实现制编制外，企业应当按照权责发生制编制其他财务报表。

4）财务报表项目的列报应当在各个会计期间保持一致，不得随意变更。

5）重要项目单独列报。重要性是指财务报表某项目的省略或错报会影响使用者据此做出经济决策。重要性应当根据企业所处环境，从项目的性质和金额大小两方面予以判断。

6）财务报表项目应当以总额列报，资产和负债、收入和费用、直接计入当期利润的利得和损失项目的金额不能相互抵消，即不得以净额列报，除非会计准则另有规定。

7）企业在列报当期财务报表时，应当至少提供所有列报项目与上一个可比会计期间的比较数据，以及与理解当期财务报表相关的说明。财务报表项目的列报确需发生变更的，应当至少对可比期间的数据按照当期的列报要求进行调整，并在附注中披露调整的原因和性质，以及调整的各项目金额。对可比期间数据进行调整不切实可行的，应当在附注中披露不能调整的原因。

8）财务报表一般分表首和正表两部分。企业应当在财务报表的表首部分概括说明下列各项：编报企业的名称、资产负债表日或财务报表涵盖的会计期间、人民币金额单位。财务报表是合并财务报表的，应当予以标明。

9）企业至少应当编制年度财务报表。《中华人民共和国会计法》规定的会计年度自公历 1 月 1 日起至 12 月 31 日止。年度财务报表涵盖的期间短于一年的，应当披露年度财务报表的涵盖期间，以及短于一年的原因。

2. 财务报表的构成

财务报表由报表本身及其附注两部分构成，附注是财务报表的有机组成部分。报表至少应当包括：资产负债表、利润表、现金流量表、所有者权益（或股东权益）变动表，财务报表的这些组成部分具有同等的重要程度。

资产负债表是反映企业在某一特定日期的财务状况的会计报表。利润表是反映企业在一定会计期间经营成果的会计报表。现金流量表是反映企业一定会计期间现金和现金等价物流入和流出的会计报表。

所有者权益（或股东权益）变动表是反映构成所有者权益（或股东权益）的各组成部分当期增减变动情况的会计报表。所有者权益变动表应当全面反映一定时期所有者权益变动情况，不仅包括所有者权益总量的增减变动，还包括所有者权益增减变动的重要结构性信息。所有者权益变动表至少应当单独列示反映下列信息的项目：①综合收益总额；②会计政策变更和差错更正的累积影响金额；③所有者投入资本和向所有者分配利润等；④提取的盈余公积；⑤所有者权益各组成部分的期初和期末余额及其调节情况。

附注是对在会计报表中列示项目所做的进一步说明，以及对未能在这些报表中列示项目的说明等。

3. 财务报表附注的主要内容及作用

《企业会计准则》规定，附注应当披露财务报表的编制基础。附注一般按如下顺序至少披露下列内容：

1）企业的基本情况。

2）财务报表的编制基础。

3）遵循企业会计准则的声明。

4）重要会计政策的说明和重要会计估计的说明。重要会计政策说明包括财务报表项目的计量基础和会计政策的确定依据等。重要会计估计的说明包括下一会计期间内很可能导致资产、负债账面价值重大调整的会计估计的确定依据等。

5）会计政策和会计估计变更以及差错更正的说明。

6）报表重要项目的说明。

7）或有和承诺事项、资产负债表日后非调整事项、关联方关系及其交易等需要说明的事项。

8）有助于会计报表使用者评价企业管理资本的目标、政策和程序的信息。

由于财务报表中所规定的内容具有一定的固定性和规定性，只能提供定量的会计信息，其所能反映的会计信息受到一定的限制。财务报表附注是对财务报表的补充。

6.1.2 资产负债表的内容和作用

1. 资产负债表的内容

资产负债表由三部分内容构成：第一部分是资产类，企业资产按其“流动性”（即把资产转换成现金所需要的时间）大小顺序排列，分为流动资产和非流动资产列示；第二部分是负债类，它们按债务必须支付的时间顺序排列，分为流动负债和非流动负债列示；第三部分是资产负债表中的所有者权益。

（1）资产类

1）流动资产。资产满足下列条件之一的，应当归类为流动资产：

a. 预计在一个正常营业周期中变现、出售或耗用。主要包括存货、应收账款等。

b. 主要为交易目的而持有。

c. 预计在资产负债表日起一年内（含一年，下同）变现。

d. 自资产负债表日起一年内，交换其他资产或清偿负债的能力不受限制的现金或现金等价物。

2）非流动资产。流动资产以外的资产应当归类为非流动资产，并应按其性质分类列示。

（2）负债类

1）流动负债。负债满足下列条件之一的，应当归类为流动负债：

a. 预计在一个正常营业周期中清偿。

b. 主要为交易目的而持有。

c. 自资产负债表日起一年内到期应予以清偿。

d. 企业无权自主地将清偿推迟至资产负债表日后一年以上。

2）非流动负债。流动负债以外的负债应当归类为非流动负债。

在判断负债的流动性时需注意：①对于在资产负债表日起一年内到期的负债，企业预计能够自主地将清偿义务展期至资产负债表日后一年以上的，应当归类为非流动负债；不能自主地将清偿义务展期的，即使在资产负债表日后、财务报告批准报出日前签订了重新安排清偿计划协议，该项负债仍应归类为流动负债。②企业在资产负债表日或之前违反了长期借款协议，导致贷款人可随时要求清偿的负债，应当归类为流动负债。贷款人在资产负债表日或之前同意提供在资产负债表日后一年以上的宽限期，企业能够在此期限内改正违约行为，且贷款人不能要求随时清偿，该项负债应当归类为非流动负债。

（3）资产负债表中的所有者权益　资产负债表中的所有者权益类至少应当单独列示反映下列信息的项目：实收资本（或股本）、资本公积、盈余公积和未分配利润。由于企业的资产、负债和所有者权益存在如下关系：资产 = 负债 + 所有者权益，所有者权益受企业资产影响，如果企业资产出现损失，例如应收账款没有收回，作为坏账被注销，而债务不变，则股东权益将减少。企业资产价值波动的风险是由企业所有者承担的。当然，企业资产增值带来的利益也由所有者享有。

2. 资产负债表的结构

在我国，资产负债表采用账户式结构，报表分为左右结构，左边列示资产，反映全部资产的分布及存在形态；右边列示负债和所有者权益，反映全部负债和所有者权益的内容和构成情况。资产负债表左右双方平衡。资产负债表的结构如表 6-1 所示。

表 6-1　资产负债表　　会企 01 表

编制单位：　　年　月　日　　单位：元

资　　产	期末余额	年初余额	负债和所有者权益（或股东权益）	期末余额	年初余额
流动资产：			流动负债：		
货币资金			短期借款		
交易性金融资产			交易性金融负债		
衍生金融资产			衍生金融负债		
应收票据及应收账款			应付票据及应付账款		
预付款项			预收款项		
其他应收款			合同负债		
存货			应付职工薪酬		
合同资产			应交税费		
持有待售资产			其他应付款		
一年内到期的非流动资产			持有待售负债		
其他流动资产			一年内到期的非流动负债		
流动资产合计			其他流动负债		
非流动资产：			流动负债合计		
债权投资			非流动负债：		
其他债权投资			长期借款		
长期应收款			应付债券		
长期股权投资			其中：优先股		
其他权益工具投资			永续债		
其他非流动金融资产			长期应付款		
投资性房地产			预计负债		
固定资产			递延收益		

（续）

资　产	期末余额	年初余额	负债和所有者权益（或股东权益）	期末余额	年初余额
在建工程			递延所得税负债		
生产性生物资产			其他非流动负债		
油气资产			非流动负债合计		
无形资产			负债合计		
开发支出			所有者权益（或股东权益）：		
商誉			实收资本（或股本）		
长期待摊费用			其他权益工具		
递延所得税资产			其中：优先股		
其他非流动资产			永续债		
非流动资产合计			资本公积		
			减：库存股		
			其他综合收益		
			盈余公积		
			未分配利润		
			所有者权益（或股东权益）合计		
资产合计			负债和所有者权益（或股东权益）合计		

修订新增项目说明：

1）“交易性金融资产”行项目，反映资产负债表日企业分类为以公允价值计量且其变动计入当期损益的金融资产，以及企业持有的直接指定为以公允价值计量且其变动计入当期损益的金融资产的期末账面价值。该项目应根据“交易性金融资产”科目的相关明细科目期末余额分析填列。自资产负债表日起超过一年到期且预期持有超过一年的以公允价值计量且其变动计入当期损益的非流动金融资产的期末账面价值，在“其他非流动金融资产”行项目反映。

2）“债权投资”行项目，反映资产负债表日企业以摊余成本计量的长期债权投资的期末账面价值。该项目应根据“债权投资”科目的相关明细科目期末余额，减去“债权投资减值准备”科目中相关减值准备的期末余额后的金额分析填列。自资产负债表日起一年内到期的长期债权投资的期末账面价值，在“一年内到期的非流动资产”行项目反映。企业购入的以摊余成本计量的一年内到期的债权投资的期末账面价值，在“其他流动资产”行项目反映。

3）“其他债权投资”行项目，反映资产负债表日企业分类为以公允价值计量且其变动计入其他综合收益的长期债权投资的期末账面价值。该项目应根据“其他债权投资”科目的相关明细科目期末余额分析填列。自资产负债表日起一年内到期的长期债权投资的期末账面价值，在“一年内到期的非流动资产”行项目反映。企业购入的以公允价值计量且其变动计入其他综合收益的一年内到期的债权投资的期末账面价值，在“其他流动资产”行项目反映。

4）“其他权益工具投资”行项目，反映资产负债表日企业指定为以公允价值计量且其变动计入其他综合收益的非交易性权益工具投资的期末账面价值。该项目应根据“其他权益工具投资”科目的期末余额填列。

5）“交易性金融负债”行项目，反映资产负债表日企业承担的交易性金融负债，以及企业持有的直接指定为以公允价值计量且其变动计入当期损益的金融负债的期末账面价值。该项目应根据“交易性金融负债”科目的相关明细科目期末余额填列。

6）“合同资产”和“合同负债”行项目。企业应按照《企业会计准则第14号——收入》（2017年修订）的相关规定根据本企业履行履约义务与客户付款之间的关系在资产负债表中列示合同资产或合同负债。“合同资产”项目、“合同负债”项目，应分别根据“合同资产”科目、“合同负债”科目的相关明细科目期末余额分析填列，同一合同下的合同资产和合同负债应当以净额列示，其中净额为借方余额的，应当根据其流动性在“合同资产”或“其他非流动资产”项目中填列，已计提减值准备的，还应减去“合同资产减值准备”科目中相关的期末余额后的金额填列；其中净额为贷方余额的，应当根据其流动性在“合同负债”或“其他非流动负债”项目中填列。

7）按照《企业会计准则第14号——收入》（2017年修订）的相关规定确认为资产的合同取得成本，应当根据“合同取得成本”科目的明细科目初始确认时摊销期限是否超过一年或一个正常营业周期，在“其他流动资产”或“其他非流动资产”项目中填列，已计提减值准备的，还应减去“合同取得成本减值准备”科目中相关的期末余额后的金额填列。

8）按照《企业会计准则第14号——收入》（2017年修订）的相关规定确认为资产的合同履约成本，应当根据“合同履约成本”科目的明细科目初始确认时摊销期限是否超过一年或一个正常营业周期，在“存货”或“其他非流动资产”项目中填列，已计提减值准备的，还应减去“合同履约成本减值准备”科目中相关的期末余额后的金额填列。

9）按照《企业会计准则第14号——收入》（2017年修订）的相关规定确认为资产的应收退货成本，应当根据“应收退货成本”科目是否在一年或一个正常营业周期内出售，在“其他流动资产”或“其他非流动资产”项目中填列。

10）按照《企业会计准则第14号——收入》（2017年修订）的相关规定确认为预计负债的应付退货款，应当根据“预计负债”科目下的“应付退货款”明细科目是否在一年或一个正常营业周期内清偿，在“其他流动负债”或“预计负债”项目中填列。

3. 资产负债表的作用

资产负债表反映企业在某一特定日期所拥有或控制的经济资源、所承担的现时义务和所有者对净资产的要求权。其作用主要体现在以下三个方面：

1）资产负债表能够反映企业在某一特定日期所拥有的各种资源总量及其分布情况，可以分析企业的资产构成，以便及时进行调整。

2）资产负债表可以提供某一日期的负债总额及其结构，表明企业未来需要用多少资产或劳务清偿债务以及清偿时间。

3）资产负债表能够反映企业在某一特定日期企业所有者权益的构成情况，可以判断资本保值、增值的情况以及对负债的保障程度。

6.1.3 利润表的内容和作用

1. 利润表的内容

利润表的列报必须充分反映企业经营业绩的主要来源和构成，有助于使用者判断净利润表的质量和风险，有助于使用者预测净利润的持续性，从而做出正确的决策。

利润表主要反映以下几个方面的内容：

1）营业收入，由主营业务收入和其他业务收入组成。

2）营业利润，营业收入减去营业成本、税金及附加、销售费用、管理费用、财务费用、资产减值损失，加上公允价值变动收益、投资收益，即为营业利润。

3）利润总额，营业利润加上营业外收入，减去营业外支出，即为利润总额。

4）净利润，利润总额减去所得税费用，即为净利润。

5）其他综合收益。

6）综合收益总额，净利润加上其他综合收益净额，即为综合收益总额。

7）每股收益，包括基本每股收益和稀释每股收益两项指标。

2. 利润表的结构

我国采用的是多步式利润表，通过对当期的收入、费用、支出项目按性质加以归类，按利润形成的主要环节列示一些中间性利润指标，如营业利润、利润总额、净利润，分步计算当期净损益。利润表对于费用列报一般按照功能分类，即分为从事经营业务发生的成本、管理费用、销售费用和财务费用等。利润表的结构如表6-2所示。

表6-2 利润表

会企02表

编制单位： 年 月 日 单位：元

项 目	本期金额	上期金额
一、营业收入		
减：营业成本		
税金及附加		
销售费用		
管理费用		
研发费用		
财务费用		
其中：利息费用		
利息收入		
资产减值损失		
信用减值损失		
加：其他收益		
投资收益（损失以“－”号填列）		
其中：对联营企业和合营企业的投资收益		
净敞口套期收益（损失以“－”号填列）		
公允价值变动收益（损失以“－”号填列）		

（续）

项　　目	本期金额	上期金额
资产处置收益（损失以“－”号填列）		
二、营业利润（亏损以“－”号填列）		
加：营业外收入		
减：营业外支出		
三、利润总额（亏损总额以“－”号填列）		
减：所得税费用		
四、净利润（净亏损以“－”号填列）		
（一）持续经营净利润（净亏损以“－”号填列）		
（二）终止经营净利润（净亏损以“－”号填列）		
五、其他综合收益的税后净额		
（一）不能重分类进损益的其他综合收益		
1. 重新计量设定受益计划变动额		
2. 权益法下不能转损益的其他综合收益		
3. 其他权益工具投资公允价值变动		
4. 企业自身信用风险公允价值变动益		
……		
（二）将重分类进损益的其他综合收益		
1. 权益法下可转损益的其他综合收益		
2. 其他债权投资公允价值变动		
3. 金融资产重分类计入其他综合收益的金额		
4. 其他债权投资信用减值准备		
5. 现金流量套期储备		
6. 外币财务报表折算差额		
……		
六、综合收益总额		
七、每股收益：		
（一）基本每股收益		
（二）稀释每股收益		

修订新增项目说明：

1）“信用减值损失”行项目，反映企业按照《企业会计准则第22号——金融工具确认和计量》（2017年修订）的要求计提的各项金融工具减值准备所形成的预期信用损失。该项目应根据“信用减值损失”科目的发生额分析填列。

2）“净敞口套期收益”行项目，反映净敞口套期下被套期项目累计公允价值变动转入当期损益的金额或现金流量套期储备转入当期损益的金额。该项目应根据“净敞口套期损益”科目的发生额分析填列；如为套期损失，以“－”号填列。

3）“其他权益工具投资公允价值变动”行项目，反映企业指定为以公允价值计量且其变动计入其他综合收益的非交易性权益工具投资发生的公允价值变动。该项目应根据“其他综合收益”科目的相关明细科目的发生额分析填列。

4）“企业自身信用风险公允价值变动”行项目，反映企业指定为以公允价值计量且其变动计入当期损益的金融负债，由企业自身信用风险变动引起的公允价值变动而计入其他综合收益的金额。该项目应根据“其他综合收益”科目的相关明细科目的发生额分析填列。

5）“其他债权投资公允价值变动”行项目，反映企业分类为以公允价值计量且其变动计入其他综合收益的债权投资发生的公允价值变动。企业将一项以公允价值计量且其变动计入其他综合收益的金融资产重分类为以摊余成本计量的金融资产，或重分类为以公允价值计量且其变动计入当期损益的金融资产时，之前计入其他综合收益的累计利得或损失从其他综合收益中转出的金额作为该项目的减项。该项目应根据“其他综合收益”科目下的相关明细科目的发生额分析填列。

6）“金融资产重分类计入其他综合收益的金额”行项目，反映企业将一项以摊余成本计量的金融资产重分类为以公允价值计量且其变动计入其他综合收益的金融资产时，计入其他综合收益的原账面价值与公允价值之间的差额。该项目应根据“其他综合收益”科目下的相关明细科目的发生额分析填列。

7）“其他债权投资信用减值准备”行项目，反映企业按照《企业会计准则第 22 号——金融工具确认和计量》（2017 年修订）第十八条分类为以公允价值计量且其变动计入其他综合收益的金融资产的损失准备。该项目应根据“其他综合收益”科目下的“信用减值准备”明细科目的发生额分析填列。

8）“现金流量套期储备”行项目，反映企业套期工具产生的利得或损失中属于套期有效的部分。该项目应根据“其他综合收益”科目下的“套期储备”明细科目的发生额分析填列。

3. 利润表的作用

1）利润表能反映企业在一定期间的收入实现和费用耗费情况以及获得利润或发生亏损的数额，表明企业投入与产出之间的关系。

2）通过利润表提供的不同时期的比较数字，可以分析判断企业损益发展变化的趋势，预测企业未来的盈利能力。

3）通过利润表可以考核企业的经营成果以及利润计划的执行情况，分析企业利润增减变化原因。

6.1.4　现金流量表的内容和作用

1. 现金流量表的编制基础

现金流量表是反映企业一定会计期间现金和现金等价物流入和流出的财务报表。现金流量表是按照收付实现制原则编制的，将权责发生制下的盈利信息调整为收付实现制下的现金流量信息，便于信息使用者了解企业净资产的质量。在该表中，现金和现金等价物被视为一个整体，这里的现金包括库存现金、可以随时用于支付的存款、其他货币资金。现金等价物是指企业持有的期限短、流动性强、易于转换为已知金额的现金、价值变动风险小的交易性金融资产。现金等价物支付能力与现金差别不大，可视为现金。

作为现金等价物的短期投资必须同时满足以下四个条件：①期限短；②流动性强；③易

于转换为已知金额的现金；④价值变动风险小。

因此，通常从购买日起三个月到期或清偿的国库券、货币市场基金、可转换定期存单、商业本票及银行承兑汇票等都可列为现金等价物。企业短期购入的可流通的股票，尽管期限短，变现的能力也很强，但由于其变现的金额并不确定，其价值变动的风险较大，因而不属于现金等价物。

2. 现金流量表的内容

现金流量表的内容应当包括经营活动、投资活动和筹资活动产生的现金流量。

（1）经营活动产生的现金流量　经营活动是指企业投资活动和筹资活动以外的所有交易和事项。施工企业的经营活动主要包括：承发包工程、销售商品、提供劳务、经营性租赁、购买材料物资、接受劳务、支付税费等。

（2）投资活动产生的现金流量　投资活动是指企业长期资产的购建和不包括在现金等价物范围的投资及其处置活动。

（3）筹资活动产生的现金流量　筹资活动是指导致企业资本及债务规模和构成发生变化的活动。

3. 现金流量表的结构

现金流量表由正表和补充资料两部分组成。正表有五项：一是经营活动产生的现金流量；二是投资活动产生的现金流量；三是筹资活动产生的现金流量；四是汇率变动对现金的影响；五是现金及等价物净增加额。补充资料有三项：一是将净利润调节为经营活动产生的现金流量，也就是说，要在补充资料中采用间接法报告经营活动产生的现金流量信息；二是不涉及现金收支的重大投资和筹资活动；三是现金及现金等价物净增加情况。

正表第一项经营活动产生现金流量净额，与补充资料第一项经营活动产生的现金流量净额，应当核对相符。正表中的第五项，与补充资料中的第三项金额应当一致。正表中的数字是流入与流出的差额，补充资料中的数字是期末数与期初数的差额，计算依据不同，但结果应当一致，两者应当核对相符。现金流量表和补充资料的格式如表6-3和表6-4所示。

表6-3　现金流量表

会企03表

编制单位：　　年　月　日　　单位：元

项　　目	本期金额	上期金额
一、经营活动产生的现金流量：		
销售商品、提供劳务收到的现金		
收到的税费返还		
收到其他与经营活动有关的现金		
经营活动现金流入小计		
购买商品、接受劳务支付的现金		
支付给职工以及为职工支付的现金		
支付的各项税费		
支付其他与经营活动有关的现金		
经营活动现金流出小计		
经营活动产生的现金流量净额		

（续）

项　　目	本期金额	上期金额
二、投资活动产生的现金流量：		
收回投资收到的现金		
取得投资收益收到的现金		
处置固定资产、无形资产和其他长期资产收回的现金净额		
处置子公司及其他营业单位收到的现金净额		
收到其他与投资活动有关的现金		
投资活动现金流入小计		
购建固定资产、无形资产和其他长期资产支付的现金		
投资支付的现金		
取得子公司及其他营业单位支付的现金净额		
支付其他与投资活动有关的现金		
投资活动现金流出小计		
投资活动产生的现金流量净额		
三、筹资活动产生的现金流量：		
吸收投资收到的现金		
取得借款收到的现金		
收到其他与筹资活动有关的现金		
筹资活动现金流入小计		
偿还债务支付的现金		
分配股利、利润或偿付利息支付的现金		
支付其他与筹资活动有关的现金		
筹资活动现金流出小计		
筹资活动产生的现金流量净额		
四、汇率变动对现金及现金等价物的影响		
五、现金及现金等价物净增加额		
加：期初现金及现金等价物余额		
六、期末现金及现金等价物余额		

4. 现金流量表的作用

（1）现金流量表有助于使用者对企业整体财务状况做出客观评价　现金流量表能够说明企业在一定会计期间现金和现金等价物流入和流出的原因，从而可以大致判断企业经营周转是否顺畅；了解净利润的质量，为分析和预测企业的经营前景提供信息。

（2）现金流量表有助于评价企业的支付能力、偿债能力和周转能力　通过现金流量表并配合资产负债表和利润表，债权人可以对企业的支付能力和偿债能力以及企业对外部资金的需求情况做出可靠的判断。

（3）现金流量表有助于使用者预测企业未来的发展情况　通过现金流量表，可以了解企业现金的来源和用途是否合理；分析企业未来获取或支付现金的能力；评价企业产生净现金流量的能力。从而为投资者和债权人评价企业的未来现金流量做出投资和信贷决策提供必要信息。

6.2 工程财务报表分析概述

6.2.1 财务报表的作用

财务报表由资产负债表、利润表、现金流量表、附注几部分构成，以会计核算和报表资料及其他相关资料为依据，展示企业的财务状况和经营成果，为企业利益相关者了解企业过去、评价企业现状、预测企业未来，做出决策提供信息或依据，如图6-1所示。

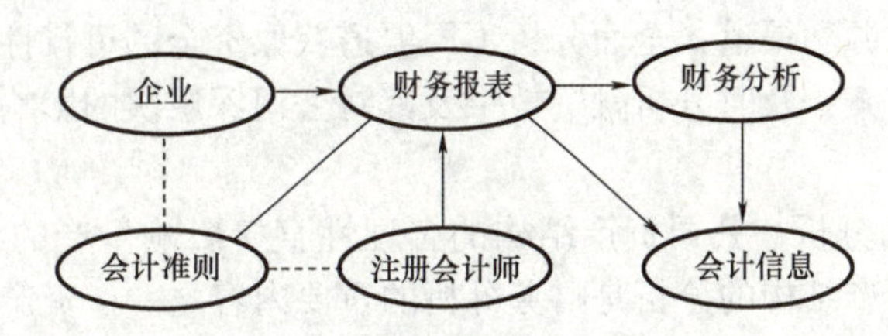

图6-1 财务报表的作用

不同的财务报表使用者，如企业的经营者、股东、债权人、供应商、雇员、竞争对手，政府管理部门等，由于对企业财务报表关注的目的不同，因此关注的内容也有很大差异，如表6-4所示。

表6-4 不同财务报表使用者财务分析的目的及关注内容

	企业经营者	股东（投资者）	债权人	供应商	政府管理部门	竞争对手	雇员
财务分析目的	了解企业的经营和财务状况，为改善经营管理、科学决策、确定发展目标提供可靠的依据	投资或是否保留的投资	了解企业经营和财务现状，关心其利息和本金是否能按期清偿	判断企业能否支付所需商品或劳务的价款	征税、缴费	判断企业相对效率，可能的兼并决策	连续提供商品或劳务的能力
关注内容	盈利能力、营运能力、偿债能力和增长能力	盈利能力和增长能力	盈利能力和偿债能力	偿债能力	盈利能力、偿债能力、持续经营能力	盈利能力、营运能力、偿债能力和增长能力	发展前景及可信程度

此外，上市公司管理人员、学者也会对公司的财务状况有兴趣。上市公司管理人员和学者使用同一行业或不同行业的多家企业财务信息提供投资建议，研究经济动态，提出新的管理方法。

综上所述，财务信息的使用者们关注的信息大部分是面向未来的。不同的信息使用者各自的目的不同，因此，他们所要求得到的信息也是不同的。不同的信息使用者所需要信息的深度和广度不同，上市公司财务报表中并不包括使用者需要的所有信息。

6.2.2 工程财务报表分析的基本内容

财务分析的内容主要由资本分析、资产分析、企业三大能力分析、风险分析和财务综合分析等组成。具体而言，可以从以下三个方面理解和划分：

1. 按照公司资本运营或资金循环的主要环节划分

按照公司资本运营或资金循环的主要环节划分，财务分析可以分为融资分析、资产及其运用分析和经营成果分析。

（1）融资分析 融资分析即对公司的融资动机、融资决策、融资过程以及融资效果等方面进行的分析。融资行为是公司维持日常生产经营活动、谋求规模扩张和业务发展的基本保证。合理选择资金来源和渠道，全面分析不同渠道获取资金的可行性、相关限制、成本和风险，正确选择融资方案，及时分析融资效果及其对公司深层次的影响等，构成了融资分析的主要内容。

（2）资产及其运用分析 公司资产结构的合理性直接影响生产的各个环节及其衔接的紧密性，因此，对于资产结构的分析是财务分析的重要内容之一。资产的具体运用形成了公司新的资产，或构成公司的各项经营成本。而成本费用的高低，又直接影响公司的经营绩效。进行财务分析，了解公司成本费用的形成原因、成本费用与相应收入的因果配比，了解公司的资金投向、资产运营效果，以及偏离或完成计划的各类影响因素等，也成为财务分析的主要内容。

（3）经营成果分析 对公司经营成果进行财务分析，主要包括对一定时期公司盈利计划或目标的完成程度、实现方式、影响原因等进行分析，以及对实现盈利的稳定性和经常性、对公司盈利分配、留存收益等所做的分析。

2. 按照分析所涉及的内容划分

按照分析所涉及的内容划分，财务分析可以分为综合性财务分析和专题性财务分析。

（1）综合性财务分析 综合性财务分析也称全面财务分析，是对公司一定期间全部财务活动全方位的、综合的、系统的分析，因此需要分析主观和客观情况、内部和外部的原因。一般而言，常用于公司年度财务会计报告分析中，利用年度财务会计报告所披露的公司各方面的信息，综合分析投融资决策与资本运营行为，考核公司运用资金的绩效及运用过程中所存在的问题。

（2）专题性财务分析 专题性财务分析即局部分析，其主要针对企业的关键问题，或存在的薄弱环节进行专门分析，如并购分析、债务重组分析、财务预算分析等。根据分析的时间不同，可以进行定期分析和不定期分析。定期分析一般在年、季、月终了时进行；不定期分析则根据企业市场经营活动的情况临时进行。根据分析的人员不同，可以分为专业分析和群众分析。专业分析是企业财务管理人员进行的分析；群众分析是以企业职工群众为主体进行的局部分析。

3. 按照分析主体相对于公司的地位划分

按照分析主体相对于公司的地位划分，财务分析可以分为外部分析和内部分析。

（1）外部分析 外部分析是公司外部利益相关者根据各自需要对公司进行的财务分析，

包括对公司偿债能力、盈利模式与发展趋势、资产运用效率、公司竞争优势、对社会的影响以及公司的综合实力等方面进行的分析。

（2）内部分析　内部分析是公司经营管理者基于制定政策、做出决策、实施管理等方面的需要进行的分析。内部分析的内容一般较为全面，且除了包含外部分析的一般内容外，还常常结合公司特定时期的特定情况和信息进行特定问题的分析，如融资结构与筹资渠道的分析、资金投向与资产结构的分析、现金预算与利润分配政策的分析，以及成本费用与经营绩效的分析等。

6.2.3 工程财务报表分析的基本价值观念

对财务报表的分析方法和技巧的掌握，常常需要一些必要的基本价值观念，如货币时间价值观念、机会成本观念、风险价值观念、成本效益观念等。

1. 货币时间价值观念

货币时间价值是指货币随着时间的推移而发生的增值，是资金周转使用后的增值额。它要求资金的管理者加强对资金和经济资源的充分运用，减少闲置资金。闲置资金是指以货币形式存入银行、没有使用的那部分资金。显然，闲置资金几乎不可能产生增值收益，只有充分利用、合理投资，才能获得经济效益。货币时间价值观念是资金稀缺性的体现，是市场可贷资金和通货膨胀水平的反映，是对资金所有者不使用现有资金的合理补偿。

2. 机会成本观念

机会成本是指为得到某种东西而所要放弃另一些东西的最大价值。也可以理解为在面临多方案选择决策时，被舍弃的选项中的最高价值就是本次决策的机会成本。还指厂商把相同的生产要素投入到其他行业中可以获得的最高收益。

例如，某公司将闲置的部分资产用于对外投资，现有 A、B、C 三个备选方案，它们分别预计可盈利 86 万元、73 万元、64 万元。如果选择 A 方案，则意味着公司放弃了 B 方案可能带来的最多 73 万元的利润，而选择 B 或 C 方案，则它们的机会成本都是 86 万元。

可知，机会成本不是实际发生的成本费用开支，但对于财务分析和经营决策而言，却是必须理解和把握的一个基本价值观念，其要求企业将会计利润和潜在的经济盈亏相结合，以利于企业正确评价和选择方案，保证企业最大限度地使用经济资源，并获得经济效益。

3. 风险价值观念

风险是指事件发生时间、结果的不确定性。企业的各种生产经营活动与管理活动都是在一定市场经济环境下进行的，难免会受到各种各样难以预料或难以控制的因素的影响，使得企业经营活动的成果与预期存在差异，这种不确定性对于企业的财务预算与经营计划会产生不利影响。以追逐利润最大化为目标的企业经营管理者，本身不愿意去冒任何风险，然而较低的风险也常常意味着收益的降低。低风险高收益的行业往往集聚大量的投资者蜂拥而入，导致竞争加剧，风险加大，收益降低；高风险低收益的行业又会因为部分投资者的退出而竞争减少，风险降低，收益增加。因此，总体上看，风险和收益是正相关的。企业在财务分析和经营管理中，应该正确评估或预测风险，趋利避害，追求风险和收益的相对平衡。

4. 成本效益观念

成本效益观念就是在进行投资和相关经营决策时，必须坚持综合效益大于成本的价值观念。任何投资或经营行为都难免会发生成本，在财务成本概念中，不仅包括物质消耗成本，还包括人力资源成本、资金成本、服务成本、社会责任成本以及环境保护成本等。对成本的考虑不能仅考虑单纯的降低各种耗费，而应同时考虑各种资源的合理利用与有效配置，以及资源与资本产出的效益，包括经济效益与成本效益。

6.3 工程财务报表分析

6.3.1 工程财务报表分析基本方法

1. 趋势分析法

趋势分析法又称水平分析法，是通过对比两期或连续数期财务报表中相同指标，确定其增减变化的方向、数额和幅度，来说明企业财务状况、经营成果和现金流量变动趋势的分析方法。采用该方法，可以分析变化的原因和性质，并预测企业未来的发展前景。

采用趋势分析法对不同时期财务指标进行比较，有定基指数和环比指数两种方法：

定基指数就是各个时期的指数都是以某一固定时期为基期来计算。

$$\text{定基指数} = \frac{\text{分析期数额}}{\text{固定期数数额}} \times 100\%$$

环比指数则是各个时期的指数以前一期为基期来计算。

$$\text{环比指数} = \frac{\text{分析期数额}}{\text{前一期数额}} \times 100\%$$

趋势分析法通常采用定基指数，其优点是简便、直观。但在采用时，应注意以下问题：

1）用于对比的不同时期的指标，在计算口径上必须一致。

2）剔除偶发项目的影响，使用于分析的数据能反映正常的经营状况。

3）重点分析某项有显著变化的指标，研究其变动原因，以采取对策，趋利避害。

2. 比率分析法

比率分析法是通过计算各种比率来确定经济活动变动程度的分析方法。比率分析法是财务分析最基本、最重要的方法。常用的比率主要有以下三种：

1）构成比率，反映部分与总体的关系，如流动资产占资产总额的比率。

2）效率比率，反映投入与产出的关系，如净资产收益率。

3）相关比率，反映有关经济活动的相互关系，如流动比率。

比率分析法的优点是计算简便，计算结果比较容易判断，而且可以使某些指标在不同规模企业之间进行比较。

3. 因素分析法

因素分析法是依据分析指标与其驱动因素之间的关系，从数量上确定各因素对分析指标的影响方向及程度的分析方法。这种方法的分析思路是，当有若干因素对分析指标产生影响时，在假设其他各因素都不变的情况下，顺序确定每个因素单独变化对分析指标产生的影响。因素分析法根据其分析特点可分为连环替代法和差额计算法两种。

（1）连环替代法　连环替代法是将分析指标分解为各个可以计量的因素，并根据各个因素之间的依存关系，顺次用各因素的比较值（通常为实际值）替代基准值（通常为标准值或计划值），据以测定各因素对指标的影响。

【例6-1】 某企业2018年8月份A材料的实际费用为6 720元，而其计划值为5 400元。由于该材料费用由产品产量、单位产品材料耗用量和材料单价三个因素的乘积构成，因此，可以把材料费用这个指标分解为三个因素，然后逐个分析它们对材料费用的影响程度。三个因素的重要性及数值如表6-5所示。

表6-5 产品产量、单位产品材料耗用量和材料单价情况表

项目	单位	计划值	实际值	差异=实际值-计划值
产品产量	件	120	140	20
单位产品材料消耗量	kg/件	9	8	-1
材料单价	元/kg	5	6	1
材料费用	元	5 400	6 720	1 320

根据表6-5得知，材料费用总额实际值比计划值增加1 320元，这时运用连环替代法，计算各因素变动对材料费用总额的影响程度，具体如下：

计划指标=(120×9×5)元=5 400元 ①

第一次替代： (140×9×5)元=6 300元 ②

第二次替代： (140×8×5)元=5 600元 ③

第三次替代： (140×8×6)元=6 720元(实际指标) ④

分析：

②-①=(6 300-5 400)元=900元 产量增加的影响

③-②=(5 600-6 300)元=-700元 材料节约的影响

④-③=(6 720-5 600)元=1 120元 价格提高的影响

全部因素的影响(900-700+1 120)元=1 320元

(2) 差额计算法 差额计算法是连环替代法的一种简化形式，它是利用各因素的实际数与基准值之间的差额，计算各因素对分析指标的影响。

【例6-2】 仍以表6-5所示数据为例，采用差额计算法计算确定各因素变动对材料费用的影响。

产量增加对材料费用的影响：[(140-120)×9×5]元=900元

材料节约对材料费用的影响：[140×(8-9)×5]元=-700元

价格提高对材料费用的影响：[140×8×(6-5)]元=1 120元

全部因素的影响： (900-700+1 120)元=1 320元

通过以上对比分析可以看出，财务分析的核心问题是不断追溯产生差异的原因。因素分析法提供了定量解释差异成因的工具，既可以全面分析各因素对经济指标的影响，又可以单独分析某因素对经济指标的影响，在财务分析中应用颇为广泛。

6.3.2 基本财务比率的计算和分析

财务比率分析是比率分析法在财务分析中的具体应用。一般分为外部比较和内部比较。

外部比较是企业之间的比较以同行业企业或同类型企业的平均值为基础进行比较。内部比较是将企业近几年的财务比率进行比较，分析和考察本企业的财务状况和变化趋势。

1. 偿债能力比率

偿债能力主要反映企业偿还到期债务的能力。债务一般按到期时间分为短期债务和长期债务，偿债能力也由此分为短期偿债能力和长期偿债能力。

（1）短期偿债能力比率　常用的短期偿债能力比率包括流动比率、速动比率等。

1）流动比率。流动比率是企业流动资产与流动负债的比率，其计算公式为

$$流动比率=\frac{流动资产}{流动负债}\times 100\%$$

流动比率假设全部流动资产都可用于偿还流动负债，表明每 1 元流动负债有多少流动资产作为偿债保障，是对短期偿债能力的粗略估计。适合用于同行业比较以及本企业不同历史时期的比较。而不同行业的流动比率通常有明显差别，过去认为生产性行业合理的最低流动比率为 2 比较合理。但这只是一个参考值，随着企业经营方式和金融环境的变化，流动比率有下降趋势。

如果流动比率过高，则要检查其原因，是否是由资产结构不合理造成的，或者是募集的长期资金没有尽快投入使用，或者是其他原因造成的；如果流动比率过低，企业近期可能会有财务方面的困难。偿债困难会使企业的风险加大。

2）速动比率。速动比率是指企业的速动资产与流动负债之间的比率关系。其中，速动资产是指能够迅速变现为货币资金的各类流动资产，通常有两种计算方法：一种方法是将流动资产中扣除存货后的资产统称为速动资产，即速动资产 = 流动资产 - 存货；另一种方法是将变现能力较强的货币资金、交易性金融资产、应收票据、应收账款和其他应收款等加总作为速动资产，即速动资产 = 货币资金 + 交易性金融资产 + 应收票据 + 应收账款 + 其他应收款。在企业不存在其他流动资产项目时，这两种方法的计算结果应一致。否则，用第二种方法要比第一种方法准确，但比第一种方法复杂。其计算公式为

$$速动比率=\frac{速动资产}{流动负债}\times 100\%$$

速动比率是假设速动资产是可偿债资产，表明每 1 元流动负债有多少速动资产作为偿债保障，是对短期偿债能力的粗略估计。由于速动资产的变现能力较强，因此，经验认为，速动比率为 1 就说明企业有偿债能力，低于 1 则说明企业偿债能力不强，该指标越低，企业的偿债能力越差。

在企业的流动资产中，存货的流动性最小。在发生清偿事件时，存货蒙受的损失将大于其他流动资产。因此一个企业不依靠出售库存资产来清偿债务的能力是非常重要的。但是一些应收账款较多的企业，速动比率可能要大于 1，因此，影响速动比率可信性的重要因素就是应收账款的变现能力。

（2）长期偿债能力比率　常用的长期偿债能力比率包括资产负债率、产权比率、权益乘数等。

1）资产负债率。资产负债率是企业总负债与总资产之比，它既能反映企业利用债权人提供资金进行经营活动的能力，也能反映企业经营风险的程度，是综合反映企业长期偿债能力的重要指标。其计算公式为

$$资产负债率=\frac{负债总额}{资产总额}\times 100\%$$

从企业债权人角度看，资产负债率越低，说明企业偿债能力越强，债权人的权益就越有保障。从企业所有者和经营者角度看，通常希望该指标高些，这有利于利用财务杠杆增加所有者获利能力。但资产负债率过高，企业财务风险也会增大。因此，一般地说，该指标为50%比较合适，有利于风险与收益的平衡。

2）产权比率和权益乘数。产权比率和权益乘数是资产负债率的另外两种表现形式，它和资产负债率的性质是一样的。计算公式为

$$产权比率=\frac{负债总额}{股东权益}\qquad 权益乘数=\frac{资产总额}{股东权益}$$

产权比率表明每1元股东权益相对于负债的金额。权益乘数表明每1元股东权益相对于资产的金额。

2. 营运能力比率

营运能力比率是用于衡量公司资产管理效率的指标。常用的指标有总资产周转率、流动资产周转率、存货周转率、应收账款周转率等。

（1）总资产周转率　总资产周转率是指企业在一定时期内主营业务收入与总资产的比率。总资产周转率的计算公式为

$$总资产周转率(次)=\frac{主营业务收入}{资产总额}$$

在上述公式中，资产总额一般取期初资产总额和期末资产总额的平均值。

总资产周转率表明一年中总资产周转的次数，或者说明每1元总资产支持的主营业务收入。总资产周转率越高，反映企业销售能力越强。

（2）流动资产周转率　流动资产周转率是指企业在一定时期内企业主营业务收入与平均流动资产总额之间的比率，通常用周转次数和周转天数来表示。两个指标的计算公式为

$$流动资产周转次数=\frac{主营业务收入}{流动资产平均值}$$

$$流动资产周转天数=\frac{计算期天数}{流动资产周转次数}$$

在上述公式中，流动资产平均值一般取期初流动资产和期末流动资产的平均值。

流动资产周转次数表明一年中流动资产周转的次数，或说明1元流动资产支持的营业收入。流动资产周转天数表明流动资产周转1次需要的时间，也是将流动资产转换成现金平均需要的时间。

（3）存货周转率　存货周转率是指企业在一定时期内存货占用资金可周转的次数，或存货每周转一次所需要的天数，因此，存货周转率指标有存货周转次数和存货周转天数两种形式。其计算公式分别为

$$存货周转次数=\frac{主营业务收入}{存货}$$

$$存货周转天数=\frac{计算期天数}{存货周转天数}$$

在上述公式中，存货一般取期初存货和期末存货的平均值。

存货周转率是衡量和评价企业购入存货、投入生产、销售收回等各环节管理状况的综合性指标。该指标在不同行业之间也存在着较大的差别，一般情况下，存货周转率越高、周转天数越短，说明该指标越好，它表明企业存货周转速度快，经营效率高，库存存货适度；周转率低或者下降，周转天数长，则可能意味着企业存货中残次品增加，这样就会增大企业在存货方面的投资，同时也增大了企业的经营风险。提高存货周转率可提高企业的变现能力，而存货周转速度越慢则企业的变现能力越差。

存货周转分析的目的是从不同的角度和环节找出存货管理中的问题，使存货管理在保证生产经营连续性的同时，尽可能少占用经营资金，提高资金的使用效率，增强企业短期偿债能力，促进企业管理水平的提高。为了了解存货周转率变动的原因，企业内部在考核周转速度时，可以增加一些周转率，如材料周转率、施工产品周转率、在建施工产品周转率等。

（4）应收账款周转率　应收账款周转率是指企业在某一时期赊销收入和同期应收账款之间的比率，通常用应收账款周转次数和应收账款周转天数两种形式来表示。其计算公式分别为

$$应收账款周转率(周转次数)=\frac{主营业务收入}{应收账款}$$

$$应收账款周转天数=\frac{365}{应收账款周转次数}$$

在上述公式中，应收账款一般取期初应收账款和期末应收账款的平均值。

应收账款周转率通常用来测定企业在某一特定时期收回赊销账款的能力，它既可以反映企业应收账款的变现速度，又可以反映企业的管理效率。在实际工作中，由于企业赊销资料属于商业秘密不宜对外公开披露，因此，该指标一般是用赊销和现销总数即销售收入净额来反映。一般认为应收账款周转率越高、周转天数越短越好，它表明企业应收账款收回速度快，这样一方面可以节约资金，同时也说明企业信用状况好，不易发生坏账损失。

3. 盈利能力比率

盈利能力是指企业赚取利润的能力。一般来说，企业的盈利能力只涉及正常的营业状况。因此，在分析企业盈利能力时，应当排除以下项目：①证券买卖等非正常经营项目；②已经或将要停止的营业项目；③重大事故或法律更改等特别项目；④会计准则或财务制度变更带来的累积影响等因素。

反映企业盈利能力的指标很多，常用的主要有营业净利率、净资产收益率（也称为权益净利率）和总资产净利率。

（1）营业净利率　营业净利率是指净利润与营业收入的比率。该比率越大，企业的盈利能力越强。

（2）净资产收益率　净资产收益率是指企业本期净利润和净资产的比率，是反映企业盈利能力的核心指标。该指标越高，净利润越多，说明企业盈利能力越好。净资产收益率的计算公式为

$$净资产收益率=\frac{净利润}{净资产}\times 100\%$$

式中，净利润指企业当期税后利润；净资产是指企业期末资产减负债后的余额，通常取期初净资产和期末净资产的平均值。

净资产收益率把企业一定期间的净利润与企业的净资产相比较，可以反映企业资产利用的综合效果。指标越高，表明资产的利用效率越高，说明企业在增加收入和节约资金使用等方面取得了良好的效果。

（3）总资产净利率　总资产净利率是指企业运用全部资产的净收益率，它反映企业全部资产运用的总成果。总资产净利率的计算公式为

$$总资产净利率=\frac{净利润}{资产总额}\times 100\%$$

式中，资产总额可以取期初资产总额和期末资产总额的平均值。

总资产净利率反映公司资产的利用效率，是个综合性很强的指标。该指标越高，表明企业资产的利用效率越高，同时也意味着企业资产的盈利能力越强，该指标越高越好。

4. 发展能力比率

企业发展能力的指标主要有营业增长率和资本积累率等。

（1）营业增长率　营业增长率是指企业本期营业收入增长额同上期营业收入总额的比率。其计算公式为

$$营业增长率=\frac{本期营业收入增长额}{上期营业收入总额}\times 100\%$$

营业增长率表示与上期相比，营业收入的增减变化情况，是评价企业成长状况和发展能力的重要指标。该指标是衡量企业经营状况和市场占有能力、预测企业经营业务拓展趋势的重要标志，也是企业扩张资本的重要前提。该指标若大于零，表明企业本期的营业收入有所增长，指标值越高，表明增长速度越快，企业市场前景越好；反之则说明企业市场份额萎缩。

（2）资本积累率　资本积累率是指企业本年所有者权益增长额同年初所有者权益的比率。资本积累率的计算公式为

$$资本积累率=\frac{本年所有者权益增长额}{年初所有者权益}\times 100\%$$

资本积累率是企业当年所有者权益总的增长率，反映了企业所有者权益在当年的变动水平。该指标体现了企业资本的积累能力，是评价企业发展潜力的重要指标，也是企业扩大再生产的源泉。资本积累率反映了投资者投入企业资本的保全性和增长性，该指标越高，表明企业的资本积累越多，企业资本保全性越强，应付风险、持续发展的能力越大；该指标如为负值，表明企业资本受到侵蚀，所有者权益受到损害，应予以充分重视。

6.3.3 杜邦财务分析体系

1. 杜邦财务分析的理解

杜邦分析法是运用几个主要财务比率之间的关系综合分析企业财务状况的方法，即是一种用来评价公司赢利能力和股东权益回报水平，从财务角度评价企业绩效的一种经典方法。因该分析方法最早由美国杜邦公司使用，故名杜邦分析法。

杜邦分析法模型最显著的特点是将若干个用以评价企业经营效率和财务状况的比率按其

内在联系有机地结合，形成一个完整的指标系统，并最终通过权益净利率来综合反映。采用此方法，可使财务比率分析的层次更清晰、条理更突出，为报表分析者全面、详细地了解企业的经营和盈利状况提供方便。

杜邦分析法有助于企业管理层更加清晰地了解权益净利率的决定因素，以及销售净利润与资产周转率之间的相互关系，给管理层提供明晰的考察公司资产管理效率和是否最大化股东投资回报的路线图。

2. 杜邦分析法的财务体系及指标关系

图 6-2 所示为杜邦财务分析体系。

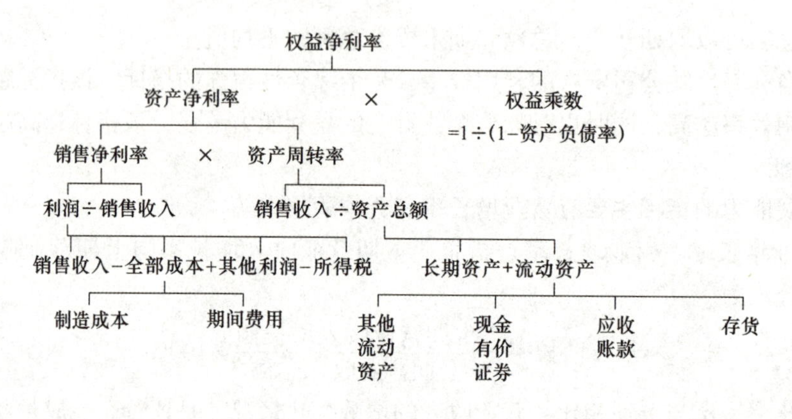

图 6-2 杜邦财务分析体系

（1）权益净利率　权益净利率即权益报酬率，是综合性最强的财务分析指标，也是杜邦分析系统的核心。

（2）资产净利率　资产净利率是影响权益净利率的最重要的指标，具有很强的综合性，而资产净利率又取决于销售净利率和资产周转率的高低。资产周转率是反映总资产的周转速度。了解资产周转率需要对影响资产周转的各因素进行分析，以判明影响公司资产周转的主要问题所在。销售净利率反映销售收入的收益水平。扩大销售收入，降低成本费用是提高企业销售利润率的根本途径，也是提高资产周转率的必要条件和途径。

（3）权益乘数　权益乘数表示企业的负债程度，反映了公司利用财务杠杆进行经营活动的程度。资产负债率高，权益乘数就大，说明公司负债程度高，公司会有较多的杠杆利益，但风险也高；反之，资产负债率低，权益乘数就小，说明公司负债程度低，公司会有较少的杠杆利益，但相应所承担的风险也低。

杜邦分析法中主要财务指标关系为

$$权益净利率=资产净利率\times权益乘数$$

而：

$$资产净利率=销售净利率\times资产周转率$$

即：

$$权益净利率=销售净利率\times资产周转率\times权益乘数$$

杜邦分析法的步骤为：①从权益报酬率开始，根据会计资料（资产负债表和利润表）逐步分解计算各指标；②将计算得出的指标填入杜邦分析图；③逐步进行前后期对比分析和企业间的横向对比分析。

3. 杜邦分析法的评价

(1) 杜邦分析法的局限性 从企业绩效评价的角度看，杜邦分析法只包括财务方面的信息，不能全面反映企业的实力，在实际运用中需要结合企业的其他信息加以分析。主要表现在：

1）对短期财务结果过分重视，会助长公司管理层的短期行为，忽略企业长期价值创造。

2）财务指标反映企业过去的经营业绩，衡量工业时代的企业能够满足要求。但在信息时代，顾客、供应商、雇员、技术创新等因素对企业经营业绩的影响越来越大，而杜邦分析法在这些方面是无能为力的。

3）在市场环境中，企业的无形知识资产对提高企业长期竞争力至关重要，杜邦分析法却不能解决无形资产的估值问题。

(2) 杜邦财务分析体系应用

1）理财目标。关于公司理财目标，欧美国家的主流观点是股东财富最大化，日本等亚洲国家的主流观点是公司各个利益群体的利益有效兼顾。公司的理财目标经历了几个发展时期，但总体上公司的理财目标应该是投资人、债权人、经营者、政府和社会公众这五个利益群体的利益兼顾，在法律和道德的框架内使各方利益共同达到最大化，任何一方的利益遭到损害都不利于公司的可持续发展，也不利于最终实现股东财富的最大化。只有各方利益都能够得到有效兼顾，公司才能够持续、稳定、协调地发展，最终才能实现包括股东财富在内的各方利益最大化。

在美国，股东财富最大化是公司的理财目标，而股东权益收益率又是反映股东财富增值水平最为敏感的内部财务指标，所以杜邦公司在设计和运用这种分析方法时把股东权益收益率作为了分析的核心指标。

2）有利于委托代理关系。广义的委托代理关系是指财产拥有人（投资人和债权人）等将自己合法拥有的财产，委托给经营者依法经营而形成的包含双方权责利关系在内的一种法律关系。狭义的委托代理关系仅指投资人与经营者之间的权责利关系。从狭义的角度解释经营者愿意采用杜邦分析法的原因在于：首先，由于存在委托代理关系，无论从法律上还是在道义上，经营者都应该优先考虑股东的利益，这一点与股东的立场是一致的；其次，由于存在委托代理关系，委托人（投资人、股东）和代理人（经营者）之间就必然会发生一定程度的委托代理冲突。为了尽量缓解这种委托代理冲突，委托人和代理人之间就会建立起一种有效的激励与约束的机制，将经营者的收入与股东利益挂钩，在股东利益最大化的同时也能实现经营者的利益最大化。在这种机制的影响下，经营者会主动关心股东权益收益率及其相关的财务指标。

(3) 运用杜邦分析法应注意的问题 首先，理解杜邦分析法与公司理财目标、公司代理关系以及公司金字塔风险之间的内在联系，充分认识杜邦分析法对实现公司理财目标，缓解公司代理冲突，化解公司金字塔风险所具有的重要作用。只有理解这种内在联系，并充分认识这种重要作用，公司才有可能会用好杜邦分析法；其次，完善财务与会计的各项基础工作，建立健全财务与会计的各种规章制度，保证财务与会计信息的真实性、完整性、可靠性、及时性。财务与会计信息的质量会加强杜邦分析法与公司长期战略目标以及近期目标责任之间的沟通和联系，把杜邦分析法的功能从事后财务分析延伸到事前战略规划和事前目标责任管理，最大限度地用足用好杜邦分析法；最后，注意杜邦分析系统中各项财务指标的递进影响关系和动态发展趋势，根据递进影响关系来平衡影响某一财务指标变动的各个要素之间的关系，使之协调发展。同时根据动态发展趋势，观测公司近期目标责任的落实情况和长期战略目标的实施情况，并适时对之进行合理的调整，使近期目标责任和长期战略目标之间相互支持、相互促进，共同实现经营管理目标。

思考题与习题

1. 某企业为了进行主要资产项目的比重分析，特根据资产负债表制作了主要资产项目比重及其差异表，如表 6-6 所示。

表 6-6 主要资产项目比重及其差异表

项　目	期初比重（%）	期末比重（%）	差异（%）
货币资金	6.0	7.8	1.8
交易性金融资产	8.9	1.9	-7.0
应收账款	3.2	2.2	-1.0
存货	14.7	14.4	-0.3
其他流动资产	1.9	2.1	0.2
持有至到期投资	2.7	1.9	-0.8
长期股权投资	2.8	2.7	-0.1
固定资产	56.1	64.3	8.2
无形资产	3.7	2.7	-1.0
合计	100	100	0

要求：根据表 6-6 所示，对该企业资产的项目结构变动做出分析。

2. A、B 公司 2017 年度有关财务报表如表 6-7 和表 6-8 所示。

表 6-7 资产负债表（简表）

2017 年 12 月 31 日　　单位：千元

项　目	A 公司	B 公司
货币资金	10 000	35 000
应收款项	45 000	120 000
存货	70 000	190 000
长期投资	40 000	100 000
固定资产净值	180 000	520 000
无形资产	11 000	20 000
资产合计	356 000	985 000
应付账款	50 000	165 000
应付债券	110 000	410 000
股本	150 000	310 000
留存收益	46 000	100 000
权益合计	356 000	985 000

表 6-8　利润表（简表）

2017 年　　单位：千元

项　　目	A 公司	B 公司
主营业务收入	1 050 000	2 800 000
减：主营业务成本	715 000	2 050 000
营业费用和管理费用	230 000	580 000
财务费用	10 000	32 000
所得税	42 000	65 000
净利润	53 000	73 000

要求：

(1) 计算两个公司的流动比率、速动比率、资产负债率、利息保障倍数和权益乘数。

(2) 计算两个公司的总资产报酬率、资本金利润率。

(3) 对两个公司的进行简要的分析和比较。

3. 某公司采用计时工资制度，丙产品直接人工费用计划与实际对比表如表 6-9 所示。

表 6-9　丙产品直接人工费用计划与实际对比表

项　　目	单位产品所耗工时	小时工效率	直接人工费用
本年计划	42	6	252
本月实际	37. 2	6. 66	247. 5
费用差异			4. 25

要求：计算该公司直接人工费用差异的影响因素并进行简要分析。

第7章 工程项目融资管理

本章主要内容：

工程融资概述：项目资本金制度、项目资金筹措的渠道和方式；权益性资本的筹集：普通股筹资、优先股筹资、利用留存收益筹资；负债性资本的筹集：债券融资、银行借款、商业信用；资金成本与资本结构：资金成本的概念与作用、资金成本的计算、资本结构；工程项目融资方式：传统的工程项目融资方式、衍生的工程项目融资方式。

本章重点和难点：

项目资本金制度、项目资金筹措的渠道和方式；资金成本的计算、资本结构；衍生的工程项目融资方式。

7.1 工程融资概述

7.1.1 项目资本金制度

1. 项目资本金的含义

项目资本金是指在建设项目总投资中，由投资者认缴的出资额。对于建设项目来说是非债务性资金，项目法人不承担这部分资金的任何利息和债务；投资者可按其出资比例依法享有所有者权益，也可转让其出资及其相应权益，但不得以任何方式抽回出资。

项目资本金主要强调的是作为项目实体而不是企业所注册的资金。注册资金是指企业实体在工商行政管理部门登记的注册资金，通常指营业执照登记的资金，即会计上的“实收资本”或“股本”，是企业投资者按比例投入的资金。在我国，注册资金又称为企业资本金。因此，项目资本金有别于注册资金。

为了建立投资风险约束机制，有效地控制投资规模，《国务院关于固定资产投资项目试行资本金制度的通知》（国发〔1996〕35号）规定，各种经营性固定资产投资项目，包括国有单位的基本建设、技术改造、房地产开发项目，试行资本金制度，投资项目必须首先落实资本金才能进行建设。个体和私营企业的经营性投资项目参照规定执行。

2. 项目资本金制度的实施范围

各种经营性固定资产项目，包括国有单位的基本建设、技术改造、房地产项目和集体投资项目，都必须首先落实资本金才能进行建设。

资本金基数的总投资，是指投资项目的固定资产投资与铺底流动资金之和。根据《国务院关于决定调整固定资产投资项目资本金比例的通知》（国发〔2009〕27 号），各行业固定资产投资项目的最低资本金比例按表 7-1 中的规定执行。

表 7-1　项目资本金占项目总投资的比例

序号	投资行业	项目资本金占项目总投资的比例
1	钢铁、电解铝	40% 及以上
2	水泥	35% 及以上
3	煤炭、电石、铁合金、烧碱、焦炭、黄磷、玉米深加工、机场、港口、沿海及内河搬运、其他房地产开发项目	30% 及以上
4	铁路、公路、城市轨道交通、化肥（钾肥除外）	25% 及以上
5	保障性住房和普通商品住房项目、其他项目	20% 及以上

投资项目资本金的具体比例，由项目审批（或核准）单位根据投资项目的经济效益、社会效益、环境效益以及银行贷款意愿和评估意见等情况，在审批可行性研究报告（或核准项目申请报告）时核定。经国务院批准，对个别情况特殊的国家重点建设项目，可以适当降低资本金比例。

3. 项目资本金来源

投资项目资本金可以用货币出资，也可以用实物、工业产权、非专利技术、土地使用权等出资，但必须经有资格的资产评估机构依照法律、法规评估作价。以工业产权、非专利技术作价出资的比例不得超过投资项目资本金总额的 20%，国家对采用高新技术成果有特别规定的除外。

投资者以货币方式认缴的资本金，其资金来源有：

1）各级人民政府的财政预算内资金、国家批准的各种专项建设基金、经营性基本建设基金回收的本息、土地批租收入、国有企业产权转让收入、地方人民政府按国家有关规定收取的各种规费及其他预算外资金。

2）国家授权的投资机构及企业法人的所有者权益、企业折旧资金以及投资者按照国家规定从资金市场上筹措的资金。

3）社会个人合法所有的资金。

4）国家规定的其他可以用作投资项目资本金的资金。

对某些投资回报率稳定、收益可靠的基础设施和基础产业投资项目，以及经济效益好的竞争性投资项目，经国务院批准，可以试行通过可转换债券或组建股份制公司发行股票的方式筹措资本金。

7.1.2　项目资金筹措的渠道和方式

项目资金来源比较复杂，从资源共享资金筹措形式上看，项目资金来源可分为投入资金和借入资金。前者形成项目的资本金，后者形成项目的负债。从筹资方式上看，项目资金来源可分为自有资本、长期贷款、发行股票筹资、债券筹资、融资租赁等方式。因此，应认真分析研究各种筹资渠道和筹资方式的特点及适应性，将两者结合起来，以确定最佳资本结构。

项目资金应遵循以下基本原则：

1）规模适宜原则。筹措资金规模应适宜，筹资数量应根据项目需要来确定。若筹资不足，必然会影响其生产经营活动的正常开展；反之，则会增加资金成本，降低资金的使用效率。因此，需要掌握一个筹资的合理规模，达到资金平衡。

2）时机适宜原则。筹资的时机应根据资金使用计划来合理安排。筹资过早，会造成资金闲置，增加资金成本；筹资太迟，又会影响项目的资金需要。

3）经济效益原则。筹资渠道和方式多种多样，不同的渠道和方式有不同的筹资难度和不同的资金成本。因此，应综合考虑，以最低的综合资金成本实现最大的投资效益。

4）结构合理原则。合理的资本结构主要是指两个方面：一是合理安排债务资金和权益资本的比例；二是合理安排长期资金和短期资金的比例。因此，在筹资过程中应合理安排筹资结构。

1. 项目资金筹资的种类

项目公司从不同的筹资渠道、筹资方式和筹资目的来看，有不同的筹资种类。

（1）按所筹资金的性质分类　按所筹资金的性质分为权益性资金和负债性资金。

1）权益性资金又称自有资金，是项目公司依法筹资并长期拥有、自主支配的资金。它属于项目公司的所有者权益，主要包括实收资本（或股本）和留存收益。权益性资金主要通过发行股票、吸收直接投资、内部积累等方式筹集。

2）负债性资金又称借入资金，是项目公司依法筹集并依约使用，需按期偿还的资金。负债性资金主要通过银行借款、发行债券、商业信用等方式筹措取得。

（2）按所筹资金期限分类　按所筹资金期限分为长期资金和短期资金。

1）长期资金是指一年以上使用的资金，包括购置固定资产、无形资产，对外投资等。长期资金使用期限较长，风险大，且成本相对较高。

2）短期资金是指一年以下使用的资金，主要用于维持日常生产经营活动的开展，包括现金、应收账款、存货等。短期资金使用期限较短，资金成本低。

（3）按筹资是否通过金融机构分类　按筹资是否通过金融机构分为直接筹资和间接筹资。

1）直接筹资是指项目公司不借助银行等金融机构，直接与资本所有者协商，融通资本的一种筹资活动。直接筹资主要有吸收直接投资、发行股票、发行债券和商业信用等筹资方式。

2）间接筹资是指项目公司借助银行等金融机构融通资本的筹资活动。间接筹资主要包括银行借款、非银行机构借款、融资租赁等。间接筹资是目前我国项目公司最为重要的筹资方式。

2. 项目资本金筹措的渠道和方式

根据项目资本金筹措的主体不同，可分为既有法人项目资本金筹措和新设法人项目资本金筹措。下面主要介绍既有法人项目资本金筹措。

既有法人作为项目法人进行项目资本金筹措，不组建新的独立法人，筹资方案应与既有法人公司的总体财务安排相协调。既有法人项目资本金按照用于项目资本金的资金来源不同可分为内部资金和外部资金。

（1）内部资金来源

1）项目公司的现金。项目公司的现金包括现金和银行存款账户的金额。

2）未来生产经营中获得的可用于项目的资金。在未来的项目建设期，项目公司通过生产经营活动可以获得净现金流量。在实际工作中，净现金流量的预测可以采用经营收益间接估算项目公司未来的经营净现金流量。其计算公式为

经营净现金流量＝经营净收益－流动资金占用的增加

经营净收益＝净利润＋折旧＋无形资产及其他资产摊销＋财务费用

经营净现金流量＝净利润＋折旧＋无形资产及其他资产摊销＋财务费用－流动资金占用的增加

企业在未来生产经营中，其折旧、无形资产及其他资产的摊销并没有实际占用项目公司的现金流量，可以用于再投资或偿还债务。净利润中除了用于股利分配、盈余公积金外，其余部分可以用于再投资或偿还债务。而财务费用及流动资金占用增加部分不能用于固定资产的投资。因此，可用于再投资及偿还债务的项目公司经营净现金可按下式估算：

可用于再投资及偿还债务的项目公司经营净现金＝净利润＋折旧＋无形资产及其他资产摊销－流动资金占用的增加－利润分红－利润中需要留作项目公司盈余公积金部分

3）项目公司资产变现。资产分为流动资产和非流动资产。既有法人可将流动资产、长期投资或固定资产变现，取得现金用于新项目投资。项目公司流动资产变现可以通过降低流动资产中的应收账款和存货来增加项目公司能使用的现金，也可以通过加强财务管理，提高流动资产周转率，减少存货、应收账款等流动资产的占用而取得现金，或者出让有价证券取得现金。项目公司的长期投资包括长期股权投资和长期债权投资，一般都可以通过转让而获得。项目公司固定资产的变现一般通过技术革新或新产品方案改变而出售变现。

4）项目公司产权转让。产权是经济所有制关系的法律表现形式，它包括财产的所有权、占有权、支配权、使用权、收益权和处置权。产权转让是指项目公司资产控制权或产权结构发生变化，对于原有的产权人，经转让后其控制的项目公司原有资产总量会减少。

（2）外部资金来源

1）股东直接投资。股东直接投资包括政府授权投资机构入股资金、国内外项目公司入股资金、社会团体和个人入股资金以及基金投资公司入股资金，构成了国家资本金、法人资本金、个人资本金和外商资本金。

2）发行股票。股票是一种有价证券，是股份公司在筹集资本时向出资人公开或私下发行的，用以证明出资人的身份和权利，并根据持有人所持有的股份数享有权益和承担义务的凭证。股票代表其持有人（股东）对股份公司的所有权，每一股同类型股票所代表的公司所有权是相等的，即“同股同权”。

3）政府投资。政府投资资金，包括各级政府的财政预算内资金、国家批准的各种专项建设基金、统借国外贷款、土地批租收入、地方政府按规定收取的各种费用及其他预算外资金等。政府投资主要用于关系国家安全，同时市场不能有效配置资源的经济领域和社会领域。国家根据资金来源、项目性质和调控需要，分别采取直接投资、资本金注入、投资补助、转贷和贷款贴息等方式，并按项目安排政府投资。

3. 债务资金筹措的渠道与方式

债务资金是指项目投资中除项目资本金外，以负债方式取得的资金。债务资金是项目资金的重要来源。债务融资的优点是融资速度快、成本较低，缺点是融资风险大，有还本付息

的压力。债务资金的筹资方式主要包括信贷方式融资、债券方式融资和融资租赁。

(1) 信贷方式融资　信贷方式融资是目前我国项目负债融资的主要方式。国内信贷资金主要有商业银行和政策性银行贷款。国外信贷资金主要有商业银行贷款，以及世界银行、亚洲开发银行等国际金融机构贷款，此外，还包括外国政府贷款、出口信贷以及信托投资公司等非银行金融机构提供的贷款。

1）商业银行贷款。商业银行贷款按照贷款期可分为短期贷款、中期贷款和长期贷款。贷款期限在1年以内的为短期贷款，在1~3年的为中期贷款，3年以上的为长期贷款。

2）政策性银行贷款。政策性银行贷款的根本目的是为了支持一些特殊的生产、贸易、基础设施建设项目。我国政策性银行主要有中国进出口银行、中国农业发展银行和国家开发银行。政策性银行贷款具有指导性、非营利性和优惠性等特殊性，在贷款规模、期限、利率等方面提供优惠。它明显有别于可以无偿占用的财政拨款，与其他银行贷款一样具有相同的金融属性——偿还性。

3）出口信贷。当建设项目需要进口设备时，可以使用设备出口国的出口信贷。按照贷款资金的借款人分类，出口信贷分为买方信贷、卖方信贷。买方信贷是指出口商所在地银行为促进本国商品的出口，而对国外进口商（或其银行）所发放的贷款。卖方信贷是指出口商所在地有关银行，为便于该国出口商以延期付款形式出口商品而给予本国出口商的一种贷款。出口商向银行办理卖方信贷后，其资金得以通融，便可允许进口商延期付款。

4）国际金融机构贷款。目前与我国关系最为密切的国际金融组织是国际货币基金组织、世界银行和亚洲开发银行。

a. 国际货币基金组织贷款。国际货币基金组织与世界银行并列为世界两大金融机构之一，其贷款用途限于弥补国际收支逆差或用于经常项目的国际支付，期限为1~5年。

b. 世界银行贷款。世界银行是目前世界上最具影响力的国际金融组织之一。世界银行的贷款条件比较优惠。其贷款特点主要表现在：①贷款利率低于市场利率，甚至免收利息，贷款期限含宽限期均较长，借款者主要承担贷款货币汇率变动的风险；②世界银行贷款期限较长，一般为20年左右，最长可达30年，宽限期为5年；③世界银行贷款立项认真、严格，一般是与特定的工程项目相联系，对这些项目世界银行要进行精心挑选、认真核算、系统分析和严格监督；④贷款程序严密，审批时间较长。

c. 亚洲开发银行贷款。亚洲开发银行贷款分为普通资金贷款（硬贷款）、亚洲开发银行基金贷款（软贷款）和技术援助基金。硬贷款是由亚洲开发银行普通资金提供的贷款，贷款的期限为10~30年，含2~7年的宽限期，贷款的利率为浮动利率，每年调整一次。软贷款是由亚洲开发银行基金提供的贷款，贷款的期限为40年，含10年的宽限期，不收利息，仅收1%的手续费，此种贷款只提供给还款能力有限的发展中国家。技术援助基金来源于亚洲开发银行发达成员方和发展中成员方的捐赠，主要用于成员方进行技术传播、实施项目开发与运营、专项问题的研究等。

(2) 债券方式融资　债券是政府、金融机构、工商企业等机构直接向社会借债筹措资金时，向投资者发行，并且承诺按一定利率支付利息并按约定条件偿还本金的债权债务凭证。债券的本质是债的证明书，具有法律效力。

一般情况下，企业债券发行须经中国人民银行批准，重点企业债券和国家债券发行须经国务院批准。通常企业债券采取自办发行或委托有关金融机构代办发行的方式，重点企业债券和国家债券采取银行代理发行的，由国家承担发行风险。

(3) 融资租赁　融资租赁是指出租人根据承租人对出卖人、租赁物的选择，向出卖人购买租赁物件，提供给承租人使用，向承租人收取租金的交易。它以出租人保留租赁物的所有权和收取租金为条件，使承租人在租赁合同期内对租赁物取得占有、使用和受益的权利。

融资租赁与传统租赁一个本质的区别就是：传统租赁以承租人租赁使用物件的时间计算租金，而融资租赁以承租人占用融资成本的时间计算租金。融资租赁是市场经济发展到一定阶段而产生的一种适应性较强的融资方式。

7.2 权益性资本的筹集

工程项目融资按所有权的归属分为权益性资本和负债性资本。权益性资本一般由投入资本（或股本）和留存收益构成。权益性资本的筹资方式又称股权性筹资，主要有发行普通股筹资、发行优先股筹资和利用留存收益筹资。

股票是股份公司发行的所有权凭证，是股份公司为筹集资金而发行给各个股东作为持股凭证并借以取得股息和红利的一种有价证券。每股股票都代表股东对企业拥有一个基本单位的所有权。按股东承担风险和享有权益的大小，股票可分为普通股和优先股两大类。

7.2.1 发行普通股筹资

普通股是指在公司的经营管理和盈利及财产的分配上享有普通权利的股份，它构成公司资本的基础，是股票的一种基本形式，也是发行量最大、最为重要的股票。目前在上海和深圳证券交易所交易的股票，都是普通股。普通股的基本特点是其投资收益（股息和分红）不在购买时约定，而是在事后根据股票发行公司的经营业绩来确定。公司的经营业绩好，普通股的收益就高；反之，若经营业绩差，普通股的收益就低。

1. 普通股股票的种类

(1) 按票面是否记名分类　按票面是否记名分为记名股票和不记名股票。

1）记名股票是指在股东名册上登记有持有人的姓名或名称及住址，并在股票上也注明持有人姓名或名称的股票。股东的姓名或名称一般都写在股票背面。记名股票不仅要求股东在购买股票时将姓名或名称记入，而且要求股东转让股票时需向公司办理股票过户手续，除了记名股东外，任何人不得凭此股票对公司行使股东权。股票同为一人所有者，应记载同一本名。记名股票不得私自转让。

2）不记名股票是指股票票面不记载股东姓名的股票。不记名股票只凭股票所附息票领取股息，可以自由转让，不需要办理过户手续。

(2) 按票面是否标明金额分类　按票面是否标明金额分为面值股票和无面值股票。

1）面值股票是指在股票的票面上标明每股金额的股票。设置面值股票最初的目的是保证股票持有者在退股之时能够收回票面所标明的资产。随着股票的发展，购买股票后将不能再退股，所以股票面值的作用主要在于表明股票的认购者在股份公司投资中所占的比例，作为确认股东权利的根据。另外，在首次发行股票时，会将股票的面值作为发行定价的一个依据。

2）无面值股票是指股票票面上不记载金额的股票。这种股票并非没有价值，而是不在票面上标明固定的金额，只记载其为几股或股本总额的若干分之几。

（3）按投资主体不同分类　按投资主体不同可分为国家股、法人股、个人股等。

1）国家股是指有权代表国家投资的部门或机构以国有资产向公司投资形成的股份。

2）法人股是指企业法人以其可支配的财产向公司投资形成的股份，或具有法人资格的事业单位和社会团体以国家允许用于经营的资产向公司投资形成的股份。

3）个人股是指社会个人或公司内部职工以个人合法财产投入公司而形成的股份。

（4）按面值币种和上市地区分类　按面值币种和上市地区，分为A股、B股、H股。

1）A股的正式名称是人民币普通股票。它是由中国境内的公司发行，供境内机构、组织或个人（从2013年4月1日起，中国香港、澳门、台湾居民可开立A股账户）以人民币认购和交易的普通股股票。

2）B股的正式名称是人民币特种股票。它是以人民币标明面值，以外币认购和买卖，在中国境内（上海、深圳）证券交易所上市交易的外资股。B股公司的注册地和上市地都在境内。

3）H股也称国企股，是指注册地在内地、上市地在香港的外资股。

2. 普通股股票的特点

（1）不可偿还性　普通股股票是一种无偿还期限的有价证券，投资者认购股票后，就不能再要求退股，只能到二级市场出售给第三者。股票的转让只意味着公司股东的改变，并不减少公司资本。从期限上看，只要公司存在，它所发行的股票就存在，股票的期限等于公司存续的期限。

（2）参与性　股东有权出席股东大会，选举公司董事会，参与公司重大决策。股票持有者的投资意志和享有的经济利益，通常是通过行使股东参与权来实现的。股东参与公司决策的权利大小，取决于其所持有股份的多少。

（3）收益性　股东凭其持有的股票，有权从公司领取股息或红利，获取投资的收益。股息或红利的大小，主要取决于公司的盈利水平和公司的盈利分配政策。另外，股票投资者可以获得价差收入或实现资产保值增值。

（4）流通性　股票的流通性是指股票在不同投资者之间的可交易性。流通性通常以可流通的股票数量、股票成交量以及股价对交易量的敏感程度来衡量。可流通股数越多，成交量越大，价格对成交量越不敏感（价格不会随着成交量一同变化），股票的流通性就越好；反之则越差。

（5）价格波动性和风险性　由于股票价格要受到诸如公司经营状况、供求关系、银行利率、大众心理等多种因素的影响，其波动有很大的不确定性。正是这种不确定性，有可能使股票投资者遭受损失。价格波动的不确定性越大，投资风险也越大。因此，股票是一种高风险的金融产品。

3. 发行股票筹资的优点与缺点

（1）发行股票筹资的优点

1）股票筹资是一种有弹性的融资方式。与利息不同，由于股息或红利不需要按期支付，当公司经营不佳或现金短缺时，董事会有权决定不发股息或红利，因而公司融资风险低。

2）股票无须偿还。其投资属永久性投资，公司无须为偿还资金而担心。

3）发行股票筹集资金可降低公司负债比率，提高公司财务信用，增加公司今后的融资能力，提高公司的知名度。

4）股票融资有利于帮助企业建立规范的现代企业制度。

（2）发行股票筹资的缺点

1）资金成本高。购买股票承担的风险比购买债券高，投资者只有在股票的投资报酬高于债券的利息收入时，才愿意投资股票。此外，债券利息可在税前扣除，而股息和红利须在税后利润中支付，这样就使股票筹资的资金成本大大高于债券筹资的资金成本。

2）增发普通股需给新股东投票权和控制权，从而降低原有股东的控制权。

3）上市公司公开发行股票，需公开披露信息，接受投资者和社会公众监督。

7.2.2 发行优先股筹资

1. 优先股的含义和特征

优先股是股份公司发行的在分配红利和剩余财产时比普通股具有优先权的股份。优先股也是一种没有期限的有权凭证，优先股股东一般不能在中途向公司要求退股（少数可赎回的优先股例外）。优先股的主要特征有：①优先股通常预先定明股息收益率。由于优先股股息率事先固定，所以优先股的股息一般不会根据公司经营情况而增减，而且一般也不能参与公司的分红。但优先股可以先于普通股获得股息。②优先股的权利范围小。优先股股东一般没有选举权和被选举权，对股份公司的重大经营无投票权（但在某些情况下可以享有投票权）。

2. 优先股的权利

优先股主要比普通股具有两个方面的优先权：一是在公司分配利润时，拥有优先股的股东比持有普通股的股东分配在先，而且享受固定数额的股息，即优先股的股息率都是固定的。二是在公司解散，分配剩余财产时，优先股在普通股之前分配。但优先股一般不上市流通，也无权干涉企业经营，不具有表决权。

3. 优先股筹资的优点与缺点

（1）优先股筹资的优点

1）与债券相比，不支付股利不会导致公司破产。

2）与普通股相比，发行优先股一般不会稀释股东权益。

3）无期限的优先股不会减少公司现金流，不需要偿还本金。

（2）优先股筹资的缺点

1）税后成本高于负债筹资。

2）增加公司的财务风险，进而增加普通股的成本。

7.2.3 利用留存收益筹资

企业留存收益是指企业用税后利润进行分配所形成的公积金。企业的税后利润并不全部分配给投资者，而应按规定的比例提取法定盈余公积金及任意盈余公积金。公积金可用于设备的更新改造、增加流动资产储备、进行科学研发、应用新的科学装置和试制新产品。

利用企业留存收益筹资有诸多优点：一是资金使用成本非常低，不需支付筹资费用；二是当企业决定利用留存收益筹集资金后，会减少分配给股东的红利，股东可少缴应分红而支付的个人所得税。同时，由于利用留存收益筹资向外部释放企业扩张的信号，外部就会认为企业有新的投资机会，从而形成“利好”，公司股票因而上涨。

同时，利用留存收益筹资存在一定的不足，首先是期间限制，即企业必须经过一定时期的积累才可能拥有一定数量的留存收益，从而使企业难以在短期内获得扩大再生产所需资金；其次是与股利政策的权衡，即如果留存收益过高，现金股利过少，则可能影响企业的形象，并给今后进一步的筹资增加困难。

7.3 负债性资本的筹集

7.3.1 债券融资

债券是一种金融契约，是政府、金融机构、工商企业等直接向社会借债筹措资金时，向投资者发行，同时承诺按一定利率支付利息并按约定条件偿还本金的债权债务凭证。债券的本质是债的证明书，具有法律效力。债券购买者或投资者与发行者之间是一种债权债务关系。债券发行人即债务人，投资者（债券购买者）即债权人。

债券是一种有价证券。由于债券的利息通常是事先确定的，所以债券是固定利息证券（定息证券）的一种。在金融市场发达的国家和地区，债券可以上市流通。在我国，比较典型的政府债券是国库券。

1. 债券的基本要素

债券的要素是指发行的债券上必须载明的基本内容，这是明确债权人和债务人权利与义务的主要约定，具体包括：

（1）债券面值　债券面值是指债券的票面价值，是发行人对债券持有人在债券到期后应偿还的本金数额，也是企业向债券持有人按期支付利息的计算依据。债券的面值与债券实际的发行价格并不一定是一致的，发行价格大于面值称为溢价发行，小于面值称为折价发行，等价发行称为平价发行。

（2）偿还期　债券的偿还期是指企业债券上载明的偿还债券本金的期限，即债券发行日至到期日之间的时间间隔。公司要结合自身资金周转状况及外部资本市场的各种影响因素来确定公司债券的偿还期。

（3）付息期　债券的付息期是指企业发行债券后的利息支付的时间。它可以是到期一次支付，或1年、半年或者3个月支付一次。在考虑货币时间价值和通货膨胀因素的情况下，付息期对债券投资者的实际收益有很大影响。到期一次付息的债券，其利息通常是按单利计算的；而年内分期计息的债券，其利息则是按复利计算的。

（4）票面利率　债券的票面利率是指债券利息与债券面值的比率，是发行人承诺以后一定时期支付给债券持有人报酬的计算标准。债券票面利率的确定主要受到银行利率、发行者的资信状况、偿还期限和利息计算方法以及当时资金市场上资金供求情况等因素的影响。

（5）发行人名称　发行人名称指明了债券的债务主体，为债权人到期追回本金和利息提供依据。

2. 债券的种类

（1）按发行主体划分　债券按发行主体划分，可分为政府债券、金融债券和公司债券。

1）政府债券是政府为筹集资金发行的债券，包括国债、地方政府债券等，其中最主要的是国债。国债因其信誉好、利率优、风险小又被称为“金边债券”。

2）金融债券是由银行和非银行金融机构发行的债券。在我国，金融债券主要由国家开发银行、中国进出口银行等政策性银行发行。金融机构一般有雄厚的资金实力，信用度较高，因此金融债券往往有良好的信誉。金融债券风险不大、流动性较强、利率较高。

3）企业债券是由各类企业发行的债券。在我国，企业债券是按照《企业债券管理条例》的规定发行与交易，由国家发展与改革委员会监督管理的债券。在实践中，其发债主体为中央政府部门所属机构、国有独资企业或国有控股企业，因此，它在很大程度上体现了政府信用。公司债券管理机构为中国证券监督管理委员会，发债主体为按照《公司法》设立的公司法人。在实践中，其发行主体为上市公司，其信用保障是发债公司的资产质量、经营状况、盈利水平和持续盈利能力等。

（2）按是否可转换划分　债券按是否可转换划分，可分为可转换债券和不可转换债券。

1）可转换债券是指在特定时期内可以按某一固定的比例转换成普通股的债券，它具有债务与权益双重属性，属于一种混合性筹资方式。由于可转换债券赋予债券持有人将来成为公司股东的权利，因此其利率通常低于不可转换债券。若将来转换成功，则在转换前发行企业达到了低成本筹资的目的，转换后又可节省股票的发行成本。根据《公司法》的规定，发行可转换债券应由国务院证券管理部门批准，发行公司应同时具备发行公司债券和发行股票的条件。

2）不可转换债券是指不能转换为普通股的债券，又称为普通债券。由于其没有赋予债券持有人将来成为公司股东的权利，所以其利率一般高于可转换债券。

（3）按募集方式划分　债券按募集方式划分，可分为公募债券和私募债券。

1）公募债券是指向社会公开发行，任何投资者均可购买的，向不特定的多数投资者公开募集的债券。它可以在证券市场上转让。

2）私募债券是指向与发行者有特定关系的少数投资者募集的债券。其发行和转让均有一定的局限性。私募债券的发行手续简单，一般不能在证券市场上交易。公募债券与私募债券在欧洲市场上区分并不明显，可是在美国与日本的债券市场上，这种区分是很严格的，并且也是非常重要的。

3. 债券的特征

债券作为一种重要的融资手段和金融工具，具有如下特征：

1）偿还性。债券一般都规定有偿还期限，发行人必须按约定条件偿还本金并支付利息。

2）流通性。债券一般都可以在流通市场上自由转换。

3）安全性。与股票相比，债券通常规定有固定的利率，与企业绩效没有直接联系，收益比较稳定，风险较小。此外，在企业破产时，债券持有者享有优先于股票持有者对企业剩余财产的索取权。

4）收益性。债券的收益性主要表现在两个方面：一是债券在发行时利息便已确定，因而不受发债人的经营业绩及市场利率变动的影响。就此而论，债券的收益是固定的。二是投资者可以利用债券价格的变动，通过买卖债券赚取差额。

4. 债券融资的优点与缺点

（1）债券融资的优点

1）融资成本较低。与股票融资相比，发行债券融资的成本低。这是因为债券发行费用较低，合理的债券利息可计入成本，在所得税前支付，所以企业实际负担的债券成本一般低于股票成本。

2）保障企业控制权。债券持有者无权参与企业管理，因此，公司原有投资者的控制权不因发行债券而受到影响。

3）发挥财务杠杆的作用。不论企业盈利水平如何，债券持有人都只收取固定的利息，而更多的收益可用于分配给股东，或留给企业以扩大经营。

（2）债券融资的缺点

1）可能产生财务杠杆负效应。债券必须还本付息，是企业固定的支付费用，随着这种固定支出的增加，企业财务负担和破产可能性增大，一旦企业资产收益率下降到债券利率之下，就会产生财务杠杆负效应。

2）发行债券会提高企业负债比率，增加企业风险，降低企业的财务信誉。

3）债券合约的条款，常常对企业的经营管理有较多的限制，如限制企业在偿还期内再向别人借款、未按时支付到期债券利息不得发行新债券、限制分发股息等，因此，企业发行债券在一定程度上约束了企业从外部筹资的扩展能力。

5. 债券的发行价格

债券的发行价格是指债券原始投资者购入债券时应支付的市场价格，它与债券的面值可能一致也可能不一致。

公司债券的发行价格通常有三种：平价、溢价和折价。平价是指以债券的票面金额作为发行价格。溢价是指按高于债券面额的价格发行债券。折价是指按低于债券面额的价格发行债券。债券的票面利率和市场利率的关系影响到债券的发行价格。当债券票面利率等于市场利率时，债券发行价格等于面值；当债券票面利率低于市场利率时，企业仍以面值发行就不能吸引投资者，故一般要折价发行；反之，当债券票面利率高于市场利率时，企业仍以面值发行就会增加发行成本，故一般要溢价发行。

债券发行价格的高低取决于以下四种因素：

（1）债券面值　债券面值即债券市面上标出的金额，企业可根据不同认购者的需要，使债券面值多样化，既有大额面值，也有小额面值。

（2）票面利率　票面利率可分为固定利率和浮动利率两种。企业应根据自身资信情况、公司承受能力、利率变化趋势、债券期限的长短等决定选择何种利率形式与利率的高低。

（3）市场利率　市场利率是衡量债券票面利率高低的参照物，也是决定债券价格按面值发行还是溢价或折价发行的决定因素。

（4）债券期限　期限越长，债权人的风险越大，其所要求的利息报酬就越高，其发行价格就可能越低。

在考虑货币时间价值的情况下，债券发行价格的计算公式为

$$债券发行价格 = \frac{票面金额}{(1+市场利率)^n} + \sum_{i=1}^{n} \frac{票面金额 \times 票面利率}{(1+市场利率)^t}$$

式中　n——债券期限；

t——付息期数。

【例7-1】 A公司预计发行三年期债券，面值100元。票面利率为10%，每季度付息一次，发行时市场利率为12%，求债券的发行价格。

解：债券发行价格 $=100元 \times 2.5\% \times \frac{(1+3\%)^{12}-1}{3\% \times (1+3\%)^{12}} + 100元 \times \frac{1}{(1+3\%)^{12}} = 100元 \times 2.5\% \times 9.954 + 100元 \times 0.7014 = 95.03元$

7.3.2　银行借款

1. 短期借款

短期借款是指借款人向银行或非银行金融机构借入的期限在一年以内的借款。企业短期借款的目的是解决资金临时出现的周转困难，解决企业因原材料季节性储备、产品生产和销售以及运输等受季节性影响而引起的资金需要；同时，解决企业因销售短线产品和市场适销产品所引起的超量资金需要。

2. 长期借款

长期借款是指企业向银行或非银行金融机构借入的，偿还期限在一年以上的各种借款。长期借款主要用于构建固定资产和满足长期流动资产资金占用的需要。长期借款是企业长期负债筹资的主要方式之一。

（1）长期借款的种类　长期借款按不同的标准和目的有不同的分类。

1）按借款有无担保条件，分为信用借款和担保借款。信用借款是指以借款人的信誉为依据而获得的借款。项目公司不需提供任何担保。担保借款是指企业以特定的抵押品作为担保从银行取得的借款。担保借款又分为保证贷款、质押贷款和抵押贷款。保证贷款是以第三人为借款人提供保证作为条件的担保贷款。质押贷款是以借款人或第三人提供质物为条件的贷款，质物必须转移给贷款人占有，如股票、债券。抵押贷款是以借款人或第三人提供抵押物为条件的贷款，如房屋、机器设备等。

2）按借款用途不同，分为固定资产投资借款、更新改造借款、科技开发和新产品试制借款。固定资产投资借款是指企业打算用于较长期的固定资产投资的借款。更新改造借款是指企业打算将借款用于企业固定资产的更新改造的长期借款。科技开发和新产品试制借款是指企业打算用于科学研究、生产开发和新产品试制及其配套的长期借款。

3）按提供贷款的机构不同，分为政策性银行借款、商业银行借款和保险公司借款。政策性银行借款是企业向政策性银行取得的银行借款，如企业向中国进出口银行获得的贷款。商业银行借款是企业向商业银行取得的借款，以满足企业日常生产经营和投资的需要。保险公司借款是企业从保险公司取得的借款。

此外，企业还可以向信托投资公司、证券公司、企业集团财务公司等非银行金融机构申请取得贷款。

（2）偿还方式　长期借款的金额大，期限长。因此，在借款合同中会规定借款的偿还方式。长期借款的偿还方式主要有：①到期一次还本付息；②分期付息，到期还本；③定期偿还本金和利息等。无论采取何种方式偿还借款，企业都应计算出每年需支付的利息和偿还的本金，利息作为财务费用在税法允许的范围内可抵减所得税，借款本金用税后利润偿还，这些都可通过还款计划表来完成。

（3）银行借款筹资的优点与缺点

1）银行借款筹资的优点

a. 融资速度快。长期借款的手续比发行债券简单很多，不必通过证券管理部门的审核批准，手续简单，得到借款所花费的时间相对较短，筹资速度快。

b. 资金成本低。由于银行借款利率低，且没有发行费，可抵所得税，因此资金成本低。

c. 具有财务杠杆作用。长期借款的利息相对普通股而言是固定的，故与债券融资、优先股融资类似，具有财务杠杆的作用。

d. 不影响普通股股东的控制权。由于提供长期借款的贷款人无权参与项目公司的经营管理、无投票表决权，因此，不会影响公司股东的控制权。

2）银行借款筹资的缺点

a. 财务风险大。银行借款需要还本付息，一旦企业经营业绩不佳，则借款的本息偿还会增大企业的财务风险。

b. 融资数额有限。利用长期借款融资不能像发行股票那样大范围内筹集大量资金。

c. 限制条件较多。贷款合约中有许多限制性条款，如指定借款的用途，可能会给企业的经营活动带来一定的影响。

7.3.3　商业信用

1. 商业信用的概念

商业信用是指企业在正常的经营活动和商品交易中由于延期付款或预收账款所形成的企业常见的信贷关系。在制造和商品流通业中，商业信用占流动负债的40%左右。商业信用产生的根本原因是由于在商品经济条件下，在产业资本循环过程中，各个企业相互依赖，但它们在生产时间和流通时间上往往存在着不一致，从而使商品运动和货币运动在时间上和空间上脱节。而通过企业之间相互提供商业信用，则可满足企业对资本的需要，从而保证整个社会的再生产得以顺利进行。

企业利用商业信用的形式主要有应付账款、预收货款和商业汇票。

2. 商业信用融资的优点与缺点

（1）商业信用融资的优点

1）筹资便利，限制条件少。商业信用是正常的商务往来，不用做一系列的程序文件和审批，也没有太多限制条件，筹资非常便利。

2）筹资成本低。如果没有现金折扣，或者企业没有放弃现金折扣，则利用商业信用基本没有成本。

（2）商业信用融资的缺点

1）规模较小。受企业商品数量和规模的影响。

2）商业信用方向局限。一般是由卖方提供给买方，受商品流转方向的限制。

3）商业信用期限较短。受生产和商品流转周期的限制，一般只能是短期信用。

7.4 资金成本与资本结构

7.4.1 资金成本的概念与作用

1. 资金成本的概念

资金成本是指企业为筹集和使用资金而付出的代价。从广义上讲，企业筹集和使用任何资金，不论是短期的还是长期的，都要付出代价。狭义的资金成本仅指筹集和使用长期资金的成本。由于长期资金也称为资本，所以长期资金的成本也可称为资本成本。本书的资金成本都指狭义的资金成本。资金成本包括资金筹集成本和资金使用成本两部分内容。

（1）资金筹集成本　资金筹集成本是指在资金筹集过程中所支付的各项费用，如向银行借款支付的手续费，发行股票、债券支付的印刷费、发行手续费、律师费、资信评估费、公证费、担保费等。资金筹集成本一般是一次性支付，在获得资金后的使用过程中不再发生，因而属于固定性的资金成本，可认为是对筹资额的扣除。

（2）资金使用成本　资金使用成本是指在项目公司生产经营、投资过程中因使用资金而支付的费用，主要包括支付给股东的各种利息和红利、向债权人支付的贷款利息费。资金使用成本一般与所筹集资金规模大小及使用时间的长短有关，具有经常性、定期性的特征，是资金成本的主要内容。

资金成本可以用绝对数和相对数来表示。绝对数表示方法是指为筹集和使用资金到底付出了多少费用。相对数是用使用费用与实际筹资资本（筹资金额与筹资费用之差）之间的比率来表示的。在工程财务中，一般采用相对数（即资金成本率）来表示资金成本，其通用计算公式为

$$K=\frac{D}{P-F}\times100\%$$

式中　K——资金成本率；

D——资金使用成本；

P——资金筹集总额；

F——资金筹集成本。

或变形为 $K=\frac{D}{P(1-f)}\times100\%$

式中　f——筹集成本费率。

2. 资金成本的性质

资金成本是一个重要的经济范畴，是在市场经济条件下，由于资金所有权和使用权相分离而形成的一种财务概念。它具有以下性质：

1）资金成本是商品经济条件下资金所有权和资金使用权分离的产物。作为资金的所有者，绝不会无偿让资金使用者使用资金；而作为资金的使用者，也不能无偿占用他人的资金。因此，企业筹集资金后，就会为占用这些资金而付出代价，承担资金成本。

2）资金成本具有一般产品成本的基本属性，即同为资金耗费。其一部分计入成本费用，如财务费用。另一部分则作为利润分配处理，如企业向股东分红。资金成本是企业的耗费，企业要为占用资金而付出代价、支付费用，而且这些代价或费用最终也要作为收益的扣除额来得到补偿。但是资金成本只有一部分具有产品成本的性质。

3）资金成本与货币时间价值既有联系，又有区别。资金成本与货币时间价值都基于一个前提，即资金或资本参与任何交易活动都要有代价。它们都以利息、股利等作为表现形式。两者的区别主要表现在三个方面：①货币时间价值表现为资金所有者的利息收入，而资金成本包括资金使用者的筹资成本和利息费；②货币时间价值一般表现为时间的函数，而资金成本表现为资金占用额的函数；③资金成本的基础是货币时间价值，但通常还包括投资风险价值和物价变动因素。

3. 资金成本的作用

1）资金成本是企业选择资金来源、拟定筹资方案的依据。项目进行融资的方案有多种形式，如发行股票、发行债券、银行贷款等，每种融资方案的资金成本不同。因此，要比较各种资金来源的成本，合理调整资本结构，确定筹资方案。

2）资金成本是评价投资项目、比较投资的重要经济标准——最低报酬率。只有项目的预期收益足以弥补资金成本时，项目才可以接受。

3）资金成本可以作为衡量企业经营成果的尺度。

7.4.2 资金成本的计算

按照资金来源方式的不同，资金成本可以分为权益资金成本和债务资金成本的计算；按照融资方案数量的不同，可以分为个别资金成本和综合资金成本。

1. 个别资金成本的计算

个别资金成本是指各种资金来源的成本。项目公司从不同渠道、不同方式取得的资本所付出的代价和承担的风险是不同的，因此，其个别资金成本也是不同的。企业的长期资金一般有优先股、普通股、留存收益、长期借款、债券、租赁等，其中前三者统称为权益资金，后三者统称为债务资金。根据资金来源也就相应分为优先股成本、普通股成本、留存收益成本、长期借款成本、债券成本、租赁成本等，前三者统称为权益资金成本，后三者统称为债务资金成本。

（1）权益资金成本

1）优先股成本。优先股成本取决于投资者对优先股收益率的要求。优先股股利通常是固定的。优先股成本比债券成本高，原因在于：①优先股股利在所得税后支付，而债券利息在所得税前支付；②企业破产清算时，优先股持有人的求偿权在债券持有人之后，风险大于债券。优先股资金成本（率）的计算公式为

$$K_p = \frac{D_p}{P_0(1-f)}$$

或
$$K_p = \frac{P_0 i}{P_0(1-f)} = \frac{i}{1-f}$$

式中 K_p——优先股资金成本率；

P_0——优先股股票面值；
D_p——优先股每年股利；
i——股息率；
f——筹资费率。

【例7-2】 某公司发行100万元优先股，发行费用率为5%，每年支付10%的股利。求该公司优先股的资金成本。

解：

$$K_p = \frac{100\text{万元} \times 10\%}{100\text{万元} \times (1 - 5\%)} = 10.53\%$$

2）普通股成本。由于普通股股东的收益是随着项目公司税后收益额的大小而变动的，每年股利可能各不相同，而且这种变化深受项目公司融资意向与投资意向及股票市场股价变动因素的影响。因此，确定普通股成本通常比确定债务成本及优先股成本更困难些。确定普通股成本的方法有资本资产定价模型法、税前债务成本加风险溢价法和股利增长模型法。

第一种：资本资产定价模型法。普通股资金成本（率）的计算公式为

$$K_s = R_f + \beta(R_m - R_f)$$

式中 K_s——普通股资金成本率；
R_f——社会无风险投资收益率；
R_m——市场投资组合预期收益率；
β——项目的投资风险系数。

第二种：税前债务成本加风险溢价法。普通股资金成本（率）的计算公式为

$$K_s = K_b + RP_c$$

式中 K_s——普通股资金成本率；
K_b——所得税前的债务资金成本率；
RP_c——投资者比债权人承担更大风险所要求的风险溢价。

第三种：股利增长模型法。普通股资金成本（率）的计算公式为

$$K_s = \frac{D_1}{P_0(1 - f)} + g$$

式中 K_s——普通股资金成本率；
P_0——当年普通股市场价格；
D_1——第1年股利；
f——普通股融资费用率；
g——普通股股利每年预期增长率。

【例7-3】 XYZ公司准备增发普通股，每股发行价为20元，发行费用为3元，预定第一年分派现金股利每股1元，以后每年股利增长5%。求该公司普通股的资金成本。

解：

$$K_s = \frac{1}{20 - 3} + 5\% = 10.9\%$$

3）留存收益成本。留存收益又称保留盈余，是企业缴纳所得税后的利润，属于股东权益。股东将这一部分未分配的税后利润留在企业，实质上是对其追加投资。对此，股东同样要求这部分投资有一定的报酬。所以留存收益也有资金成本。它的资金成本是股东失去向外投资的机会成本，故与普通成本的计算基本相同，只是不考虑筹资费用。其计算公式为

$$K_r = \frac{D_c}{P_c} + g = i + g$$

式中 K_r——留存收益成本率。

（2）债务资金成本

1）长期债券资金成本。长期债券资金成本主要包括债券的利息和筹资费用。长期债券资金利息作为财务费用计入所得税前成本费用，具有抵税的作用。债券的筹资费用一般比较高，不可在计算资金成本时省略。它主要包括发行债券的手续费、注册费用、印刷费以及上市推销费用等。按照一次还本付息、分期付息的方式，债券资金成本（率）的计算公式为

$$K_b = \frac{I_b(1-T)}{B(1-F_b)}$$

式中 K_b——债券资金成本率；

I_b——债券年利息；

B——债券发行额，即实际筹集资金额度；

F_b——债券筹资费用率；

T——所得税税率。

【例7-4】 某公司发行总面额为100万元的10年期债券，票面利率为10%，按面值发行且发行费用率为3%，公司所得税税率为25%。求该公司债券的资金成本。

解：

$$K_b = \frac{100\text{万元} \times 10\% \times (1-25\%)}{100\text{万元} \times (1-3\%)} = 7.73\%$$

2）长期借款资金成本。长期借款手续费较低，包括借款利息和筹资费用两部分。借款利息计入税前成本费用，可以起到抵税的作用。因此一次还本、分期付息借款的成本可表示为

$$K_l = \frac{I_l(1-T)}{L(1-F_l)} = \frac{R(1-T)}{1-F_l}$$

式中 K_l——项目借款的融资成本率；

I_l——项目借款第 t 年的利息；

L——项目借款筹资额；

F_l——项目借款的筹资费用率；

T——所得税税率；

R_l——借款年利息率。

【例7-5】 某项目公司向某银行借得年利率为8%的5年期借款200万元，每年付息一次，到期一次还本。项目公司所得税税率为25%，融资费用率为1%。求这笔借款的资金

成本。

解：
$$K_1=\frac{8\%\times(1-25\%)}{1-1\%}=6.1\%$$

3）租赁成本。项目公司租入某项资产，获得其使用权，要定期支付租金，并且租金列入项目公司成本，可以减少应付所得税。因此，其租赁成本为

$$K_L=\frac{E}{P_L}(1-T)$$

式中　K_L——租赁成本率；

P_L——租赁资产价值；

E——年租金额；

T——所得税税率。

2. 综合资金成本的测算

项目公司从不同来源筹集资金，筹资比例不同，其资金成本也不同。项目公司出于经济效益的考虑，希望资金成本为最低，因此，为了进行筹资决策和投资决策，就需要计算全部资金来源的综合资金成本，即加权平均的资金成本率，其计算公式为

$$K_W=\sum_{j=1}^{n}K_jW_j$$

式中　K_W——综合资金成本率；

W_j——第 j 种资金来源占全部资金的比重；

K_j——第 j 种资金来源的资金成本率。

【例 7-6】　某公司有长期资本 1 亿元，其具体情况如表 7-2 所示。

表 7-2　某公司筹资情况表

资 本 种 类	资本成本价（万元）	资本比例（%）	个别资金成本率（%）
长期借款	2 000	20	4
长期债券	3 500	35	6
优先股	1 000	10	10
普通股	3 000	30	14
留存收益	500	5	13
合计	10 000	100	—

计算综合资金成本率。

解： $K_W=4\%\times0.2+6\%\times0.35+10\%\times0.1+14\%\times0.3+13\%\times0.05=8.75\%$

3. 边际资金成本

（1）边际资金成本的概念　边际资金成本是指资金每增加一个单位而增加的成本，也是项目公司筹资和投资过程中必须考虑的问题。项目公司的各种资金成本是随着筹资条件的变化而变化的。当项目公司为新投资进行筹资时需要追回筹集的资金成本，这就需要计算边际资金成本。

通常来说，资金成本在一定范围内不会改变，而在保持某资金成本的条件下可以筹集到的资金总限度称为保持现有资本结构下的筹资总额分界点，一旦筹资额超过筹资总额分界点，即使维持现有的资本结构，其资金成本也会增加。

（2）边际资金成本的计算 边际资金成本的计算一般按下列步骤进行：

1）确定目标资本结构。

2）测算个别资金的成本率。

3）计算筹资总额分界点。

$$筹资总额分界点=\frac{某种筹资方式的成本分界点}{目标资金结构中该筹资方式所占的比重}$$

4）计算边际资金成本。根据计算出的分界点，可得出若干组新筹资范围，对筹资范围分别计算综合资金成本，可得到各种筹资范围的边际资金成本。

【例7-7】 某建筑公司需筹集资金1 000万元，它们是：债券200万元，优先股50万元，普通股500万元，留存收益250万元。如果该公司准备筹措新资金，则债券比重为20%，优先股比重为5%，普通股比重为50%，留存收益比重为25%。试计算追加筹资的边际资金成本。

解：1）确定各种筹资方式的资金成本率（见表7-3）。

表7-3 某建筑公司筹资资料

筹资方式	目标资金结构	新筹资的数量范围（万元）	个别资金成本率
长期债券	20%	0～1 000	6%
		1 000～4 000	7%
		>4 000	8%
优先股	5%	0～250	12%
		>250	14%
普通股	50%	0～500	14%
		500～1 000	15%
		>1 000	16%
留存收益	25%	0～500	15%
		500～1 000	16%
		>1 000	18%

2）计算筹资总额分界点（见表7-4）。

表7-4 筹资总额分界点计算表 单位：万元

筹资方式	个别资金成本率	各种筹资方式筹资范围	筹资总额分界点	筹资总额范围
长期债券	6%	1～1 000	5 000	0～5 000
	7%	1 000～4 000	20 000	5 000～20 000
	8%	>4 000	—	>20 000
优先股	12%	0～250	5 000	0～5 000
	14%	>250	—	>5 000

（续）

筹资方式	个别资金成本率	各种筹资方式筹资范围	筹资总额分界点	筹资总额范围
普通股	14%	0~500	1 000	0~1 000
	15%	500~1 000	2 000	1 000~2 000
	16%	>1 000	—	>2 000
留存收益	15%	0~500	2 000	0~2 000
	16%	500~1 000	4 000	2 000~4 000
	18%	>1 000	—	>4 000

3）计算边际资金成本（见表7-5）。

表7-5 边际资金成本计算表

序号	筹资总额的范围(万元)	筹资方式	目标资金结构	个别资本成本率	资金的边际成本率	资金成本率
1	0~1 000	长期债券	20%	6%	1.20%	12.55%
		优先股	5%	12%	0.60%	
		普通股	50%	14%	7.00%	
		留存收益	25%	15%	3.75%	
2	1 000~2 000	长期债券	20%	6%	1.20%	13.05%
		优先股	5%	12%	0.60%	
		普通股	50%	15%	7.50%	
		留存收益	25%	15%	3.75%	
3	2 000~4 000	长期债券	20%	6%	1.20%	13.80%
		优先股	5%	12%	0.60%	
		普通股	50%	16%	8.00%	
		留存收益	25%	16%	4.00%	
4	4 000~5 000	长期债券	20%	6%	1.20%	14.30%
		优先股	5%	12%	0.60%	
		普通股	50%	16%	8.00%	
		留存收益	25%	18%	4.50%	
5	5 000~20 000	长期债券	20%	7%	1.40%	14.60%
		优先股	5%	14%	0.70%	
		普通股	50%	16%	8.00%	
		留存收益	25%	18%	4.50%	
6	>20 000	长期债券	20%	8%	1.60%	14.80%
		优先股	5%	14%	0.70%	
		普通股	50%	16%	8.00%	
		留存收益	25%	18%	4.50%	

7.4.3 资本结构

资本结构是指项目融资方案中各种资金来源的构成及其比例关系，是项目在一定时期筹资组合的结果，又称资金结构。广义的资本结构，是指项目公司的全部资本的构成及其比例关系。项目公司在一定时期的资本可分为债务资本和股权资本，也可分为短期资本和长期资本。狭义的资本结构，是指项目公司各种长期资本的构成及其比例关系，尤其是指长期债务资本与（长期）股权资本之间的构成及其比例关系。

项目的资本结构安排和资金来源的选择在项目融资中起着非常关键的作用。它在很大程度上决定着工程项目的偿债和再融资能力，决定着工程项目未来的盈利能力，是工程项目财务状况的一项重要指标。合理的融资结构可以降低融资成本，发挥财务杠杆的调节作用，使工程项目获得更大的自有资金收益率。

资本结构的分析应包括项目筹集资金中权益资金、债务资金的形式，各种资金所占比例，以及资金来源，主要包括项目权益资金与债务资金的比例、项目债务资本结构。

1. 项目权益资金与债务资金的比例

一个工程项目自有资金有多少，负债多少，是每个财务决策者必须考虑的一个重要问题。在项目总投资和投资风险一定的条件下，项目自有资金比例越高，权益投资者投入的资金越多，承担的资金风险就越大，但财务杠杆的作用越小，财务杠杆风险越小。同时，提供债务资金的债权人风险越低。从权益投资者的角度出发，工程项目应合理利用财务杠杆的作用，以较低的资本金投资争取较多的债务资金，争取尽可能低的对股东的追索。同时，由于财务费用可以作为所得税前的抵扣，合理利用外债既可发挥财务杠杆的作用，又可降低资金成本。从债权人的角度出发，资本金比例越高，贷款风险越低，贷款利率可以越低，且债权风险越小。

因此，对于大多数项目，资本安排中的资本结构必须在项目资本金和债务资金之间达到一个合理的比例。它们之间的合理比例由各参与方的利益平衡来决定。一般认为，在符合国家资本金的制度规定、金融机构信贷法规及债权人有关资产负债比例要求的前提下，既能满足权益投资者获得期望投资回报的要求，又能较好地防范财务风险的比例是较理想的权益资金与债务资金的比例。

2. 项目债务资本结构

一般情况下，项目融资中债务融资比例较大，因此项目债务资金筹集是解决项目融资结构的核心问题。债务资金的显著特点是还本付息。按照债务偿还时间的长短可分为流动负债和长期负债。债务资本结构是指企业负债中各种负债数量比例关系。影响债务资本结构的因素包括各种债务资本的数额比例、债务期限比例、内债和外债的比例。不同类型债务融资方式的融资成本和融资风险不一样。例如，短期借款融资成本相对低，但融资额度少、时间短、财务风险大；而长期借款融资成本相对较高，但融资额度大、时间长、财务风险小。因此，财务管理者需要在融资成本和融资风险之间进行利益平衡，既希望降低融资成本，又能控制融资风险。

在选择债务融资的结构时需要考虑以下几个方面：

（1）债务期限配比　在项目负债结构中长短期负债比例应合理搭配。适当配以一定比例短期负债，既可解决日常流动资金的烦恼，又可降低融资成本。同时，适当比例的长期债务虽融资成本较高，但可降低财务风险，满足工程项目大额资金的需要。

（2）债务偿还顺序　长期债务资金需要根据工程前期准备的还款计划表来还本付息。负债资金的还款计划表在编制时应科学、适度宽松，不能过于紧凑，否则一旦实施过程中未达到前期预期，就会出现无法按时还款的可能性，因此债务安排中最好有一定的宽限期。同时在债务安排时，也不能过于宽松，否则会增加利息负担，加大成本。

(3) 境内外借款比例 工程项目境外借款需要考虑的因素主要是境外借款的可能性、方便程度及汇率问题。汇率时刻都在变动，极有可能增大工程项目的成本和财务风险，因此需要在借款合同条款中适度规避风险。

3. 最佳资本结构

(1) 最佳资本结构的含义 最佳资本结构就是使股东财富最大或股价最大的资本结构，也就是使工程项目资金成本最小的资本结构。其衡量标准主要有以下几点：

1) 综合资金成本最低，企业为筹集资金所付出的代价最小。

2) 每股市价上升，股东财富最大，企业总体价值最大。

3) 资本结构弹性较大，企业筹集资金能够确保企业长短期经营和发展需要。

(2) 最佳资本结构的确定 资本结构决策的中心是确定最优资本结构和选择目标资本结构。本书着重介绍每股收益无差别点法。

资本结构是否合理，可以通过分析每股收益的变化来判断。凡能提高每股收益的资本结构就是合理的，反之就是不合理的。一般来说，每股收益主要受资本结构、销售水平的影响。因此，可运用每股收益无差别点法来分析两者的关系。

每股收益无差别点是指每股收益不受融资方式影响的销售水平。根据每股收益无差别点，可分析判断不同销售水平下适用的资本结构。

每股收益无差别点 EPS 的计算公式为

$$\mathrm{EPS}=\frac{(S-V_{\mathrm{c}}-F-I)(1-T)-D_{\mathrm{p}}}{N}=\frac{(\mathrm{EBIT}-I)(1-T)-D_{\mathrm{p}}}{N}$$

式中 S——销售额；

V_{c}——变动成本；

F——固定成本；

I——债务利息；

N——流通在外的普通股股数；

EBIT——息税前利润；

D_{p}——优先股年股利。

在每股收益无差别点上，无论是采用负债融资，还是采用权益融资，每股收益是相等的。若以 EPS_1 表示负债融资，以 EPS_2 表示权益融资，有

$$\mathrm{EPS}_1=\mathrm{EPS}_2$$

$$\frac{(S_1-V_{\mathrm{c1}}-F_1-I_1)(1-T)-D_{\mathrm{p1}}}{N_1}=\frac{(S_2-V_{\mathrm{c2}}-F_2-I_2)(1-T)-D_{\mathrm{p2}}}{N_2}$$

在每股收益无差别点上，$S_1=S_2$，则

$$\frac{(S-V_{\mathrm{c1}}-F_1-I_1)(1-T)-D_{\mathrm{p1}}}{N_1}=\frac{(S-V_{\mathrm{c2}}-F_2-I_2)(1-T)-D_{\mathrm{p2}}}{N_2}$$

【例7-8】 某建筑公司资金90 000万元，因为施工项目的需要，准备增加筹资25 000万元。资金筹集有两种备选方案：一是全部发行公司债券，票面利率为12%，利息为3 000万元；二是全部发行普通股，增发1 000万股普通股，每股面值25元。具体资料如表7-6

所示。

表 7-6 某建筑公司资本结构变化情况表 单位：万元

筹资方式	原资本结构	增加筹资后资本结构	
		增发普通股	增发公司债券
公司债券（利率12%）	20 000	20 000	45 000
普通股（每股面值10元）	40 000	50 000	40 000
优先股（每年股利80万元）	800	800	800
资本公积	9 200	24 200	9 200
留存收益	20 000	20 000	20 000
资本总额合计	90 000	115 000	115 000
普通股股数（万股）	4 000	5 000	4 000

根据表中资料，用每股收益无差别点法分析确定增资方案。

解：将表中的有关数据代入条件公式：

$$\frac{(\text{EBIT}-2\ 400\text{万元})\times(1-25\%)-800\text{万元}}{5\ 000\text{万股}}=\frac{(\text{EBIT}-5\ 400\text{万元})\times(1-25\%)-800\text{万元}}{4\ 000\text{万股}}$$

$$\text{EBIT}=18\ 647\text{万元}$$

此时每股收益为：$\dfrac{(18\ 647\text{万元}-5\ 400\text{万元})\times(1-25\%)-800\text{万元}}{4\ 000}=2.25\text{元}$

根据以上每股收益无差别点分析，从图7-1中可以看出，当息税前利润大于18 467万元时，采用负债筹资方式较为有利；当息税前利润低于18 467万元时，采用发行普通股筹资方式较为有利；而息税前利润为18 467万元时，采用这两种方法并无差别。

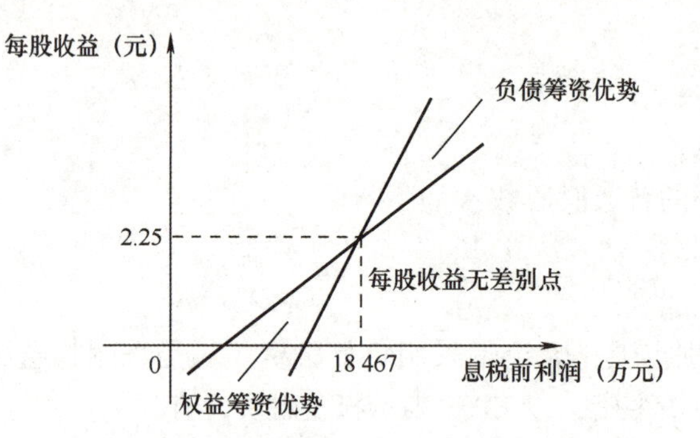

图 7-1 每股收益无差别点分析

7.5 工程项目融资方式

7.5.1 传统的工程项目融资方式

项目融资的方式是指对于某类具有共同特征的投资项目，项目发起人或投资者在进行投融资设计时可以效仿并重复运用的操作方案。传统的工程项目融资随着融资理论研究与实践应用的不断发展，出现了一系列的融资方式，如BOT、PPP、ABS、TOT、PFI等。

1. BOT方式

BOT（Build-Operate-Transfer，建设—运营—移交）是20世纪80年代中后期发展起来的一种项目融资方式，主要适用于竞争性不强的行业或有稳定收入的项目，如包括公路、桥梁、自来水厂、发电厂等在内的公共基础设施、市政设施等。其基本思路是，由项目所在国政府或其所属机构为项目的建设和经营提供一种特许权协议（Concession Agreement）作为项目融资的基础，由本国公司或者外国公司作为项目的投资者和经营者安排融资，承担风险，开发建设项目并在特许权协议期间经营项目获取商业利润。特许期满后，根据协议将该项目转让给相应的政府机构。

实际上BOT是一类项目融资方式的总称，通常所说的BOT主要包括典型BOT、BOOT及BOO三种基本形式。

（1）典型BOT方式　投资财团愿意自己融资建设某项基础设施，并在项目所在国政府授予的特许期内经营该公共设施，以经营收入抵偿建设投资，并获得一定收益，经营期满后将此设施转让给项目所在国政府。这是最经典的BOT形式，项目公司没有项目的所有权，只有建设和经营权。

（2）BOOT方式　BOOT（Build-Own-Operate-Transfer，建设—拥有—运营—移交）方式与典型BOT方式的主要不同之处是，项目公司既有经营权又有所有权，政府允许项目公司在一定范围和一定时期内，将项目资产以融资目的抵押给银行，以获得更优惠的贷款条件，从而使项目的产品/服务价格降低，但特许期一般比典型BOT方式稍长。

（3）BOO方式　BOO（Build-Own-Operate，建设—拥有—运营）方式与前两种形式的主要不同之处在于，项目公司不必将项目移交给政府（即为永久私有化），目的主要是鼓励项目公司从项目全寿命周期的角度合理建设和经营设施，提高项目产品/服务的质量，追求全寿命周期的总成本降低和效率的提高，使项目的产品/服务价格更低。

除上述三种基本形式外，BOT还有十余种演变形式，如BT（Build-Transfer，建设—移交）、BTO（Build-Transfer-Operate，建设—移交—运营）等。这里简要介绍BT融资形式，所谓BT，是指政府在项目建成后从民营机构（或任何国营/民营/外商法人机构）中购回项目（可一次支付、也可分期支付）；与政府投资建造项目不同的是，政府用于购回项目的资金往往是事后支付（可通过财政拨款，但更多的是通过运营项目来支付）；民营机构是投资者或项目法人，必须出一定的资本金，用于建设项目的其他资金可以由民营机构自己出，但更多的是以期望的政府支付款（如可兑信用证）来获取银行的有限追索权贷款。BT项目中，投资者仅获得项目的建设权，而项目的经营权则属于政府，BT融资形式适用于各类基础设施项目，特别是出于安全考虑的必须由政府直接运营的项目。对银行和承包商而言，BT项目的风险可能比基本的BOT项目大。

如果承包商不是投资者，其建设资金不是从银行借的有限追索权贷款，或政府用于购回项目的资金完全没有基于项目的运营收入，此种情况实际上应称为“承包商垫资承包”或“政府延期付款”，属于异化，已经超出狭义项目融资的原有含义范畴，在我国已被禁止。因为它主要只是解决了政府当时缺少资金建设基础设施的燃眉之急，并没有实现狭义项目融资所强调的有限追索、提高效率（降低价格）、公平分担风险等目标。

2. PPP 方式

PPP（Public-Private-Partnership，公私合作或公私合伙）融资方式最早出现于 20 世纪 90 年代，是指政府与民营机构（或任何国营/民营/外商法人机构）签订长期合作协议，授权民营机构代替政府建设、运营或管理基础设施（如道路、桥梁、电厂、水厂等）或其他公共服务设施（如医院、学校、监狱、警岗等），并向公众提供公共服务。从广义上来讲，PPP 可以分为三大类，分别包括传统承包项目、开发经营项目和合作开发项目。传统承包项目中，民营机构只负责部分分包工作，其他大部分工作由政府负责；开发经营项目中，民营机构在合同期内负责项目的建设及运营，合同期满后将项目移交给政府；合作开发项目中，私营部门参与项目的融资，与政府共同分享项目的经营收入。PPP 融资方式强调政府与民营机构间的长期合作关系，也正因为民营机构参与到项目的建设过程中，为保证自身利益，项目建设过程中会积极选取最佳方式提供公共服务，使得服务质量得到提升。PPP 强调的是优势的互补、风险的分担和利益的共享。

PPP 与 BOT 在本质上区别不大，都是通过项目的期望收益进行融资，对民营机构的补偿都是通过授权民营机构在规定的特许期内向项目的使用者收取费用，由此回收项目的投资、经营和维护等成本，并获得合理的回报（即建成项目投入使用后所产生的现金流量成为支付经营成本、偿还贷款和提供投资回报等的唯一来源），特许期满后项目将移交回政府（也有不移交的，如 BOO）。

当然，PPP 与 BOT 在细节上也有一些差异。例如在 PPP 项目中，民营机构做不了的或不愿做的，需要由政府来做；其余全由民营机构来做，政府只起监管作用。而在 BOT 项目中，绝大多数工作由民营机构来做，政府则提供支持和担保。但无论 PPP 或 BOT 方式，都要合理分担项目风险，从而提高项目的投资、建设、运营和管理效率，这是 PPP 或 BOT 的最重要目标。此外，PPP 的含义更为广泛，反映更为广义的公私合伙/合作关系，除了基础设施和自然资源开发，还可包括公共服务设施和国营机构的私有化等，因此，近年来国际上越来越多采用 PPP 方式，有取代 BOT 的趋势。

PPP 方式与 BOT 方式在各方责任方面有着较为明显的不同，总的来说，BOT 项目中政府与民营企业缺乏恰当的协调机制，导致双方自身目标不同，出现利益冲突，而 PPP 项目中政府与民营部门的关系更加紧密。

3. TOT 方式

TOT（Transfer-Operate-Transfer，移交—运营—移交），是从 BOT 方式演变而来的一种新型方式，具体是指用民营资金购买某个项目资产（一般是公益性资产）的经营权，购买者在约定的时间内通过经营该资产收回全部投资和得到合理的回报后，再将项目无偿移交给原产权所有人（一般为政府或国有企业）。TOT 特别受投资者青睐，在发展中国家得到越来越多的应用，该模式为政府需要建设大型项目而又资金不足时提供了解决的途径，还为各类资本投资于基础设施开辟了新的渠道。

TOT 的运作程序相对比较简单，一般包括以下步骤：

1）制订 TOT 方案并报批。转让方须先根据国家有关规定编制 TOT 项目建议书，征求行业主管部门同意后，按现行规定报有关部门批准。国有企业或国有基础设施管理人只有获得国有资产管理部门批准或授权才能实施 TOT 方式。

2）项目发起人（同时又是投产项目的所有者）设立 SPC 或 SPV（Special Purpose Corporation

或 Special Purpose Vehicle，特殊目的公司或特殊目的机构)，发起人把完工项目的所有权和新建项目的所有权均转让给 SPC 或 SPV，以确保有专门机构对两个项目的管理、转让、建造负有全权，并对出现的问题加以协调。SPC 或 SPV 通常是政府设立或政府参与设立的具有特许权的机构。

3）TOT 项目招标。按照国家规定，需要进行招标的项目，须采用招标方式选择 TOT 项目的受让方，其程序与 BOT 方式大体相同，包括招标准备、资格预审、准备招标文件、评标等步骤。

4）SPV 与投资者洽谈以达成转让投产运行项目在未来一定期限内全部或部分经营权的协议，并取得资金。

5）转让方利用获得的资金建设新项目。

6）新项目投入使用。

7）转让项目经营期满后，收回转让的项目。转让期满，资产应在无债务、未设定担保、设施状况完好的情况下移交给原转让方。

BOT 方式与 TOT 方式的区别见表 7-7。

表 7-7 BOT 方式与 TOT 方式的区别

	BOT 方式	TOT 方式
项目融资的角度	已建成项目为其他新项目进行融资	为筹建中的项目进行融资
具体运作过程	只涉及转让经营权，不存在产权、股权等问题	建造过程中所包含的大量风险和矛盾（如建设成本超支、延期、停建、无法正常运营等）
东道国政府	通过经营权的转让，得到一部分外资或民营资本，可用于偿还因为基础设施建设而承担的债务，也可作为当前迫切需要建设而又难以吸引外资或民营资本的项目；转让经营权后，可大量减少基础设施运营的财政补贴支出	需要产生基础设施运营的财政补贴支出
投资者的角度	可回避建设中的超支、停建或者建成后不能正常运营、现金流量不足以偿还债务等风险，又能尽快取得收益	先要投入资金建设，并要设计合理的信用保证结构，花费时间很长，承担风险大

4. ABS 方式

ABS（Asset-Backed Securitization，资产证券化）是 20 世纪 80 年代首先在美国兴起的一种新型的资产变现方式，它将缺乏流动性但能产生可预见的、稳定的现金流量的资产归集起来，通过一定的安排，对资产中的风险与收益要素进行分离与重组，进而转换为在金融市场上可以出售和流通的证券过程。

ABS 融资方式的运作过程主要包括以下几个方面：

1）组建特殊目的机构 SPV。该机构可以是一个信托机构，如信托投资公司、信用担保公司、投资保险公司或其他独立法人，该机构应能够获得国际权威资信评估机构较高级别的信用等级（AAA 或 AA 级），由于 SPV 是进行 ABS 融资的载体，成功组建 SPV 是 ABS 能够成功运作的基本条件和关键因素。

2）SPV 与项目结合。即 SPV 寻找可以进行资产证券化融资的对象。一般来说，投资项目所依附的资产只要在未来一定时期内能带来现金收入，就可以进行ABS融资。拥有这种未来现金流量所有权的企业（项目公司）成为原始权益人。这些未来现金流量所代表的资产，是ABS融资方式的物质基础。在进行ABS融资时，一般应选择未来现金流量稳定、可靠，风险较小的项目资产。而SPV与这些项目的结合，就是以合同、协议等方式将原始权益人所拥有的项目资产的未来现金收入的权利转让给SPV，转让的目的在于将原始权益人本身的风险割断。这样SPV进行ABS方式融资时，其融资风险仅与项目资产未来现金收入有关，而与建设项目的原始权益人本身的风险无关。

3）进行信用增级。利用信用增级手段使该组资产获得预期的信用等级。为此，就要调整项目资产现有的财务结构，使项目融资债券达到投资级水平，达到SPV关于承包ABS债券的条件要求。SPV通过提供专业化的信用担保进行信用升级，之后委托资信评估机构进行信用评级，确定ABS债券的资信等级。

4）SPV发行债券。SPV直接在资本市场上发行债券募集资金，或者经过SPV通过信用担保，由其他机构组织债券发行，并将通过发行债券筹集的资金用于项目建设。

5）SPV偿债。由于项目原始收益人已将项目资产的未来现金收入权利让渡给SPV，因此，SPV就能利用项目资产的现金流入量，清偿其在国际高等级投资证券市场上所发行债券的本息。

具体而言，ABS与BOT融资方式在项目所有权、运营权归属、适用范围、对项目所在国的影响、融资方式、风险分散度、融资成本等方面都有不同之处，BOT方式与ABS方式的比较见表7-8。

表7-8 BOT方式与ABS方式的比较

	BOT方式	ABS方式
项目所有权、运营权归属	项目的所有权与经营权在特许经营期内是属于项目公司的，在特许期经营结束之后，所有权与经营权将会移交给政府	项目的所有权在债券存续期内由原始权益人转至SPV，而经营权与决策权仍属于原始权益人，债券到期后，利用项目所产生的收益还本付息并支付各类费用之后，项目的所有权重新回到原始权益人手中
适用范围	主要用于基础设施或市政设施，如机场、港口、电厂、公路、自来水厂等，以及自然资源开发项目	适应于所有项目
资金来源	可以是国内资金，也可以是外资，如项目发起人自有资金、银行贷款等	强调通过证券市场发行债券这一方式筹集资金
对项目所在国的影响	会给东道国带来一定的负面效应，如掠夺性经营、国家税收流失及国家承担价格、外汇等多种风险	较少负面效应
风险分散度	主要由政府、投资者/经营者、贷款机构承担	由众多的投资者承担，而且债券可以在二级市场上转让，变现能力强
融资成本	过程复杂、牵涉面广、融资成本因中间环节多而增加	只涉及原始权益人、SPV、证券承销商和投资者，无须政府的许可、授权、担保等，过程简单，降低了融资成本

5. PFI 方式

PFI（Private Finance Initiative，私人主动融资）是指由私营企业进行项目的建设与运营，从政府方或接受服务方收取费用以回收成本，在运营期结束时，私营企业应将所运营的项目完好地、无债务地归还政府。PFI 融资方式具有使用领域广泛、缓解政府资金压力、提高建设效率等特点。利用这种融资方式，可以弥补财政预算的不足、有效转移政府财政风险、提高公共项目的投资效率、增加私营部门的投资机会。

PFI 是一种强调私营企业在融资中主动性与主导性的融资方式，在这种方式下，政府以不同于传统的由其自身负责提供公共项目产出的方式，而是采取促进私营企业有机会参与基础设施和公共物品的生产和提供公共服务的一种全新的公共项目产出方式。通过 PFI 方式，政府与私营企业进行合作，由私营企业承担部分政府公共物品的生产或提供公共服务，政府购买私营企业提供的产品或服务，或给予私营企业以收费特许权，或政府与私营企业以合伙方式共同营运等方式来实现政府公共物品产出中的资源配置最优化、效率和产出的最大化。

（1）PFI 的典型模式　PFI 模式最早出现在英国，在英国的实践中，通常有三种典型模式，即经济上自立的项目、向公共部门出售服务的项目与合资经营项目。

1）在经济上自立的项目。以这种方式实施的 PFI 项目，私营企业提供服务时，政府不向其提供财政的支持，但是在政府的政策支持下，私营企业通过项目的服务向最终使用者收费，来回收成本和实现利润。其中，公共部门不承担项目建设和运营的费用，但是私营企业可以在政府的特许下，通过适当调整对使用者的收费来补偿成本的增加。在这种模式下，公共部门对项目的作用是有限的，也许仅仅是承担项目最初的计划或按照法定程序帮助项目公司开展前期工作和按照法律进行管理。

2）向公共部门出售服务的项目。这种项目的特点在于，私营企业提供项目服务所产生的成本，完全或主要通过私营企业服务提供者向公共部门收费来补偿，这样的项目主要包括私人融资兴建的监狱、医院和交通线路等。

3）合资经营项目。这种形式的项目中，公共部门与私营企业共同出资、分担成本和共享收益。但是，为了使项目成为一个真正的 PFI 项目，项目的控制权必须是由私营企业来掌握，公共部门只是一个合伙人的角色。

（2）PFI 的优点　PFI 与私有化不同，公共部门要么作为服务的主要购买者，要么充当实施项目的基本的法定授权控制者，这是政府部门必须坚持的基本原则；同时，与买断经营也有所不同，买断经营方式中的私营企业受政府的制约较小，是比较完全的市场行为，私营企业既是资本财产的所有者，又是服务的提供者。PFI 方式的核心旨在增加包括私营企业参与的公共服务或者是公共服务的产出大众化。

PFI 在本质上是一个设计、建设、融资和运营模式，政府与私营企业是一种合作关系，对 PFI 项目服务的购买是由有采购特权的政府与私营企业签订的。

PFI 模式的主要优点表现在：

1）PFI 有非常广泛的适用范围，不仅包括基础设施项目，在学校、医院和监狱等公共项目上也有广泛的应用。

2）推行 PFI 方式，能够广泛吸引经济领域的私营企业或非官方投资者，参与公共物品的产出，这不仅大大缓解了政府公共项目建设的资金压力，同时也提高了政府公共物品的产出水平。

3）吸引私营企业的知识、技术和管理方法，提高公共项目的效率和降低产出成本，使社会资源配置更加合理化，同时也使政府摆脱了受到长期困扰的政府项目低效率的压力，使政府有更多的精力和财力用于社会发展更加急需的项目建设。

4）PFI 方式是政府公共项目投融资和建设管理方式的重要的制度创新，这也是 PFI 方式最大的优势。在英国的实践中，PFI 被认为是政府获得高质量、高效率的公共设施的重要工具，已经有很多成功案例。

PFI 与 BOT 方式在本质上没有太大区别，但在一些细节上仍存在不同，主要表现在适用领域、合同类型、承担风险、合同期满处理方式等方面。PFI 方式与 BOT 方式的比较见表 7-9。

表 7-9　PFI 方式与 BOT 方式的比较

	BOT 方式	PFI 方式
适用领域	主要用于基础设施或市政设施，如机场、港口、电厂、公路、自来水厂等，以及自然资源开发项目	主要用于基础设施或市政设施、自然资源开发项目、一些非营利性的、公共服务设施项目
合同类型	特许经营合同	签署的是服务合同，一般会对设施的管理、维护提出特殊要求
承担风险	私营企业不参与项目设计，因此设计风险由政府承担	私营企业参与项目设计，需要其承担设计风险
合同期满处理方式	在合同中一般会规定特许经营期满后，项目必须无偿交给政府管理及运营	项目的服务合同中往往规定，如果私营企业通过正常经营未达到合同规定的收益，可以继续保持运营权

7.5.2　衍生的工程项目融资方式

1. 工程项目信托融资

（1）信托的概念　信托是指委托人基于对受托人的信任，将其财产权委托给受托人，由受托人按委托人的意愿以自己的名义，为受益人的利益或者特定目的，进行管理或者处分的行为。它是以财产为核心、以信任为基础、以委托为方式的一种财产管理制度其本质可概括为“受人之托，代人理财”。

（2）信托融资模式　基于融资过程中形成产权关系及现实的运用，信托融资主要有贷款型信托、股权型信托、混合型信托、财产受益型信托四种融资模式。

模式一：贷款型信托融资模式。

操作流程：信托投资公司作为受托人，接受市场中不特定（委托人）投资者的委托，以信托合同的形式将其资金集合起来，然后通过信托贷款的方式贷给项目投资者，项目投资者定期支付利息并于信托计划期限届满时偿还本金给信托投资公司；信托投资公司定期向投资者支付信托收益并于信托计划期限届满之时支付最后一期信托收益和偿还本金给投资者。图 7-2 所示为贷款型信托融资模式操作流程。

贷款型信托融资模式的特点及优势见表 7-10。

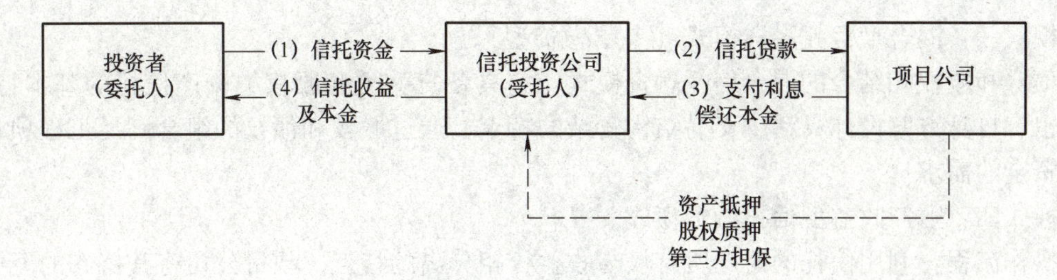

图7-2 贷款型信托融资模式操作流程

表7-10 贷款型信托融资模式的特点及优势

对投资者和项目要求	要求的风险控制机制	退出方式
项目投资手续齐全，投资者在项目中自有资本金达到规定比例，项目盈利能力强	资产抵押、股权质押、第三方担保、设置独立账户	偿还贷款本金
融资金额	融资期限	融资成本
视投资者的实力、工程项目的资金需求，融资各方的有效沟通确定	以短期居多，中长期的信托计划相对较少	一般高于同期银行法定贷款利率
优势：融资期限比较灵活		

模式二：股权型信托融资模式。

操作流程：信托投资公司以发行信托产品的方式从资金持有人手中募集资金，之后以股权投资的方式（收购股权或增资扩股）向项目公司注入资金，同时项目公司或关联的第三方承诺在一定的期限（如两年）后溢价回购信托投资公司持有的股权。图7-3所示为股权型信托融资模式操作流程。

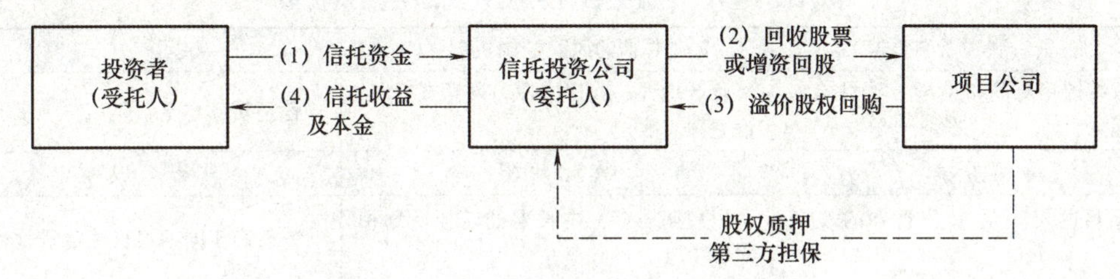

图7-3 股权型信托融资模式操作流程

股权型信托融资模式的特点及优势见表7-11。

表7-11 股权型信托融资模式特点及优势

对投资者和项目的要求	要求的风险控制机制	退出方式
股权结构相对简单清晰、项目盈利能力强	向（项目）公司委派股东和财务经理、股权质押、第三方担保	溢价股权回购
融资金额	融资期限	融资成本
视项目的资金需求及双方的谈判结果	以短期居多，中长期的信托计划相对较少	一般高于同期银行法定贷款利率
股权性质	优势	
该等股权性质类似于优先股，对公司的日常经营、人事安排等没有决定权（可能有建议权、知情权、监督权等）	①能够增加投资者的资本金，起到过桥融资的作用使投资者达到银行融资的条件；②其股权类似优先股性质，只要求在阶段时间内取得合理回报，并不要求参与项目的经营管理，只和投资者分享最终利润	

模式三：混合型信托融资模式（夹层融资型）。

债券和股权相结合的混合信托融资模式，它具备贷款类和股权类资产信托的基本特点，同时也有自身方案设计灵活、交易结构复杂的特点，通过股权和债权的组合满足工程项目对项目资金的需求。

模式四：财产收益型信托融资模式。

操作流程：利用信托的财产所有权与收益权相分离的特点，项目公司将其持有的资产信托给信托公司，形成优先收益权和劣后收益权，并委托信托投资公司代为转让其持有的优先收益权。信托公司发行信托计划募集资金购买优先收益权，信托到期后如投资者的优先收益权未得到足额清偿，则信托公司有权处置该房产补足优先收益权的权益，项目公司所持有的劣后收益权则滞后受偿。图 7-4 所示为财产收益型信托融资模式操作流程。

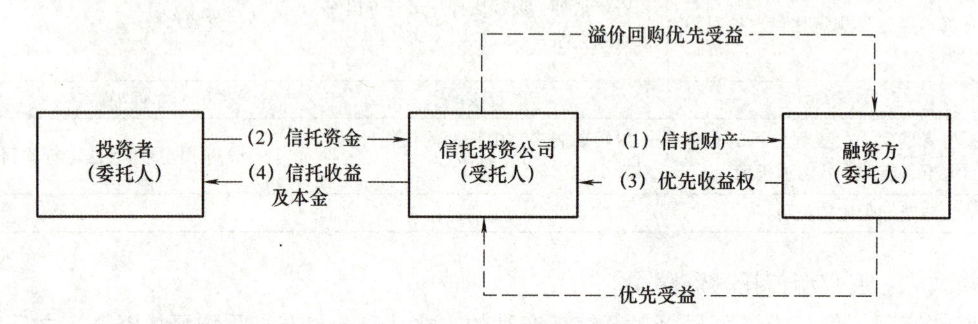

图 7-4　财产收益型信托融资模式操作流程

财产收益型信托融资模式的特点及优势见表 7-12。

表 7-12　财产收益型信托融资模式的特点及优势

对投资者和项目的要求	要求的风险控制机制	退出方式
股权结构相对简单清晰、项目盈利能力强	资产抵押、股权质押、第三方担保、设置独立账户	偿还贷款本金
融资金额	融资期限	融资成本
视项目的资金需求及双方的谈判结果	以短期居多，中长期的信托计划相对较少	一般高于同期银行法定贷款利率
优势		
①在不丧失财产所有权的前提下实现了融资；②在条件成熟的情况下，可以过渡到标准的 REITs（房地产信托投资基金）产品		

（3）信托公司目前常用的信用增级方式　信托产品设置（超）优先级收益权和次级收益权，优先级收益权由普通投资者持有，次级收益权由融资方或关联第三方持有。

信托收益分配顺序一般为：

1）分配优先受益人信托资金本金。

2）分配优先受益人信托收益。

3）分配次级受益人信托资金本金。

4）分配次级受益人信托收益。

2. 并购融资

（1）并购融资的概念及方式　并购融资是指并购企业为了兼并或收购目标企业而进行

的融资活动。根据融资获得资金的来源，我国并购融资方式可分为内源融资和外源融资。两种融资方式在融资成本和融资风险等方面存在着显著的差异。这对企业并购活动中选择融资方式有着直接影响。

1）内源融资。内源融资是指企业通过自身生产经营活动获利并积累所得的资金。内源融资主要指企业提取的折旧基金、无形资产摊销和企业的留存收益。内源融资是企业在生产经营活动中取得并留存在企业内可供使用的“免费”资金，资金成本低，但是内部供给的资金金额有限，很难满足企业并购所需大额资金。

2）外源融资。外源融资是指企业通过一定方式从企业外部筹集所需的资金，外源融资根据资金性质又分为债务融资和权益融资。

（2）我国企业并购融资方式选择的影响因素 企业并购融资方式对并购成功与否有直接影响，在融资方式的选择上需要综合考虑，主要有以下因素：

1）融资成本高低。资金的取得、使用都是有成本的，即使是自有资金，资金的使用也绝不是“免费的午餐”。并购融资成本的高低将会影响到并购融资的取得和使用。并购活动应选择融资成本低的资金来源，否则，并购活动的目的将违背并购的根本目标，损害企业价值。西方优序融资理论从融资成本考虑了融资顺序，该理论认为，融资应先内源融资，后外源融资，在外源融资中优先考虑债务融资，不足时再考虑股权融资。因此，并购融资方式选择时应首先选择资金成本低的内源资金，再选择资金成本较高的外源资金，在外源资金选择时，优先选择具有财务杠杆效应的债务资金，后选择权益资金。

2）融资风险大小。融资风险是并购融资过程中不可忽视的因素。并购融资风险可划分为并购前融资风险和并购后融资风险，前者是指能否在并购活动开始前筹集到足额的资金保证并购顺利进行；后者是指并购完成后，债务性融资面临着还本付息的压力，债务性融资金额越多，负债率越高，财务风险就越大，同时并购融资后，该项投资收益率是否能弥补融资成本，如果并购后，投资收益率小于融资成本，则并购活动只会损害企业价值。因此，在谋划并购活动时必须考虑融资风险。我国对股权融资和债权融资都有相关的法律和法规规定，比如国家规定，银行信贷资金主要是补充企业流动资金和固定资金的不足，没有进行并购的信贷项目，因此，要从商业银行获取并购信贷资金首先面临着法律和法规约束。我国对发行股票融资要求也较为苛刻，《证券法》《公司法》等对首次发行股票、配股、增发等制定了严格的规定，“上市资格”比较稀缺，不是所有公司都能符合条件可以发行股票募资完成并购。

3）融资方式对企业资本结构的影响。资本结构是各种资金来源中长期债务与所有者权益之间的比例关系。并购融资方式会影响资本结构，并购融资方式会通过资本结构影响公司治理结构，因而并购可通过一定的融资方式达到较好的资本结构，实现股权与债权的合理配置，优化公司治理结构，降低委托代理成本，保障在并购活动完成后能够增加企业价值。因此，并购融资时必须考虑融资方式给资本结构带来的影响，根据实力和股权偏好来选择合适的融资方式。

4）融资时间长短。融资时间长短也会影响到并购成败。在面对有利的并购机会时，企业能及时获取并购资金，容易和便捷地快速获取并购资金有利于保证并购成功进行；反之，融资时间较长，会使并购失去最佳并购机会，导致不得不放弃并购。在我国，通常获取商业银行信贷时间比较短，而发行股票融资面临着严格的资格审查和上市审批程序，所需时间超长。因此，在选择融资方式时要考虑融资时间问题。

（3）并购融资方式的创新

1）杠杆收购融资。杠杆收购（Leveraged Buy-Outs，LBO）是指并购企业以目标公司的资产作抵押，向银行或投资者融资来对目标公司进行收购，待收购成功后再以目标公司的未来收益或出售目标公司部分资产偿还本息。杠杆收购融资不同于其他负债融资方式，杠杆收购融资主要依靠目标公司被并购后产生的经营收益或者出售部分资产进行偿还负债，而其他负债融资主要由并购企业的自有资金或其他资产偿还。通常，并购企业用于并购活动的自有资金只占并购总价的15%左右，其余大部分资金通过银行贷款及发行债券解决，因此，杠杆收购具有高杠杆性和高风险性特征。杠杆收购融资对缺乏大量并购资金的企业来说，可以借助于外部融资，通过达到“双赢”促成企业完成并购。

2）换股并购融资。换股并购是指并购企业将目标公司的股票按照一定比例换成并购企业的股票，目标公司被终止或成为并购公司的子公司。换股并购通常分为三种情况：增资换股、库存股换股、母公司与子公司交叉持股。换股并购融资对并购企业来说不需要支付大量现金，不会挤占公司的营运资金，相对于现金并购支付而言成本也有所降低。换股并购对我国上市公司实现并购具有重要的促进作用。

3）认股权证融资。认股权证是一种衍生金融产品，它是由上市公司发行的，能够在有效期内（通常为3～10年）赋予持有者按事先确定的价格购买该公司发行一定数量新股权利的证明文件。通常，上市公司发行认股权证时将其与股票、债券等一起发行，通过给予原流通股股东的一定补偿，提高了股票、债券等融资工具对投资者的吸引力，这样有助于顺利实现上市公司融资的目的。因此，发行认股权证对需要大量融资的并购企业来说可成功达到筹资的目标。

（4）上市公司并购的模式比较

模式一：由上市公司作为投资主体直接展开投资并购。

优势：可以直接由上市公司进行股权并购，无须使用现金作为支付对价；利润可以直接在上市公司报表中反映。

劣势：在企业市值低时，对股权稀释比例较高；上市公司作为主体直接展开并购，涉及上市公司的决策流程、公司治理、保密性、风险承受、财务损益等因素，比较麻烦；并购后业务利润未按预期释放，影响上市公司利润。

模式二：由大股东成立子公司作为投资主体展开投资并购，待子业务成熟后注入上市公司。

优势：不直接在股份公司层面稀释股权；未来如果子业务发展势头良好，可将资产注入股份公司；通过此结构在控股股东旗下设立一个项目“蓄水池”，公司可根据资本市场周期、股份公司业绩情况以及子业务经营情况，有选择地将资产注入上市公司，更具主动权；可以在子公司层面开放股权，对被并购企业的管理团队而言，未来如果经营良好，可以将资产注入上市公司，从而实现股权增值或直接在上市公司层面持股，实现上市，具有较高的激励效果。

劣势：规模有限，如成立全资子公司或控股子公司则需要大股东出资较大金额，如非控股则大股东丧失控制权；子公司或项目业绩不能纳入股份公司合并报表，使得并购后不能对上市公司报表产生积极影响；公司需成立专门的并购团队开展项目扫描、并购谈判、交易结构设计等，对公司投资并购能力和人才储备要求较高。

模式三：由大股东出资成立产业投资基金作为投资主体展开投资并购，待子业务成熟后注入上市公司。

此模式除具有模式二的优势外，还具有以下优势：

优势：大股东只需出资一部分，撬动更多社会资本或政府资本展开产业投资并购；可以通过与专业的投资管理公司合作解决并购能力问题、投后管理问题等；可以通过基金结构设计实现与基金管理人共同决策，或掌握更多的决策权。

劣势：大股东品牌力、信誉、影响力等较弱，可募集资金额规模可能受限；前期需要大股东出资启动，对大股东的出资有一定的要求。

模式四：由上市公司出资成立产业投资基金作为投资主体展开投资并购，待子业务成长成熟后注入上市公司。

此模式除具有模式二、模式三的优势外，还具有以下优势：

优势：可以利用上市公司的品牌力、影响力、信誉等撬动更多社会资本与政府资本，更容易募集资金；上市公司的资金比较充裕，便于启动基金；不直接在股份公司层面稀释股权；可以通过股权比例和结构设计将投资的子公司业绩纳入股份公司合并报表。

劣势：由于我国资本市场环境与国外有很大的不同，上市公司大股东或实际控制人很少是基金投资人，因此能够依托大股东力量与上市公司形成模式三中所述产融互动模式的公司非常少。而伴随我国私募基金以及并购市场的不断发展、壮大、成熟，越来越多的上市公司选择与私募基金合作成立并购基金展开对外投资和收购，由并购基金扮演上市公司产业孵化器的角色，提前锁定具有战略意义的优质资源，待培育成熟后再注入上市公司。

思考题与习题

1. 什么是项目资本金？简述项目资本金制度的实施范围。
2. 简述项目资本金筹措的渠道和方式。
3. 简述发行普通股筹资和发行优先股筹资的区别。
4. 什么是留存收益？企业利用留存收益筹资有哪些好处？
5. 简述债券的种类和特征及债券融资的优缺点。
6. 什么是商业信用？简述商业信用融资的优缺点。
7. 什么是资金成本？简述资金成本包括的内容。
8. 什么是资本结构？最佳资本结构衡量标准是什么？
9. 什么是BOT？具体有哪些方式？
10. 简述PFI方式与BOT方式的区别。
11. 什么是工程项目信托融资？具体有哪些模式？
12. 什么是并购融资？有哪些具体的方式？
13. 某企业发行了期限为5年的长期债券10 000万元，年利率为8%，每年年末付息一次，到期一次还本，债券发行费用率为1.5%，企业所得税税率为25%，该债券的资金成本率为多少？

14. 某公司现有生产线已满负荷运转，鉴于其产品在市场上供不应求，公司准备购置一条生产线，公司及生产线的相关资料如下：

资料一：该公司总资本40 000万元，目前资本结构（按市场价值计算）为：债务资本16 000万元（市场价值等于账面价值，平均年利率为8%），普通股股本24 000万元（市价6元/股，4 000万股）。公司今年的每股股利为0.3元，预计股利年增长率为10%，且未来股利政策保持不变。

资料二：该公司投资所需资金7 200万元需要从外部筹措，有两种方案可供选择：方案一为全部增发普通股，增发价格6元/股；方案二为全部发行债券，债券年利率为10%，按年支付利息，到期一次性归还本金。假设不考虑筹资过程中发生的筹资费用。该公司预期的年息税前利润为4 500万元。

资料三：该公司适用的所得税税率为25%，不考虑其他相关税金，公司要求的最低投资报酬率为12%。

要求：

(1) 根据以上资料，计算方案一和方案二的每股收益无差别点（以息税前利润表示）；计算每股收益无差别点的每股收益；运用每股收益无差别点法判断该公司应选择哪一种筹资方案，并说明理由。

(2) 假定该公司按方案二进行筹资，根据资料计算该公司普通股的资金成本和筹资后该公司的加权平均资金成本。

8

第8章 工程项目财务风险管理

8.1 财务风险管理概述

1. 风险的含义和特征

学术上关于风险的定义有很多。美国学者海因斯在《风险：一项经济因素》（Risk as an Economic Factor）（1895）一书中最早提出风险的概念并对风险进行分类。他指出：风险意味着损失或损害的可能性。某种行为能否产生有害的后果应以其不确定性而论。如果某种行为具有不确定性，其行为就反映了风险的负担。美国学者威利特在其博士论文《风险与保险的经济理论》（Economic Theory of Risk and Insurance）（1901）中，认为风险是关于不愿发生的事件的不确定性的客观体现。风险的本质是不确定性；风险是客观存在的；风险是被人厌恶，不愿其发生的。美国明尼苏达大学教授威廉斯和汉斯在《风险管理与保险》（Risk Management and Insurance）（1964）一书中，认为风险是客观的状态，对任何风险都是同样存在、同等程度的，但不确定性却是认识者的主观判断，不同的人对同一风险会有不同的看法。我国台湾地区学者宋明哲认为，风险可以分为“主观说”和“客观说”两类。“主观说”定义认为风险是损失的不确定性。此定义的特征强调的是“损失”和“不确定性”，并认为“不确定性”是主观的、个人心理的范畴。由于“主观说”是基于个人对客观事物的主观估计来定义风险，因此无法以客观尺度加以衡量。“客观说”认为风险是指在特定客观情况下，特定期间内，实际结果与预期结果的偏差。变动程度越大，风险就越大；反之，风险越小。日本学者龟井利明认为，风险不仅是指损失的不确定性，还包括盈利的不确定性，风险的不确定性，具有双重效应。具体而言，风险既可能给经济活动的主体带来威胁，也可能带来相应的机会。

总体而言，风险是指对预期结果的不确定性。这种不确定性，不仅是指损失的不确定性，还包括收益的不确定性。

风险的特征可以分以下几点：

1）客观性。风险是客观存在的，不以人的意志为转移。

2）不确定性。不确定性是风险最本质的特征。由于人们对客观事物发展规律认识不充分，使得事物发展具有不确定性。

3）两面性。风险即可能是损失的不确定性，还包括收益的不确定性。既有风险损失，又有风险机会。

4）动态性。随着事物外部环境的发展变化，风险的不确定因素会发生变化。虽然，人们采取各种方法和手段预测、评估、管理风险，但由于事物动态发展，在不同阶段，旧的风险消失，新的风险可能不断产生。

2. 财务风险的含义和特征

（1）财务风险的含义　财务风险是指企业在资金筹集、投资、占用、耗费、收回、分配等各项财务活动过程中，由于内外部因素发生各种无法预测的变化和控制因素，使得企业的实际收益与预期收益发生偏离的不确定性。

企业的资金运动按“资金—成本—收入—利润—资金”的运行轨迹循环，而企业的财务风险也主要由筹资风险、投资风险、资金收回风险、收益分配风险及营运资金风险等构成。但随着市场体系的深入发展，现有的财务风险已跳脱出传统的范畴，资金的筹资、分配运用与调试、资金的补偿与积累都在日趋多样化和复杂化。在很多情况下，企业的财务风险不仅是企业财务本身造成的，比如随着大环境发生始料未及的变化，房地产开发企业可能出现产品成本过高、存货发生减值、产品销售发生困难等情况。再比如施工企业参加国外的建设项目，由于国际外部环境发生较大的变化，导致汇率发生大幅度变动等。以上风险都不是财务本身所造成的，财务管理者只不过从价值的角度来表现和控制这些风险。从这个角度来讲，企业的经济风险也是通过财务成果反映出来的，财务风险不仅仅是财务问题，也是和经营风险紧密联系在一起的。

（2）财务风险的特征　财务风险作为风险的一种类别，既具有风险的本质特征，又有其特殊表现。

1）客观性。财务风险是企业生产运营的产物，是不以人的意志为转移、客观存在的。外部宏观环境的变化、市场调整、企业经营战略的变化、竞争对手的战略变化等，都可能引发企业财务风险的出现。对企业而言，无法规避所有的财务风险，只能通过一定的技术手段和方法来应对风险，积极对其进行识别管理，从而降低其发生的概率，但无法将其降低至零。

2）复杂性。财务风险的复杂性有直接因素也有间接因素，有内部因素也有外部因素。财务风险对企业造成的影响是不确定的，它表现在影响范围的不确定性、影响时间的不确定和影响深度的不确定性。

3）可控性。引起财务风险的因素很复杂，但大量的财务风险事件发生呈现一定的规律性和可测性。因此，财务风险也是可控的。

3. 财务风险的种类

不同的外部环境、不同的周期环境、不同的企业管理模式，财务风险有着不同的表现形式和风险种类。

（1）按财务风险后果的严重程度划分　按企业财务风险后果的严重程度划分，可将财务风险划分为轻微财务风险、一般财务风险和重大财务风险。

1）轻微财务风险。轻微财务风险是指损失较小、后果不严重，对企业生产经营管理活动不构成重要影响的财务风险。一般情况下，这类风险无碍大局，仅对企业的局部产生轻微的伤害。

2）一般财务风险。一般财务风险是指损失适中，后果明显，但尚不构成致命威胁的各种风险。这类风险的直接后果会使企业遭受一定的损失，并对其生产经营管理带来较长时期的不利影响。

3）重大财务风险。重大财务风险是指损失较大，后果较为严重的风险。这类风险的后果往往会直接导致重大损失，使之难以恢复，甚至威胁到企业生存。

（2）按公司的资金运作来划分　按公司的资金运作来划分，可将财务风险划分为筹资风险、投资风险、资金回收风险和收益分配风险。

1）筹资风险。筹资风险是指在资金供需市场、宏观经济环境的变化，企业筹集资金给财务成果带来的不确定性。筹资风险主要包括利率风险、再融资风险、财务杠杆效应、汇率风险、购买力风险等。其中，财务杠杆效应是指由于杠杆融资会增加财务风险，给利益相关者的利益带来不确定性。再融资风险是指由于金融市场上金融工具品种、融资方式、金融政策等发生变化，使企业再次融资产生不确定性。

2）投资风险。投资风险是指企业投入一定资金后，因企业内外部环境发生变化而使得最终收益与预期收益发生偏离的风险。它包括两类：一类是长期投资风险，主要指企业在长期投资过程中，由于政府政策的变化、管理措施的失误、资金成本发生变化、现金流量等因素的变化，使得投资报酬率达不到预期目标而发生的风险。另一类是短期投资风险，主要指由于各项流动资产结构不合理、资产价格发生不利变动等因素而发生的风险。

3）资金回收风险。资金回收风险是指企业在从原材料变为产成品，再从产成品转化为货币资金的过程中，发生的不确定性风险。资金回收风险主要包括采购风险、存货风险、应收账款风险等。采购风险主要是指由于材料价格波动，使得材料成本增加，从而增加了资金压力。存货风险是指由于内外部环境的变化，存货销售不畅，或期间因价格变动、自然损耗等原因而发生的存货价值减少的风险。应收账款风险是由于赊销业务过程中，导致应收账款管理成本增加，或者增加企业资金占用成本。

4. 财务风险的成因

企业财务风险的形成有多种原因，既有外部原因，也有内部原因，且贯穿于企业财务活动的各个环节。

（1）外部原因　企业财务风险形成的外部原因主要包括：国际经济环境、国内经济环境、政策法律环境、自然环境等。这些外在因素会对企业的财务活动产生重大影响。企业的外部环境风云变幻，各种影响因素相互交错，较为复杂。企业的财务活动应根据外部环境的变化而做相应的调整。

1）国际经济环境。国际经济环境复杂多变，多国相互博弈。随着全球化进程的不断发展，他国的经济政策也会较大程度影响到国内的经济环境。以中美贸易战为例，美国单方面提高关税，脱离全球化共赢的经济发展模式，在一定程度上，给国内很多企业产生了一定的影响，特别是与外贸活动密切相关的企业。中美贸易战可能会影响企业的营业收入，增加企业的生产成本，甚至会导致企业原材料的严重短缺等，因此，作为企业财务管理人员应该充分分析、评估国际经济环境可能会给企业生产经济活动产生的不确定因素，从而制定合理的财务政策，减少或避免可能存在的财务风险。

2）国内经济环境。国内经济环境的变化会给企业的经营活动带来较大的不确定性。国内产业结构的调整、居民需求的变化，经济周期的波动，税收、利率、通货膨胀率、工资水平、财政和货币政策的变化等都可能增加财务风险。企业不能简单被动地适应环境，而应该主动预测国内国际经济环境的变化趋势，在一定时期、一定范围内调整经济决策和财务管理活动，从而减少风险发生的概率，保障企业平稳发展。

3）政策法律环境。政策法律环境的变化会改变企业的战略和经营方式，从而改变企业的财务策略，增加企业的财务风险。以房地产开发企业为例，2015年，国家放开二胎的政策，使得房地产住宅销售开始回暖。2016年，我国开始制定“去库存”的相关政策，居民购买住宅的欲望加强，房地产销售形势一片大好。此时，开发商购地欲望十分强烈，众多开发商在“快周转”的理念下，比较热烈地拿地、开发、销售。众多房地产开发商都采取了积极地财务政策，负债率都显著上升。但到了2018年后，全国总体房地产形势变得比较严峻，开发商拿地热情锐减，众多开发企业面临巨大的还债压力，财务压力巨大。从这个例子可以看出，财务活动不仅仅是财务本身，也要认真分析和预判国内政策法律的变化趋势，前瞻性地制定企业财务政策，减少企业财务活动的不确定性。

（2）内部环境

1）企业财务管理体制不健全。由于有些企业管理制度不健全，财务风险管理体制不完善，盲目进行筹资、投资等资金运营活动，致使企业现金流出现危机。更有企业盲目扩大生产规模，甚至不惜高利贷，导致最后企业无法偿还资金而破产清算。有些企业财务决策没有与企业经营决策融合，或者缺乏前瞻性，加剧了企业的财务风险。

2）企业管理素质的高低。财务管理工作的局限性，从某种程度上来讲，是财务管理主体的局限性。财务人员在进行财务决策时，会受到自身能力、经验、责任心和道德水平等影响。被称为“另一起巴林事件”的中国航空油料集团公司（新加坡）巨亏5.5亿元的事件，在很大程度上是由于公司高层管理者对于石油衍生品交易的风险防范缺乏最起码的常识，他们风险意识的匮乏几乎让公司灭亡。

3）企业内部财务关系不明。企业内部各部门之间，各级企业之间，在资金管理及使用、利益分配等方面存在权责不明、管理混乱等现象，致使企业的资金使用效率低下，资金流失严重，资金的安全性、完整性无法得到保证。

5. 财务风险管理的含义与步骤

财务风险管理是应对企业资金运作过程中可能发生的不确定性的过程。财务风险管理活动应覆盖整个企业，涉及各个部门和众多人员。财务风险是一个持续过程，因此，财务风险管理可以分为四个步骤：第一步是企业财务风险的识别；第二步是财务风险的评估；第三步是制定财务风险应对策略；第四步是风险监测。

（1）风险识别　风险识别是风险管理的基础，在风险事故发生之前，企业管理者运用各种方法系统的、连续的认识所面临的可能存在的各种风险以及分析风险事故发生的潜在原因。识别风险的内容有多种因素，包括市场风险、技术风险、环境风险、财务风险、人事风险等。

（2）风险评估　风险评估是财务风险管理的核心。通过风险评估，管理者可以在众多复杂的风险中，确定各类风险对企业经营管理活动可能产生的影响和损失。风险评估的方法有定性分析、情景设计、敏感性分析、决策树等。

（3）制定风险应对策略　当管理者对潜在风险进行风险识别、评估后，需要对风险进行评级，明确各类风险对企业的影响和损失。在此基础上，对风险进行优先次序的排序，制定风险应对策略。

1）风险规避。当风险潜在威胁发生可能性很大，不利后果比较严重时，主动放弃或停止与该风险相关的业务活动。这种通过终止活动来规避风险的方法不失为良策。如中东局势复杂多变，施工单位通过对政治因素的识别和评估，在一定时间段内，停止在该地区的投资就是一种规避风险的良策。

2）风险转移。对可能给企业带来不利后果的因素，企业以一定的方法，将风险转移给第三方。规范的合同管理和保险制度是转移风险的主要方式。例如施工单位在与业主签订合同时，施工单位必须认真研究合同，明确承包合同的范围，研究清单各分部分项工程的特征描述是否与图纸一致，研究设计图和地勘资料，从而避免不必要的损失，这是合同风险转移。又如，施工起始时，施工单位购买建筑工程一切险或安装工程一切险，这是保险风险转移。

3）风险减轻。风险减轻是减少不利的风险事件的后果和可能性，使之达到一个可以接受的范围。风险减轻策略是企业通过自身努力，降低不利后果的概率。减少风险常用三种方法：一是控制风险因素；二是控制风险发生的概率和降低风险损害程度，例如施工单位在进行深基坑施工时，可以利用BIM技术及其他软件相结合，适时监察深基坑的变形情况及对工程质量的影响等，通过先进技术减少施工质量和安全的风险；三是通过风险分散形式来降低风险。例如，企业在进行投资活动时，不把投资活动集中“一个篮子”里，通过多元化投资来降低风险。

4）风险保留。对一些无法避免和转移的风险，采取现实的态度，在不影响投资者根本或局部利益的前提下，将风险自愿承担下来。例如，对施工过程中，可能会发生不可抗力事件，这类风险，施工单位只能自愿接受。

（4）风险监测　风险监测作为风险管理过程的组成部分，定期对风险进行监测，通过监测事件分析风险变化趋势并从中吸取教训；发现内部和外部环境信息的变化，包括风险本身的变化、可能导致的风险应对措施及其实施优先次序的改变；监测风险处理方案实施后的剩余风险，以便在适当时做进一步处理；对照风险处理计划，检查工作进度与计划的偏差，保证风险处理计划的设计和执行有效。

6. 财务风险管理的方法

企业财务风险管理的方法有多种，按照风险发生的时间顺序可以将风险分为事前风险控制、事中风险控制、事后风险控制。

（1）事前风险控制　企业在做出决策之前，对其内部环境因素和外部环境因素进行详尽地分析、识别、判断，对企业的决策结果进行趋势预测，寻找可能出现的风险因素，提前采取可能的预防性措施，保证企业决策目标的实现。如限额管理、风险定价和制订应急预案等属于是事前风险控制方法。

（2）事中风险控制　在决策实施过程中，对企业自身的行为和外部环境的变化进行检查，判断是否按照目标实行，且风险因素有没有发生变化，以及对后续的发展产生什么样的影响，若发现了异常情况，应立即采取措施，对企业的决策行为进行调整和修正。

（3）事后风险控制　事后风险控制要求企业将决策结果与预期结果进行比较与评价，然后根据偏差情况查找具体风险成因，总结经验教训，对已发生的错误或过失进行弥补，同时调整企业的后续经营决策。风险转移就属于事后风险控制。

8.2　工程项目财务风险管理的主要内容

8.2.1　项目投资风险管理

1. 投资风险概述

投资风险是指对未来投资收益的不确定性，在投资中可能会遭受收益损失、甚至本金损失的风险。这也是一种经营风险。如某房地产公司在房市火爆时期，高溢价购买了土地后，遇到国家对房地产市场调控，实行限价、限贷、限购。此时，开发商不仅不能赚钱，还要亏损，这就是投资风险。产生投资风险的主要原因有：

1）对市场预判失误。企业被当时市场热度冲昏了头脑，在没有认真进行市场调查的基础上，盲目投资，最后造成产能过剩。此类案例在我国是举不胜举。

2）缺乏必要的风险意识。某些企业在投资时，没有认真进行风险识别和风险评估。当某些风险事件发生后，企业又茫然失措，致使损失一再增大，从而造成投资失败。

3）投资决策不健全，责任不明，造成投资决策的随意性、主观性、盲目性和独断性。

4）没有认真进行可行性研究分析。某些企业的可行性研究分析只是作为立项的一种形式，项目在技术上和经济上都没有认真地分析研究，最后在项目实施中，因技术障碍的处理而大大增加投资成本，最终导致投资失败。

项目投资包含的内容非常广泛。每一个投资项目都具有独特的特点。项目投资金额大，影响时间长，一般至少在一年或一个营业周期以上，发生频率低、变现能力差、投资风险大。

2. 项目投资风险管理的内容

（1）项目投资风险识别

1）政策与环境风险。政策风险是指项目实施过程中由于国家、行业或主管部门与所实施的项目相关的政策、法规、法令、规划或标准等发生更改、更新、作废等给项目带来的风险。环境风险是项目实施所涉及的环境的变化（包括自然、政治、法制、经济等方面）给项目所带来的风险。对项目风险管理来说，尽管政策风险不可控制，但必须制定相应的应对措施以及处理措施，以防止此类风险发生时措手不及，给项目造成较大损失。

2）公司风险。公司风险是指公司在投资多个项目时所具有的风险，反映了公司多元化投资对项目风险的影响。公司风险是项目对公司收益变动的影响，可以用公司资产的预期报酬率的变异程度来衡量。资产报酬率可以用表达式“息税前利润/总资产”来计算，也可以用公司过去项目实现的平均内部收益率（IRR）来反映。由于公司风险是用历史统计资料获得的，当公司内外部环境发生较大变动时，局限条件已经发生改变，此时，企业历史资料已不能真实反映公司可能存在的风险，企业应采用主观风险评估方法来认定可能存在的公司风险。

3）项目特有风险。项目特有风险，也称单个项目风险，就是单个投资项目本身所特有的风险。如果不考虑与公司其他投资项目的组合效应以及与股票持有者的其他投资组合的影响，即公司的资产组合中只有一个投资项目时，该投资项目所具有的风险就是项目的特有风险。

在项目准备阶段，项目的最主要风险是决策风险；而在实施阶段最主要的风险是合同风险；在项目完成阶段，最主要的风险是收益风险和质量维护风险，其中收益风险是投资者最关注的风险。

(2) 项目投资风险评估　项目投资风险评估可以预测各种风险发生的可能性和概率，从而增加建设项目的可靠性和稳定性，减少不确定因素对投资项目经济效益的影响。项目投资风险评估方法有很多种，这里主要介绍情景分析法、盈亏平衡分析法和敏感性分析法。

1）情景分析法。情景分析法是通过分析目前与未来的经济环境，确认未来可能发生的各种情景，以及引起这些情景的深层次经济因素以及这些因素可能产生的影响。换句话说，情景分析是类似“如果—怎样”的分析方法。未来总是不确定的，而情景分析使人们能够“预见”将来，对未来的不确定性有一个直观的认识。在识别和分析反映诸如最佳情景、最差情景及期望情景的多种情景时，可用来识别在特定环境下可能发生的事件并分析潜在的后果及每种情景的可能性。

情景分析法需要对项目发展的主要趋势、趋势变化的可能时机以及对未来的预见进行研究，包括宏观经济环境的变化、技术变化、产业结构的变化、需求变化等，以及由于这些变化可能产生的后果。情景分析法中的变化有些是必然的，有些是不确定性的。情景分析者需在趋势分析的基础上，对各种影响因素的重要性和不确定性进行排序，并努力描述或说明某个特定结果（情景）的可能性。例如，预测最好的情景、最差的情景以及预期的情景。最后将这些关键影响因素的具体描述进行组合，形成多个初步的未来情景描述方案，并筛选与企业风险管理最适合的方案，如图 8-1 所示。

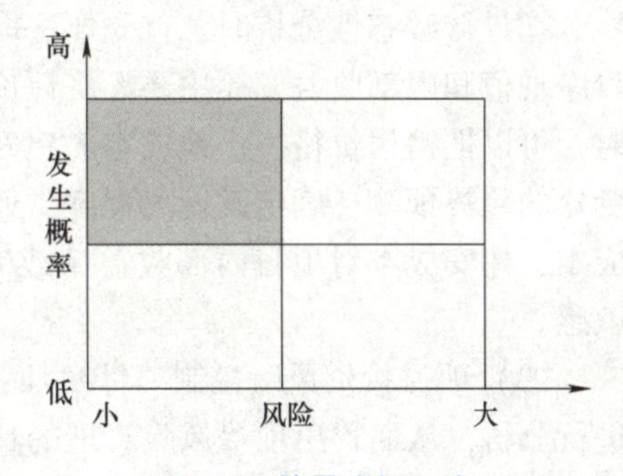

图 8-1　情景分析矩阵

2）盈亏平衡分析法。盈亏平衡分析是通过盈亏平衡点（BEP）分析项目成本与收益的平衡关系的一种方法。各种不确定因素（如投资、成本、销售量、产品价格、项目寿命期等）的变化会影响投资方案的经济效果，当这些因素的变化达到某一临界值时，就会影响方案的取舍。盈亏平衡分析的目的就是找出这种临界值，即盈亏平衡点（BEP），判断投资方案对不确定因素变化的承受能力，为决策提供依据。

盈亏平衡点越低，说明项目盈利的可能性越大，亏损的可能性越小，项目抗经营风险能力越强；反之亦然。

盈亏平衡分析法有静态线性盈亏平衡分析、非线性盈亏平衡分析、动态盈亏平衡分析。这里介绍基础的静态线性盈亏平衡分析法。

假设：

① 产量等于销售量，销售量变化，销售单价不变，销售收入与产量呈线性关系，企业不会通过降低价格来增加销售量。

② 假设项目正常生产年份的总成本可划分为固定成本和可变成本两部分，其中固定成本不随产量变动而变化，可变成本总额随产量变动成比例变化，单位产品可变成本为一常数，总可变成本是产量的线性函数。

③ 假定项目在分析期内，产品市场价格、生产工艺、技术装备、生产方法、管理水平

等均无变化。

假定项目只生产一种产品，或当生产一种产品时，产品结构不变，且都可以换算成单一产品计算。

设：TR 为总销售收入，p 为产品售价，F 为总固定成本，M 为盈利，V 为单位产品变动成本，Q 为产量，t 为单位产品税金。

则：总销售收入的公式为：$TR = pQ$

盈利的公式为：$M = (p - V)Q - F - tQ$

根据平衡点定义，当 $M = 0$ 时，此产量被称为产量盈亏平衡点 Q^*。$Q^* = F/(p - V - t)$，只有当 $Q > Q^*$ 时，项目盈利；当 $Q < Q^*$ 时，项目亏损。

3）敏感性分析法。敏感性分析法是指从众多不确定性因素中找出对投资项目经济效益指标有重要影响的敏感性因素，并分析、测算其对项目经济效益指标的影响程度和敏感性程度，进而判断项目承受风险能力的一种不确定性分析方法。一般而言，主要敏感因素有：产品销售价格、产量、经营成本、销售收入等。

在进行敏感性分析时，首先要选取不确定性因素并确定其偏离程度，预测这些因素对项目净现值和内部收益率等主要经济评价指标的影响程度。例如，在进行房地产投资敏感分析时，可以把销售价格、土地成本、建安成本作为其不确定性因素进行分析，并根据未来市场变化的趋势预测，确定其偏离程度，如 ±10%、±20%，在此基础上，计算销售价格、土地成本、建安成本对项目内部收益率或净现值的影响程度，从而排序哪个不确定性因素最为敏感。

（3）项目投资风险控制　针对项目投资中存在的种种风险因素，对项目运营的各环节进行分析，从而提出项目风险管理的具体策略。

1）政策与环境风险控制。建立大数据库，进行数据处理，以事实为依据，预测政策与环境相关因素的发展变化趋势。在识别重要影响因素的基础上，制定科学的风险策略，制定详细、周全、科学的风险预警机制，应对可能发生的各种情况。

2）公司风险控制。公司风险管理着眼于制定正确的战略思维，产业应立足于前沿。公司也可以选择多元化战略或“一条龙”的经营战略，构建合理的投资结构。以高新技术项目投资为例，诺基亚的失败主要是在产业投资时，思想保守，没有积极拥抱智能化的新技术、新思想，最后步步后退，直至彻底失败。华为掌握了 5G 时代的最新技术，可能大幅度提高市场竞争力和市场占有率，美国为首的西方国家不得以采取“风险防范”，对华为进行各种封锁。

3）项目特有风险控制。在项目投资准备阶段，投资主体需要对是否参与某项目建设进行投资决策，此阶段存在决策风险。投资决策者应在充分进行市场调查的基础上，选择合适的投资机会，并组织专家和实际工作者对投资项目的可行性进行科学论证，做出正确的决策。投资主体应根据项目可行性研究报告中项目有关费用的取值及投资回报率进行独立、认真的经济评审。一般来说，由于项目周期较长，投资者还应该充分考虑利率因素和通货膨胀因素可能存在的波动状态。如果项目投资涉及外汇业务，还需要充分考虑汇率变动对成本的影响。否则，项目可能会因为利率、通货膨胀或汇率的变动而导致项目成本巨额增加，从而导致投资失败。

在项目投资实施阶段，某些项目因设计、勘探、论证等失误造成设计图与实际情况严重偏离，或造成设计变更和漏项等情况，最终导致投资成本增加。因此，企业应充分把控招标环节，确定正确的招标方法，建立良好的合同管理体系，减少项目实施过程中计划与实际的偏差风险，从而减少成本增加或工期延长的风险。

8.2.2　筹资风险管理

企业在生产运营、投资等过程中都需要筹资。从资金来源来看，企业的筹资行为可以分为债务筹资和权益筹资。债务筹资又包括银行借款、债券筹资、商业信用筹资等；权益筹资又包括股权筹资和内部留存收益等。

1. 债务筹资风险管理

债务筹资风险是指企业的债务筹资行为给企业带来的风险。具体地说，是指因为企业举债经营而导致流动性不足或企业举债后资金使用不当而丧失偿债能力的风险。

（1）债务筹资风险成因分析　债务筹资风险受到很多因素的影响。总体而言，可以将这些因素归结为内因和外因。内因是指与债务筹资本身有关的因素，包括负债的规模及资本结构、利率及利率结构、期限结构、类型结构等；外因是指债务筹资以外的因素，如经营风险、预期现金流状况和资产流动性状况及金融市场等。

1）内因分析。

a. 负债的规模及资本结构。负债的规模是指企业负债总额的大小或负债在资金总额中所占比重的大小。其中，负债在资金总额中所占的比重是企业资本结构决策的核心问题。从绝对量上看，企业负债的规模越大，利息费用支出越高，企业因此丧失偿债能力或破产的可能性也越高；从相对量上看，企业的负债比率越高，企业面临的偿债压力就会越大，相应地，企业债务筹资风险也会越高。

b. 负债的利率及利率结构。在负债规模一定的情况下，利息率越高，利息费用支出越高，企业因此陷入支付危机的可能性就越大，企业负债筹资风险就越大。

负债的利率结构是指企业以不同的利率借入资金之间的比例关系。对于筹资人来说，利率的高低体现了筹资成本的高低。不同的筹资方式通常会有不同的利率水平要求。比如，企业在负债筹资时，所采用的利率有固定利率也有浮动利率。因此，企业在进行负债筹资时，应合理考虑利率结构问题，有效降低企业负债筹资的利率风险。

c. 负债的期限结构。负债的期限结构是指企业所使用的长短期负债的比重。如果负债的期限结构不合理，例如应筹集长期资金却采用了短期资金，或者相反，都会增加企业的筹资风险。具体来讲，如果企业利用长期资金筹集方式用于短期目的，会出现以下几种情况：首先，其利息费用在相当长的时期内将固定不变，因此可能无法与短期利率的波动相匹配。其次，长期筹集方式的筹资成本通常要高于短期筹资方式的筹资成本，在这种情况下，企业将会承担较高的融资成本。再次，对长期资金的使用通常会有一些限制性条款，企业使用长期资金时通常会丧失一定的财务灵活性。相反，如果企业利用短期资金筹集方式来筹集资金用于长期目的，则当短期资金到期时，企业可能会出现难以筹措到足够资金进行清偿的风险。若债权人由于企业债务状况差而不愿意将短期债务延期，则企业有可能被宣告破产。因此，企业在安排筹资时，应充分考虑当前的负债期限结构状况，科学安排资金来源的期限，以使企业的负债期限结构更加合理。

d. 负债的类型结构。负债的类型结构是指企业采取不同筹资方式筹集的资金的相对比重。企业常用的债务筹资方式有银行借款、债券筹资、商业信用筹资、租赁融资等。不同的债务筹资方式具有不同的成本和风险。企业在利用负债筹资方式时，应尽可能利用多渠道筹资，避免负债资金来源集中于少数筹资方式而带来的风险。

另外，企业涉及外币筹资时，还会涉及本币筹资与外币筹资之间的关系，本币类型的筹资和外币类型的筹资面临着不同的汇率风险。

2）外因分析。

a. 经营风险。经营风险泛指企业由于经营上的原因而导致收益变动的不确定性，尤其是指企业利用经营杠杆而导致息税前利润变动的风险。经营风险不同于筹资风险，但又影响筹资风险。企业的筹资风险应与经营风险相匹配。如果企业的经营风险很大，此时企业应避免采用高风险的筹资方式，否则很容易陷入支付危机。

b. 预期现金流状况及资产流动性状况。债务的本息通常要求以货币资金偿付。即使企业的盈利状况良好，但能否按照合同规定按期偿还本息，不仅要看企业预期的现金流是否足额并且及时，同时还要看企业资产的整体流动性如何。因此，预期现金流状况及资产流动性状况将直接决定企业能否按时偿还到期债务，从而对企业债务筹资风险产生重大的影响。

c. 金融市场。金融市场是金融性商品交易的市场，包括外汇市场、资金市场和黄金市场。资金市场中利率、汇率的变动，都会对企业的债务筹资风险带来影响。

（2）债务筹资风险评估　债务筹资风险识别与评估常用的方法为杠杆分析法、财务指标分析法和概率分析法。

杠杆分析法包括经营杠杆分析法、财务杠杆分析法和复合杠杆分析法。财务指标分析法主要是通过计算相应的指标进行分析，计算指标包括短期偿债能力指标（如流动比率、速动比率）和长期偿债能力指标（如资产负债率、产权比率、权益乘数、偿债保障比率和利息保障倍数）。概率分析法是使用概率预测分析不确定因素和风险因素对项目经济效果的影响的一种定量分析方法。在评价债务筹资风险时，可以考察特定指标的标准离差率。在分析债务筹资风险时，常用的指标是自有资金利润率的标准离差率。

（3）债务筹资风险控制　在制定债务筹资风险决策时，企业应把握以下原则，即债务筹资与权益筹资相结合，财务杠杆与经营杠杆相结合，债务筹资成本与投资回报率相结合，长期债务与短期债务相结合，综合应用多种债务筹资方式。当企业确定债务筹资方式时，应制订详细的筹资计划，包括编制现金预算表确定资金需要量与债务筹资规模，确定合适的筹资时机和筹资渠道，拟定债务筹资风险防范策略，建立债务筹资风险管理体系，通过前期计划，努力将债务筹资风险降到最低。

在企业经营过程中，当内因或外因发生一定变化，使得企业可能出现现金流问题的征兆时，企业应及时修正经营策略，收缩经营规模，尽可能地确保或扩大销售收入，增加其他融资手段和渠道，减少债务筹资风险对企业产生的影响。

当内因或外因发生巨大变化，与债务筹资计划发生较大偏离时，导致企业筹资成本增加，或者发生现金流短缺，出现债务危机的情况下，通常可能采取三种措施：一是积极争取外力支持，采取一切办法争取可能得到的所有资金，以解决企业的燃眉之急。一般而言，外界支持可能主要来自于股东或者关联方。二是债务重组。债务重组是指债权人按照其与债务人达成的协议或法院的裁决，同意债务人修改债务条件的事项。通过债务重组的方式，可以避免出现两败俱伤的结果。三是资产重组。资产重组是指陷入财务困境的企业对资产的分布状态进行改组、调整和重新配置。资产重组通常采取的方式包括兼并、收购、解散、分拆、放弃等方式。通过资产重组可以对原有资产进行整合，提高资产使用效率，使其产生新的效益。

2. 股权筹资风险管理

股权筹资是一件非常复杂的事情，尤其是在股票公募的情况下，会涉及企业、证券机构、证监会、机构投资者、个人投资者等多种主体。在企业公开发行股票后可能会涉及股票价格暴跌、恶意收购等多种风险，因此，股权融资也需要进行严密的风险管理，否则可能带来灾难性的损失。

（1）股权筹资风险识别　企业股权筹资风险主要包括发行风险、代理成本风险、恶意收购风险。

1）发行风险。股权筹资成本通常较高。主要原因是股利的支付略后于债务利息，且企业进行清算时，股东对公司请求权排在债权人之后，这意味着股东比债权人承担了更大的风险，因此股东会要求更高的回报；对于上市公司而言，在发售新的股票进行筹资时，通常会引起股票的下跌；利用普通股筹资会增加股票的数量，引入新的股东，从而会稀释原有股东的控制权。

2）代理成本风险。股权筹资会产生股东与管理者之间的代理成本。由于股东与管理者之间存在信息不对称，管理者可能存在道德风险。当企业管理者因投资失误或经营失败而给所有者造成经济损失时，并未追究管理者相应的经济与法律责任，从而掩盖了股票筹资的实质性风险。

3）恶意收购风险。恶意收购是指在目标公司非自愿的情况下，收购方采用各种策略而完成对目标企业的收购行为。恶意收购最基本的特征是强烈的对抗性。2015—2017 年发生的万科与宝能股权之争事件就是恶意收购的一个典型案例。一般而言，企业容易被恶意收购有以下几种情况：一是收购方希望形成寡头垄断；二是收购方希望占领区域市场；三是收购方希望短时间内新建业务板块；四是被收购方的股价被严重低估。

（2）股权筹资风险控制

1）股权筹资风险决策。在股权筹资阶段需要制订详细可行的股权筹资计划。企业在制订筹资计划时，通常会聘请专业的投资银行作为筹资顾问，并应特别关注以下几个方面：

a. 确定股票发行规模。确定发行股票筹集多少资金。在确定股票发行规模时需要考虑企业资金需要量，企业的目标资本法定的最低筹资限额。

b. 股票发行方式的选择。股票发行方式可以分为有偿增资和无偿配股两种。有偿增资是指投资人按照股票面值或市价，以现金资产或者其他资产购买股票。无偿配股是指将股票赠予股东，不需要支付对价。企业在选择股票发行方式时需重点考虑企业自身的地位和影响，发行成本的预算，以及企业对资金需求的迫切程度。

c. 股票发行价格的确定。企业在确定发行股票价格时，需考虑监管机构的规定，比如我国股票发行价格不能低于净资产；需要考虑发行时市场行情，若整个市场处于低谷，企业难以高价售出，反之亦然；还需考虑经济周期与行业周期，如果经济处于繁荣阶段，价格可以定得略高，反之亦然。另外，还应考虑企业的经营业绩与发展前景。若企业经营业绩和发展前景良好，股票往往可以以较高的价格出售，反之亦然。

d. 股票发行时机选择。企业在确定股票发行，应充分考虑市场行情、经济周期和行业周期的发展变化，通常选择经济繁荣和行业景气的情况下发行股票。

e. 中介机构选择。股票发行涉及的中介机构有证券承销公司、投资银行、会计师事务所、律师事务所等。选择合适的中介机构是降低股权筹资风险的有效手段之一。在选择中介机构时，应充分考虑其资本实力、人员素质、历史经营业绩、行业声誉等。

2）代理成本风险防范。代理成本风险是由公司管理者的因素造成的，因此，公司应建立完善的法人治理机构，制定严谨的公司章程和内容管理条例，设计合理的经营者报酬制度。

3）恶意收购风险防范。在企业收购中，如果收购方通过与被收购方进行协商并就有关情况达成一致，则这种收购被认为是善意的，否则被认为是恶意的。在恶意收购出现时，目标公司可以将一定比例的股票转让给其他公司，增大目标公司被并购的难度。也可以寻找友好的第三方公司，使之收购目标公司，从而防止企业落入恶意收购者手中。在面临恶意收购威胁时，企业可以诉讼的方式，起诉恶意收购方违反相关证券法律法规，恶意并购。

8.2.3 营运资金风险管理

狭义的营运资金是指企业一定时期内流动资产减去流动负债的余额。广义的营运资金是指企业一定时期内所持有的现金和有价证券、应收和预付账款及各类存货资产等。本书讲述的营运资金风险管理，以广义的概念为基础，重点讨论现金、应收账款、存货的风险管理。

1. 现金风险管理

现金风险是指企业在生产经营循环中，无法按时回收到期的货款，或者无法及时偿还到期债务的可能。现金风险主要来源于以下两个方面：从微观上来看，企业可能面临客户信用丧失的风险，从而无法按时收回现金。企业也可能因为投资活动和筹资活动的失败或销售市场的不畅导致现金风险。从宏观上来看，利率和汇率市场的变化也可能成为企业现金风险的来源。因此，在企业的经营活动中，需要对现金风险进行评估和控制。

一般而言，企业可以利用一定时期基本的财务和经营指标来评估现金风险。

（1）现金到期债务比　现金到期债务比是企业在本期的经营流量净额与到期债务之比。本期到期债务指本期到期内表内、表外债务。

现金到期债务比 = 经营现金流量净额/本期到期债务

这一指标集中体现了企业风险的本质特征，直观表达了企业本期财务风险的高低。当企业现金到期债务比低时，企业的到期债务责任加重，财务风险加大。当企业现金到期负债资金为0时，表明企业的资金来源是单一的权益资金，企业没有财务风险。当企业现金到期债务比高时，企业的到期债务责任减轻，财务风险降低。

（2）现金流动负债比　现金流动负债比是企业在本期的经营现金流量净额与流动负债之比。

现金流动负债比 = 经营现金流量净额/流动负债

这一指标表明，企业每一元流动负债有多少经营现金流量净额作为偿还保证，反映了企业短期内偿还流动负债的能力。一般情况下，现金流动负债比越高，企业短期偿债能力超强，债权人的权益越有保证，企业的财务风险也越低。

（3）现金利息倍数　现金利息倍数是指企业一定时期经营现金流量净额与利息支出之比。利息支出是指实际支出的借款利息、债券利息等。

现金利息倍数＝经营现金流量净额/利息支出

该指标不仅反映了企业获取现金能力的大小，还反映了获得现金能力对偿付债务利息的保证程度。它既是企业举债经营的前提依据，又是衡量企业长期偿债能力大小和财务风险高低的重要标准。一般而言，现金利息倍数越高，表明企业长期偿债能力越强，财务风险越小；现金利息倍数过小，企业将面临偿债的安全性与稳定性下降的风险。

现金风险的管理主要体现以下几个方面：一是企业应完善内部财务管理制度，防止由于财务漏洞而产生财务人员道德信用风险，从而发生现金风险。二是企业应认真编制资金运营计划，对现金收支加强预防管理，并拟订可能发生的预防计划。同时，企业应加强经营管理能力，保证现金流畅，避免因为产销不旺而出现现金危机。三是企业在投资和融资活动中应建立科学的财务管理体系，保证投资和融资活动中现金流畅，避免因为现金流问题而出现“烂尾楼”的现象。

2. 应收账款风险管理

应收账款风险是指由于企业应收账款所引起的坏账损失、资金成本和管理成本的增加。应收账款风险的来源主要是两方面，一方面是企业为了维护或扩大市场占有率而保持或提高赊销额度，使得流动资金被占用；另一方面，由于信用风险的存在，可能会出现应收账款无法收回，造成坏账损失。因此，企业需要对应收账款进行风险管理，制定防范措施，同时加强事中、事后的监督管理。

（1）事前应收账款风险管理　应收账款常用的评估指标主要有：应收账款周转率、应收账款平均收账期、实际坏账损失率等。企业在应收账款风险评估的基础上，加强信用调查，制定合理的信用政策，加强内部控制。其中，信用调查的主要方法为：信用评分和营运资产分析模型。

1）信用评分。

某客户信用等级评价分数＝速动比率×A＋已获利息倍数×B＋权益乘数×C＋投资收益率×D＋应收账款周转率×E

其中A、B、C、D、E为客户偿债能力的重要程度的数值。影响程度越大，取值越大，最终信用得分越高，说明客户信用质量较好。

按以上公式：信用评分＞60，信用良好；信用评分40～60，为平均风险；信用评分＜40，信用风险大。

2）营运资产分析模型。营运资产分析模型在计算客户的信用限额方面具有较大的实用价值。该模型的计算分两个步骤：营运资产的计算和资产负债表比率计算。

首先，模型需要计算营运资产的值，即流动资产减去流动负债的净值。

其次，通过资产负债表计算公司的流动比率、速动比率、短期债务净资产比率和债务净资产比率，并确定其评估值。

评估值＝流动比率＋速动比率－短期债务净资产比率－债务净资产比率

速动比率和流动比率反映了公司资产的流动性，短期债务净资产比率和债务净资产比率反映了公司的资本结构。由此可见，评估值综合考虑了资产流动性和负债水平两个能反映企业偿债能力的因素。评估值越大，表示企业的财务状况越好，风险越小，同时，针对不同信用风险的评估值，确定一个比例。按照该比例和营运资产可以计算出信用额度。以某公司的信用评分为例，见表8-1。

表8-1 某公司的营运资产百分比等级

评 估 值	风 险 程 度	营运资产比例（%）
≤ -4.6	高	0
-4.59 ~ -3.9	高	2.5
-3.89 ~ -3.2	高	5.0
-3.19 ~ -2.5	较高	7.5
-2.49 ~ -1.8	较高	10.0
-1.79 ~ -1.1	较高	12.5
-1.09 ~ -0.4	有限	15.0
-0.39 ~ -0.3	有限	17.5
-0.31 ~ 1	有限	20.0
>1.0	低	20.0

从表8-1可以看出，对评估值越小（信用风险越大）的企业，营运资产分析模型给予其越小的营运资产比例作为计算赊销额度的依据。

由于不同的行业具有完全不同的特征，营运资产百分比等级应根据不同的行业特征进行调整，以适应不同的情况。

在信用调查的基础上，企业应制定合理的信用政策和内部控制制度，具体内容请详见本书应收账款管理章节。

（2）事中应收账款风险管理　应收账款一旦形成，应加强对应收账款的监控，企业财务部门应根据应收账款客户的信息，应收账款的账龄、金额及增减变动情况建立相应的应收账款明细账，并适时把异常情况反馈给相应的主管部门。公司财务部门应定期向赊销客户寄送对账单和催交通知书。公司内财务部门、销售部门等相关部门应建立顺畅的沟通机制，保障应收账款的及时收回。

（3）事后应收账款风险管理　企业应对远期、近期应收账款清理回收缓慢或清收老账未动的客户，限制发货或拒绝发货，并大力催债，对一些有偿债能力而有意赖账的客户，应采取法律手段，付诸仲裁或诉讼，对于欠款方因经营恶化而无力支付欠款的情况，可能采取物资抵款，也可要求客户开等值的商业承兑汇票，以抵消应收账款，早日变现。对在经营中由于质量、数量等牵涉到自身因素而导致客户拖欠货款的，应积极采取措施，给予折扣或其他补偿措施，以尽快收回资金。

3. 存货风险管理

存货管理风险是指企业由于缺乏存货管理意识，管理机制欠缺导致存货周转缓慢，存货损失重大等现象的风险。为规避存货风险，企业应做好存货规划、加强存货控制、建立分级归口制度，加强内部控制制度。

（1）做好存货规划　企业合理存货资金的计算方法包括比例计算法、周转期计算法。

1）比例计算法。

$$存货资金数额 = 计划年度商品销售收入总额 \times 计划销售收入存货资金率$$

2）周转期计算法。周转期计算法是根据各种物资的每天平均周转额和它的周转期完成一次周转所需要的天数，来计算流动资金定额的方法。其计算公式为

$$资金数额 = 平均每天周转额 \times 资金周转日数$$

式中每天平均周转额即每天垫支的流动资金数额。它直接影响流动资金定额的多少。每天平均垫支的流动资金数额越大，流动资占用就越多，反之亦然。资金周转期越短，占用流动资金就越少，反之亦然。周转期计算法可运用于原材料、在产品、产成品等资金项目，它的优点是计算比较准确，缺点是计算比较复杂、费时。

(2) 建立存货管理制度　根据存货管理和资金管理相结合的原则，建立存货管理制度，确定每个部门的存货管理责任，并建立相应的存货资金计划指标，层层考核，层层落实。同时，建立存货管理的供应链模式，即基于供应链的工作流程的管理制度。建立客户需求、供应、生产协同的供应链，管理供应链库存，建立各企业、各组织机构之间共享的存货管理信息。

(3) 加强存货管理　存货管理的方法有ABC分类管理法、经济订货量模型、不确定条件下的存货管理等。

思考题与习题

1. 财务风险的成因有哪些？
2. 形成投资风险的原因有哪些？如何进行风险管理？
3. 形成筹资风险的原因有哪些？如何进行风险管理？
4. 某公司每年需用某种材料4 500件，每次订货成本为200元，每件材料的年储存成本为2元，该种材料的采购价为15元/件，一次订货量在2 500件以上时可获得2.5%的折扣，在4 000件以上时可获得6%的折扣。请计算：①公司每次采购多少时成本最低。②公司存货平均资金占用为多少？
5. 某企业预测的年度赊销收入净额为1 500万元，其信用条件是“n/30”，变动成本率为70%，资金成本率为15%，坏账损失为40万元，收账费用为25万元。假设企业收账政策不变，固定成本总额不变。若企业为了加速应收账款的收回，决定将赊销条件改为“2/15，1/25，n/60”，年赊销额比原来增加20%，估计约有60%的客户（按赊销额计算）会利用2%的折扣；20%的客户利用1%的折扣。坏账损失为50万元，收账费用为20万元。请分别计算改变信用条件前后方案的净收益，并做出评价。

第9章 工程资金规划与控制

本章主要内容：

项目的财务预测（财务预测的含义、意义、目的、方法、步骤）；财务预测方法（销售百分比法、对销售百分比法的再分析、财务预测的其他方法）；项目的资金规划（外部融资占销售增长比、内含增长率、可持续增长率）；财务预算（财务预算概述、全面预算的编制实例、其他的预算方法）。

本章重点和难点：

财务预测方法（销售百分比法、对销售百分比法的再分析、财务预测的其他方法）；项目的资金规划（外部融资占销售增长比、内含增长率、可持续增长率）；全面预算的编制。

9.1 项目的财务预测

1. 财务预测的含义

财务预测是财务人员以企业过去一段时期财务活动的趋势性变化资料为依据，结合企业现在面临和即将面临的各种微观和宏观变化因素，运用统计和数学的定量分析方法，以及预测人员的主观判断，对企业财务方面的未来发展趋势及变化结果进行预计推断。

狭义的财务预测仅指估计企业未来的融资需求，广义的财务预测包括编制全部的预计财务报表。

2. 财务预测的意义

财务预测是财务计划的基础，是企业正确进行经营决策的前提和依据。企业进行项目投资的主要目标是获取利润，而通过对项目的财务评价，可以科学地分析项目的盈利能力，这有助于企业做出正确的投资决策。财务评价是金融机构确定是否放贷的重要依据，项目贷款具有数额大、周期长、风险大等特点，通过财务评价，金融机构可以科学地分析项目贷款的偿还能力，进而确定是否放出贷款。财务评价是有关部门审批拟建项目的重要依据，企业财务效益的好坏，不但会对企业的生存与发展造成影响，而且还会对国家财政收入状况产生影响。因为，由企业投资项目而发生的损失最终可能会通过补贴、核销等形式转嫁给国家，这对国有企业来说更为突出。所以，财务评价也是有关部门在核准审批企业项目时需要重点考虑的因素之一。

3. 财务预测的目的

进行预测的目的，是为了体现财务管理的事先性，即帮助财务人员认识和控制未来的不确定性，使对未来的无知降到最低限度，使财务计划的预期目标同可能变化的周围环境和经济条件保持一致，并对财务计划的实施效果做到心中有数。通过数字提高对未来的认识，提高对不确定时间的反应能力，为财务预算提供依据，为搞好企业日常管理工作提供依据。

4. 财务预测的方法

（1）定性预测法　由熟悉业务，并有一定理论知识和综合判断能力的专家和专业人员，根据自己的经验和掌握的情况，对预测目标将来的发展趋势和发展结果所进行的预测。

（2）定量预测法　如移动平均法、指数平滑法、销售百分比法、线性规划法等。

5. 财务预测的步骤

（1）估算和分析项目的基本财务数据　包括总投资、资金筹措方案、产品成本费用、销售收入、税金、利润以及其他与项目有关的财务数据的预测、估算和分析，它是整个财务评价的基础。

（2）编制和分析财务基本报表　根据上一步所得数据编制现金流量表、利润表、资金来源与运用表、资产负债表以及财务外汇平衡表等财务报表。

（3）计算财务评价指标　根据已编制好的财务报表数据，可以计算各种财务评价指标，如反映项目盈利能力和清偿能力的指标等，而对于涉外项目还要计算外汇平衡能力指标。

（4）进行不确定性分析　通过进行项目的盈亏平衡分析、敏感分析和概率分析，以评价项目的市场适应能力和抗风险能力。

（5）得出财务结论　将计算出的经济效果评价指标和国家有关部门公布的（也可以是经验的、历史的或期望的）基准值加以比较，并结合不确定性分析的结果进行综合评价，最终从财务角度得出项目是否可行的结论。

9.2 财务预测方法

1. 销售百分比法

销售百分比法是在分析报告年度资产负债表有关项目与销售收入关系的基础上，确定资产、负债、所有者权益的有关项目占销售收入的百分比，然后依据计划期销售额的增长和假定不变的百分比关系来预测短期资金需要量的方法。

具体的计算方法有两种：一种是先根据销售总额预计资产、负债和所有者权益的总额，然后确定融资需求；另一种是根据销售的增加额预计资产、负债和所有者权益的增加额，然后确定融资需求。

优点：为财务管理提供短期预计的财务报表，便于使用。

缺点：若销售百分比与实际不符，影响预测结果。

其预测的步骤为：

1）编制预计利润表，预测留用利润。

2）编制预计资产负债表，预测外部筹资额。

a. 区分敏感项目与非敏感项目。

b. 确定销售百分比。根据上年有关数据确定资产负债敏感项目为销售额的百分比。

c. 计算预计销售额下的资产和负债。

d. 预计留存收益累计额。留存收益增加额，取决于收益的多少和股利支付率的高低。

留存收益增加额 = 预计销售额 × 销售净利率 × (1 − 股利支付率)

假设公司预计销售净利润为100万元，股利支付率为80%，则：

留存收益增加额 = 100万元 × (1 − 80%) = 20万元

留存收益累计额 = 基年留存收益累计额 + 本年增加额

e. 计算外部融资需求。

外部融资需求额 = 预计总资产 − 预计总负债 − 预计所有者权益

3）预测企业内部资金来源增加额。

4）预测总资金需要量。

敏感资产：现金、应收账款、存货等。

敏感负债：应付账款、应付费用。

不敏感项目：固定资产、对外投资、短期借款、长期借款、实收资本和留存利润等。

a. 计算步骤。

根据基年资产负债表计算敏感项目比例。

根据比例和销售增长额确定资金需要量和自动增长负债。

根据比例和销售收入计算敏感项目金额。

确定留存利润的金额。

计算资产负债两方差额，为从外部筹集资金额。

b. 预测公式：

$$\text{需要追加的外部筹资额} = \left(\sum \frac{\mathrm{RA}}{S} - \sum \frac{\mathrm{RL}}{S}\right) \times \Delta S - \Delta \mathrm{RE} \tag{9-1}$$

式中 $\sum \frac{\mathrm{RA}}{S}$——基年敏感资产总额与基年销售收入的百分比；

$\sum \frac{\mathrm{RL}}{S}$——基年敏感负债总额与基年销售收入的百分比；

ΔS——预测期预计销售收入的增加额；

$\Delta \mathrm{RE}$——预测期留存利润的增加额。

【例9-1】 假设某公司下年预计销售总额4 000万元，股利支付率为30%，销售净利率为4.5%，其他资料见表9-1，则预测步骤如表9-1所示。

表9-1 公司相关要素数据表　　单位：万元

项　目	上年期末实际	占销售额百分比（销售额3 000万元）	本年计划（销售额4 000万元）
流动资产	700	23.3 333%	933.33
长期资产	1 300	43.3 333%	1 733.33
资产合计	2 000		2 666.66
短期借款	60	N	60
应付票据	5	N	5

（续）

项　　目	上年期末实际	占销售额百分比（销售额 3 000 万元）	本年计划（销售额 4 000 万元）
应付款项	176	5.866 6%	234.66
预提费用	9	0.3%	12
长期负债	810	N	810
实收资本	100	N	100
资本公积	16	N	16
留存收益	824	N	950
所有者权益合计	940		1066
融资需求			479
总计	2 000		2 666.66

根据销售确定融资需求预计留存收益增加额，留存收益是公司内部融资来源，这部分资金的多少，取决于收益的多少和股利支付率的高低。

根据例题中的条件计算：

留存收益增加 = 预计销售额 × 销售净利率 ×（1 − 股利支付率）

= 4 000 万元 × 4.5% ×（1 − 30%）= 126 万元

则本年度留存收益为：（824 + 126）万元 = 950 万元

外部融资需求的计算：

外部融资需求 = 预计总资产 − 预计总负债 − 预计股东权益

= [2 666.66 − 1 121.66 −（940 + 126）] 万元 = 479 万元

该公司为完成销售额 4 000 万元，需要增加资金 666.66 万元（2 666.66 − 2 000），负债的自然增长提供 61.66 万元（234.66 + 12 − 176 − 9），留存收益提供 126 万元，本年应再融资 479 万元（666.66 − 61.66 − 126）。

2. 对销售百分比法的再分析

运用销售百分比法预测企业的外部融资需求，其特点是简单、方便，且易于理解。但销售百分比法成立的前提是企业与销售额敏感相关的资产负债项目的数量与销售额呈稳定的比例关系。由于规模经济效应和资产的不可分割性，这一前提事实上可能并不存在。

由于规模效应的存在，在一定条件下，随着企业规模的扩大，销售收入增加，单位资产出售的销售额和利润额也会随之增加，即单位资产的利用效率会增加。同时，在很多情况下，资产、特别是固定资产，必须按照一个完整的项目增加，而不能任意分割为零散的单位。

3. 财务预测的其他方法

不变资金是指在一定的产销量范围内，不受产销量变动的影响而保持固定不变的那部分资金；变动资金是指随产销量的变动而同比例变动的那部分资金；半变动资金是指虽然受产销量变化的影响，但不成同比例变动的资金。半变动资金可采用一定的方法划分为变动资金和不变资金两部分。因此，按照资金习性分析的原理，任何企业的资金总额最终均可以划分为不变资金和变动资金两部分。即

$$y = a + bx$$

式中 x——产销量；

y——资金占用量；

a——不变资金；

b——单位产销量所需变动资金（单位变动资金）；

bx——变动资金总额。

其中，a 和 b 的数值可采用高低点法或回归直线法求得。

（1）高低点法

b =（最高收入期资金占用量 − 最低收入期资金占用量）/（最高收入 − 最低收入）

a = 最高收入期资金占用量 − b × 最高销售收入 （9-2）

或 a = 最低收入期资金占用量 − b × 最低销售收入 （9-3）

【例9-2】 某企业历史上现金占用与销售收入之间的关系如表9-2所示。

根据以上资料采用高低点法计算如下：

现金占用单位变动资金 = [（160 000 − 110 000）/（3 000 000 − 2 000 000）]元 = 0.05 元

现金占用不变资金总额 =（160 000 − 0.053 × 3 000 000）元 = 10 000 元

或现金占用不变资金总额 =（110 000 − 0.05 × 2 000 000）元 = 10 000 元

则现金的资金习性预测模型可表示为：$y = 10\ 000 + 0.05x$

如果第2019年的预计销售收入为3 500 000元

则2019年的现金需要量 =（10 000 + 0.05 × 3 500 000）元 = 185 000 元

表9-2 现金与销售收入变化表 单位：元

年 份	销 售 收 入	现 金 占 用
2014年	2 000 000	110 000
2015年	2 350 000	126 000
2016年	2 670 000	143 000
2017年	2 860 000	156 000
2018年	3 000 000	160 000

（2）回归直线法 回归直线法是根据若干期业务量和资金占用的历史资料，运用最小平方法原理计算不变资金和单位销售额的变动资金的一种资金习性分析方法。其计算公式为

$$a = \frac{\sum x^2 \sum y - \sum x \sum xy}{n\sum x^2 - (\sum x)^2} \quad (9\text{-}4)$$

$$b = \frac{n\sum xy - \sum x \sum y}{n\sum x^2 - (\sum x)^2}$$

或

$$b = \frac{\sum y - na}{\sum x} \quad (9\text{-}5)$$

9.3 项目的资金规划

1. 外部融资占销售增长比

外部融资占销售增长比是指销售额每增长1元钱需要追加的外部融资额。计算公式为

外部融资销售增长比 = 变动资产的销售百分比 - 变动负债的销售百分比 - [(1 + 销售增长率) ÷ 销售增长率] × 销售净利率 × (1 - 股利支付率) × 100%   (9-6)

2. 内含增长率

企业销售增长所引起的资金需求的增长，可以通过两种途径来解决，一是内源性融资，即因销售增长所带来的留存利润的增长；二是外部融资，包括贷款和股权融资，不包括经营负债。如果企业不能或不想从外部融资，则只能靠内部积累融资，从而限制了销售增长。内含增长率就是仅仅靠内部积累，即外部融资额为零时的销售增长率。这里的外部融资额为零，不包括负债的自然增长。

根据外部融资额的公式，令外部融资额占销售增长百分比为0，求销售增长率即可。

如果企业的实际增长率大于内含增长率，企业必须增加外部融资，此时表现为外部融资销售增长比为正数。

如果企业的实际增长率小于内含增长率，企业不仅不用增加外部融资，内部积累的资金还有剩余，此时表现为外部融资销售增长比为负数。

3. 可持续增长率

销售增长引起资金增长，一般来说，企业会以三种方式满足资金的需求量：

第一，完全依靠内部资金增长。这就是前面所讲的内含增长率，然而企业的内部资金总是有限的，这样会抑制企业的发展。

第二，主要依靠外部增长实现销售增长。企业外部资金来源包括债务融资和股权融资，尽管它们也可以提高增长率，但是它难以持久。债务融资可能增大企业财务风险，降低企业的融资能力，股权融资可能稀释控制权，除非可以获得更高收益，否则，难以增加企业价值。

第三，平衡增长。平衡增长是指保持目前的财务结构和与此相关的财务风险，按照股东的增长比例增加贷款，以此支持销售增长。这种增长率就是可持续增长率。

可持续增长的思想，不是说企业的增长不可以高于或低于可持续增长率。问题在于超过可持续增长率之上的增长所导致的资金缺口问题。所需资金缺口的解决只有两个办法，即通过提高资产收益率增加留存收益，或者增加债务资金，但提高资产收益率和增加债务资金都是有极限的，况且增加债务还会增加企业的财务风险，企业的风险承受能力也是有限度的，因此，企业的超长增长只能是短期的。从长期来看，企业的增长必然受到可持续增长率的制约。

（1）可持续增长率的假设条件

1）公司目前的资本结构是一个目标结构，并且打算继续维持下去。

2）公司目前的股利支付率是一个目标股利支付率，并且打算继续维持下去。

3）公司不能或不愿发生新股。

4）公司的销售净利率将维持当前水平，并且可以涵盖负债的利息。

5）公司的资产周转率将维持当前的水平。

（2）可持续增长率的计算公式

1）根据期初股东权益计算可持续增长率。限制销售增长率的是资产，限制资产增长的是资金，在平衡增长的假设前提下，限制可持续增长率的是股权益增长率。

可持续增长率 = 股东权益增长率 = 股东权益本期增长额 ÷ 期初股东权益

= 本期利润 × 留存利润率 ÷ 期初股东权益

可持续增长率 = 销售净利率 × 总资产周转率 × 收益留存率 × 期初权益期末总资产乘数 (9-7)

2）根据期末股东权益计算的可持续增长率。可持续增长率也可以根据期末数和本期发生数计算，而不使用初期数计算。

可持续增长率 =（收益留存率 × 销售净利率 × 权益乘数 × 总资产周转率）÷

（1 − 收益留存率 × 销售净利率 × 权益乘数 × 总资产周转率）

=（收益留存率 × 权益净利率）÷（1 − 收益留存率 × 权益净利率） (9-8)

【例 9-3】 企业 2017 年和 2018 年的实际数据如表 9-3 所示：分别用期末和期初数计算 2018 年的可持续增长率。

1）利用 2018 年的期初数计算为

可持续增长率 =（211.77/1411.80）×（1411.80/1764.75）×（105.89/211.77）×（1764.75/600）= 17.64 %

2）利用 2018 年的期末数计算为

可持续增长率 =（105.89/211.77）×（211.77/705.89）÷ [1 −（105.89 ÷ 211.77）×（211.77 ÷ 705.89）] = 17.64 %

由此可见，两种方法计算的可持续增长率是一致的，但是 2018 年的实际增长却达到 41.18%，这是 2018 年提高负债的比例，通过增加借款来满足超速增长的资金需求，加大了企业的财务风险。

表 9-3 2017 年和 2018 年的实际数据 单位：万元

项目	2017 年实际	2018 年实际
销售收入	1 000.00	1 411.80
净利	200.00	211.77
股利	100.00	105.89
本年收益留存	200.00	105.89
总资产	1 000.00	1 764.75
负债	400.00	1 058.87
股本	500.00	500.00
年末未分配利润	100.00	205.89
所有者权益	600.00	705.89

9.4 财务预算

1. 财务预算概述

（1）财务预算的含义与作用　财务预算是一系列专门反映企业未来一定预算期内预计财务状况和经营成果，以及现金收支等价值指标的各种预算的总称，具体包括现金预算、预计利润表、预计资产负债表和预计现金流量表等内容。

编制财务预算是企业财务管理的一项重要工作，其作用主要表现在以下几个方面：

1）明确目标。企业的目标是多重的，不能用唯一的数量指标来表达。企业的主要目标是盈利，同时需要考虑其他目标。需要通过预算分门别类而又有层次的表达企业的各种目标。全面预算的编制，本身就是一个协调平衡的过程，通过反复的预算平衡，可以把各级各部门引向一个统一的奋斗目标，使各级各部门的管理人员明确自己在业务量、成本、收入等方面应该达到的水平，并据以安排自己的经济活动，避免因本位主义而导致企业总体利益受到损害。

2）合理配置财务资源，协调各部门的工作。企业本身是一个整体，但其各职能部门都是相互独立的，它们各自有着特殊的工作。在分权管理经营体制下，企业的销售、生产、财务等部门各自编制的最佳计划，对于别的部门而言不一定行得通。企业在实现总目标的过程中，需要各部门之间相互协调。预算由于运用货币量度而具有高度的综合能力，因而通过全面预算的编制，可以协调各部门的计划，以避免互相冲突。

3）能够控制各部门的日常生产经营活动。预算作为以货币金额和数量单位表现的企业近期经济活动的规划，其中规定的各项具体内容和要求是控制生产经营活动的依据。企业在预算执行过程中，通过对比和分析，揭示实际脱离预算的偏差，并采取必要的措施予以纠正，保证目标的实现，从而使预算起到控制日常生产经营活动的作用。

4）控制财务活动。任何一个企业都必须定期对各部门进行考核，以便明确各部门的工作成绩，找出差距，制定措施，提高工作质量。不考虑条件的变化，单纯地用过去的成绩来评价现在的成绩，显然不妥当，因为，超过过去的成绩只能说明有所进步，而不能说明这种进步是否达到目前条件下应该达到的程度。与此相比，全面预算作为根据本期具体情况编制的计划，就成为考核评价各部门工作业绩的可行标准。

（2）财务预算的内容　财务预算的编制方法随着企业的性质和规模的不同而不尽相同，但是，一个完整的财务预算应包括业务预算、专门决策预算和报表预算三个部分。

1）业务预算。业务预算是全面预算的基础，是指为供、产、销及管理活动所编制的，与企业日常发生的基本业务直接相关的预算。业务预算主要包括：销售预算、生产预算、直接材料预算、直接人工预算、制造费用预算、产成品存货预算、销售及管理费用预算等。这些预算以实物量指标和价值量指标分别反映企业收入与费用的构成情况。

2）专门决策预算。专门决策预算是指企业为在预算期内不经常发生的、一次性经济活动所编制的预算。专门决策预算主要包括：根据长期投资决策所编制的，与购置、更新、改造和扩建固定资产决策有关的资本支出预算；根据企业的政策和对预算期经营结果的预测而编制的股利发放额预算；与资源的开发利用及产品的研制改造有关的生产经营决策预算等。

3）报表预算。报表预算是指反映企业预算期财务成果和财务状况的各项预算。主要包括现金预算、预计利润表和预计资产负债表。这些预算以价值量指标总括反映企业全部经济活动预算的结果。企业的预算体系如图 9-1 所示。

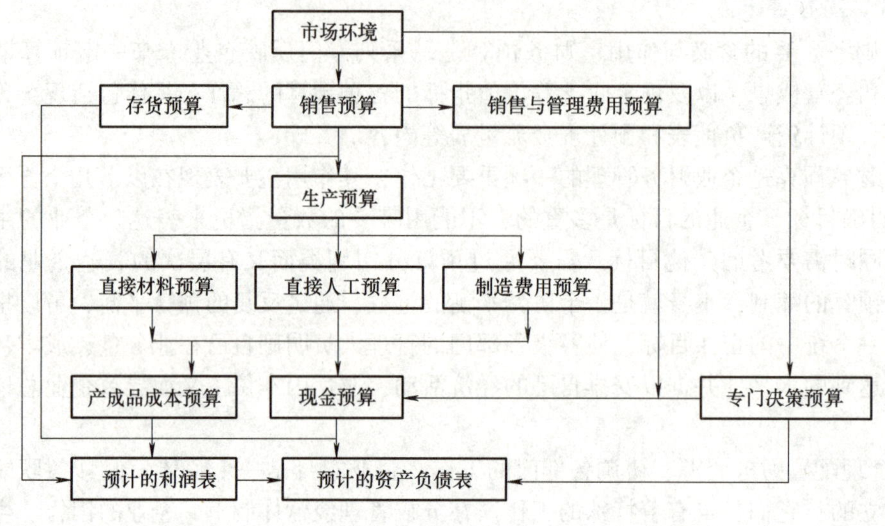

图 9-1 企业的预算体系

（3）预算的编制程序 企业预算的编制涉及各个经营管理部门，只有执行人参与预算的编制，才能使预算成为他们自愿努力完成的目标，而不是外界强加于他们的枷锁。企业预算编制的程序如下：

1）最高领导机构根据长期规划，提出企业一定时期的总目标，并下达规划指标。

2）最基层的执行人员自行草编预算，使预算能较为切实可行。

3）各部门汇总部门预算，并初步协调本部门预算，编出销售、生产、财务等业务预算。

4）预算委员会审查和平衡业务预算，汇总出公司的总预算。

5）提交公司总经理审查总预算，通过或驳回修改总预算。

6）总预算或修改后预算报告给董事会讨论通过或驳回修改。

7）批准后的预算下达给各部门执行。

2. 全面预算的编制实例

通过全面预算体系分析可以看出，全面预算由若干具体预算构成，有关具体预算之间联系性非常强。只有将全面预算中的具体预算编制联系起来学习，才能做到条理清晰、前后衔接，才能提高解决实际问题的能力。为了便于了解预算编制的全过程，掌握各项预算编制方法，同时也为了说明问题，现给出如下编制资料，并据此对各项预算的编制方法逐一介绍。

【例 9-4】 黄山公司 2017 年度只生产一种产品，生产该种产品只耗用一种直接材料。有关该产品的预算资料如下：

1）预计预算年度的销售数量和销售价格：预计生产的产品在预算年度 2017 年的 4 个季

度的销售量分别为500件、400件、700件和400件，全年共计2 000件。产品每件售价100元。

2）2016年的资产负债表，如表9-4所示。

表9-4　黄山公司资产负债表（2016年12月31日）　单位：元

资　产	金　额	负债与所有者权益	金　额
现金	1 500	应付账款	6 000
应收账款	10 000	长期负债	10 000
存货	7 100（产成品3 100）	股本	220 600
固定资产净值	234 000	留存收益	16 000
资产总额	252 600	负债与所有者权益总计	252 600

3）企业的现金政策最高2 000元，最低1 000元，不足可以向银行短期贷款，多余的可以归还借款或购买有价证券，假设本例不考虑借款利息。

4）企业在四个季度预计分别购置3 000元、2 000元、10 000元和6 000元的设备。

5）企业所得税采用分期预缴的形式，每季度3 000元。

6）各项标准耗用量和标准价格：①直接材料标准单耗为6kg，材料5元/kg；②产品所需各工种的标准单位工时直接人工成本都是5元，生产一件产品所需各工种的工时之和为3h；③间接材料、间接人工、维修费和水电费的标准耗费分别为5元/件、3元/件、5元/件和4元/件；④固定制造费用的标准价格为：管理人员工资5 000元，保险费3 000元，维修费5 000元，折旧6 000元；⑤变动销售及管理费用的标准价格为：销售佣金2元/件，交货运输费1元/件；⑥固定销售及管理费用的标准价格为：管理人员工资8 000元，租金4 000元。

7）其他有关资料：①参照以往历史资料，估计以后每季度的销售中有80%能于当季度收到现金，其余20%要到下季度才能收到现金；2016年年底应收账款为10 000元，这些销货款均将于2017年第一季度收回现金。②根据以往的经验，每季度末的材料存货量应该相当于下季度生产用量的30%，2016年年底的材料存货量为800kg，预计2018年第一季度生产用量为3 000kg；预计每季材料采购额中60%在当季度付款，其余40%在下季度付款；2016年年底应付未付的材料采购款为6 000元。③每季度末产成品存货数量按下季度销售数量的10%计算，预计2018年第一季度的销售数量600件，2017年年初的产品存货量为50件，每件变动成本为62元。④2016年年末的现金余额为1 500元，准备于2017年每季度发放股息1 000元。⑤2017年年初和年末均无在产品。

1. 销售预算

销售预算是在销售预测的基础上，根据企业目标利润规划，结合其他方面因素，对预算期内的预计销售量、销售单价和销售收入所做的预算。销售预算是编制全面预算的出发点，也是日常业务预算的基础。

预计销售额计算公式为

$$预计销售额=预计销售量\times预计销售单价 \tag{9-9}$$

销售预算的数据如表9-5所示。

表 9-5 销售预算（2017 年度）

项　目	1 季度	2 季度	3 季度	4 季度	全　年
销售量（件）	500	400	700	400	2 000
售价（元）	100	100	100	100	100
销售额（元）	50 000	40 000	70 000	40 000	200 000

为了给编制现金预算提供资料，销售预算通常还包括现金收入的预算，以反映预算期内因销售而收回现金的预计数，如表 9-6 所示。

表 9-6 销售现金预算（2017 年度）　　单位：元

项　目	1 季度	2 季度	3 季度	4 季度	全　年
期初应收账款	10 000	10 000	8 000	14 000	8 000
1 季度现金收入	40 000				
2 季度现金收入		32 000			
3 季度现金收入			56 000		
4 季度现金收入				32 000	
现金收入合计	50 000	42 000	64 000	46 000	202 000

2. 生产预算

生产预算是关于预算期内生产数量的预算。生产预算的编制需要以销售预算和预计期末存货数量为基础。编制生产预算时，需要对存货数量进行合理的估计，既避免存货过多，造成资金的浪费，又要避免存货储存不足，影响未来销售。

本期产量计算公式为

$$本期产量 = 期末存货量 + 本期销售量 - 期初存货量 \quad (9\text{-}10)$$

相关数据如表 9-7 所示。

表 9-7 生产预算（2017 年度）　　单位：件

项　目	1 季度	2 季度	3 季度	4 季度	全　年
销售量	500	400	700	400	2 000
期末存货	40	70	40	60	60
需要量	540	470	740	460	2 060
期初存货	50	40	70	40	40
本期产量	490	430	670	4200	2 010

3. 直接材料预算

直接材料预算是以生产预算为基础，对预算期内原材料的采购数量、采购单价及预计采购成本所做的预算。预算期内原材料的采购数量取决于生产耗用量、原材料期初存货及原材料期末存货的需要量。原材料生产耗用量取决于预计生产量及单位产品材料消耗量，预计生产量即是生产预算中的预计生产量，单位产品材料消耗量可以采用单位产品的定额消耗量。原材料存货预算可以根据下一期原材料生产耗用量的一定百分比确定。

各预算期的采购数量计算公式为

$$预计采购量 = 预计生产耗用量 + 预计原材料期末存货量 - 预计原材料期初存货量 \quad (9\text{-}11)$$

相关数据如表9-8所示。

表9-8　直接材料采购量预算（2017年度）

项　　目	1季度	2季度	3季度	4季度	全　　年
预计生产量（件）	490	430	670	420	2 010
单位标准耗用量（kg/件）	6	6	6	6	6
生产需用量（kg）	2 940	2 580	4 020	2 520	12 060
材料期末库存量（kg）	774	1 206	756	900	900
合计需要量（kg）	3 714	3 786	4 776	3 420	12 960
材料期初库存量（kg）	800	774	1 206	756	800
预算采购量（kg）	2 914	3 012	3 570	2 664	12 160
材料标准价格（元/kg）	5	5	5	5	5
预算采购金额（元）	14 570	15 060	17 850	13 320	60 800

购买原材料是企业现金支出的一个重要组成部分，为了给编制现金预算提供资料，编制直接材料预算的同时，需要编制现金支出预算，每一期预计现金支出包括偿还上期的采购欠款和本期预计以现金支付的采购款。

相关数据如表9-9所示。

表9-9　直接材料采购现金预算（2017年度）　　单位：元

项　　目	1季度	2季度	3季度	4季度	全　　年
期初应付账款	6 000	5 828	6 024	7 140	5 328
1季度购料款	8 742				
2季度购料款		9 036			
3季度购料款			10 710		
4季度购料款				7 992	
合计	14 742	14 864	16 734	15 132	61 472

4. 直接人工预算

直接人工预算也是以生产预算为基础编制，是对单位产品工时、每小时人工成本及人工总成本所做的预算。直接人工预算比直接材料预算简单，它不需要考虑存货因素，可以直接根据预算生产量所需要的直接人工小时及每小时人工成本编制。

直接人工总成本（直接人工工资）计算公式为

$$直接人工总成本=预计生产量\times单位产品工时\times每小时人工成本 \tag{9-12}$$

由于直接人工工资都需要企业以现金支付，所以不需要另外编制现金支出预算，直接人工预算可直接为现金预算提供现金支出资料。

相关数据如表9-10所示。

表9-10　直接人工的现金预算（2017年度）

项　　目	1季度	2季度	3季度	4季度	全　　年
生产量（件）	490	430	670	420	2 010
标准工时（小时/件）	3	3	3	3	
需用工时（小时）	1 470	1 290	2 010	1 260	6 030
标准工资率（元/小时）	5	5	5	5	
直接人工成本（元）	7 350	6 450	10 050	6 300	30 150

5. 制造费用预算

制造费用预算是对那些为产品生产服务，但不能直接计入产品成本的间接费用所做的预算。为了编制制造费用预算，通常将制造费用按成本性态分为变动制造费用和固定制造费用，并分别对变动制造费用和固定制造费用编制预算。变动制造费用与产品产量直接相关，所以变动制造费用预算以生产预算为基础来编制，变动制造费用是预计生产量与单位产品变动制造费用的乘积。

固定制造费用与本期生产数量无关，需要按照费用项目逐项根据每一预算期内实际需要的支付额进行预计，或在上年基础上根据预期变动加以适当修正进行预计。

变动制造费用预算分配率计算公式为

$$\text{单位工时变动制造费用分配率} = \text{变动制造费用总额} \div \text{总工时} \tag{9-13}$$

$$\text{单位工时变动制造费用分配率} = \text{变动制造费用总额} \div \text{总工时} \tag{9-14}$$

$$\text{预算期内预计制造费用} = \text{预计变动制造费用} + \text{预计固定制造费用} \tag{9-15}$$

固定制造费用各月是均匀支出，假设除折旧外均用现金支付。分配率的计算如表9-11所示。

表9-11 制造费用预算（2017年度） 单位：元

变动制造费用		固定制造费用	
间接材料	10 050	管理人员工资	5 000
间接人工	6 030	保险费	3 000
维修费	10 050	维修费	5 000
水电费	8 040	折旧	6 000
合计	34 170	合计	19 000
变动制造费用分配率=34 170÷6 030=5.67 固定制造费用分配率=19 000÷6 030=3.151		减：折旧	6 000
		现金支出合计	13 000
		各季支出数=13 000÷4=3 250	

为了给编制现金预算提供现金收支信息，在编制制造费用预算同时，通常包括现金支出预算，如表9-12所示。

表9-12 制造费用现金预算表（2017年度）

项 目	1季度	2季度	3季度	4季度	全 年
预计产量（件）	490	430	670	420	2 010
单位标准工时（h/件）	3	3	3	3	
预算总工时（h）	1 470	1 290	2 010	1 260	6 030
变动制造费用现金支出（元）	8 330	7 310	11 390	7 140	34 170
固定制造费用现金支出（元）	3 250	3 250	3 250	3 250	13 000
制造费用现金支出预算（元）	11 580	10 560	14 640	10 390	47 170

6. 产品成本预算

产品成本预算是对产品的单位成本、总成本的预算。产品成本预算的编制需要以直接材料预算、直接人工预算及制造费用预算为基础。

产品单位成本取决于单位产品的材料费用、单位产品人工费用及单位产品应分担的制造

费用。其中

单位产品的直接材料费用＝单位产品材料消耗量×材料预计单价 (9-16)

单位产品的直接人工费用＝单位产品工时×预计每小时人工成本 (9-17)

单位产品的制造费用＝制造费用分配率×分配标准 (9-18)

产品总成本取决于预计生产量及产品单位成本的乘积。

成本预算如表9-13所示。

表9-13 产品成本预算

成本项目	单位成本			生产成本（2 010件）（元）	期末存货（60件）（元）	销货成本（2 000件）（元）
	单价（元）	投入量（件）	成本（元）			
直接材料	5	6	30	60 300	1 800	本期生产成本181 641.69＋期初存货成本3 100－期末存货成本5 422.14＝179 319.55
直接人工	5	3	15	30 150	900	
变动制造费用	5.67	3	17.01	34 190.1	1 020.6	
固定制造费用	9.453	3	28.359	57 001.59	1 701.54	
合计			90.369	181 641.69	5 422.14	

7. 销售与管理费用预算

销售费用预算是对销售环节的支出所做的预算，销售费用按照与销售数量之间的关系，可分为变动销售费用和固定销售费用。变动销售费用是指随销售量的变动而变动的销售费用，固定销售费用是指不随销售数量的变动而变动的销售费用，如销售人员的工资，销售机构的折旧费用、广告费用、保险费用等。

对变动销售费用的预算应当以销售预算为基础编制，预算期内变动销售费用应是预计销售数量与单位变动销售费用的乘积。固定销售费用因不随销售量变动而变动，通常以过去实际开支为基础，根据预算期的变动进行调整来编制预算数据，如表9-14所示。

表9-14 销售及管理费用预算（2017年度） 单位：元

变动费用		固定费用	
明细项目	金额	明细项目	全年费用额
销售人员薪金及佣金	4 000	行政管理人员工资	8 000
运输费	2 000	租金	4 000
合计	6 000		12 000

销售及管理费用大部分也需要本期支付现金，为了给现金预算提供资料，在编制销售及管理费用预算时应编制现金支出预算，相关数据如表9-15所示。但应注意的是，一些不需要支付现金的销售及管理费用应扣除。

表9-15 现金支出计算表（2017年度）

项目	1季度	2季度	3季度	4季度	全年
销售量（件）	500	400	700	400	2 000
变动销售及管理费用现金支出（元）	1 500	1 200	2 100	1 200	6 000
固定销售及管理费用现金支出（元）	3 000	3 000	3 000	3 000	12 000
现金支出合计（元）	4 500	4 200	5 100	4 200	18 000

8. 现金预算

现金预算如表9-16所示。

现金预算由四部分组成：现金收入、现金支出、现金溢余或不足和资金筹措及运用。现金收入部分包括期初现金余额和预期现金收入。期初现金余额是编制预算时预计的，现金收入资料主要来自“销售预算”。

表9-16 现金预算（2017年度） 单位：元

项　目	第1季度	第2季度	第3季度	第4季度	全　年
期初现金	1 500	1 328	1 254	1 730	1 500
加：现金收入	50 000	42 000	64 000	46 000	202 000
可动用现金合计	51 500	43 278	65 204	47 650	203 500
减：采购直接材料	14 742	14 864	16 734	15 132	61 472
支付直接人工	7 350	6 450	10 050	6 300	30 150
支付销售及管理费用	4 500	4 200	5 100	4 200	18 000
购置固定资产	3 000	2 000	10 000	6 000	21 000
缴纳所得税	3 000	3 000	3 000	3 000	12 000
支付红利	1 000	1 000	1 000	1 000	4 000
现金支出合计	45 172	42 074	60 524	46 022	193 792
现金余缺	6 328	1 254	4 730	1 708	9 708
借入现金					
偿还借款	5 000		3 000		8 000
支付利息	因不知借款期限，则不考虑利息支付				
期末现金余额	1 328	1 254	1 730	1 708	1 708

现金支出部分包括预算期内的各项现金支出，其数据主要来自“直接材料预算”“直接人工预算”“制造费用预算”“销售及管理费用预算”“资本支出预算”，此外，还包括所得税及预计股利分配等专门预算。值得注意的是，现金支出不包括那些不导致现金支出的费用，如折旧费用及无形资产摊销等。短期借款的利息通常不在该项目中列示，而是放在资金筹措和使用中。

现金溢余或不足部分主要反映现金收入合计与现金总支出需求合计的差额。而现金需求总额包括本期现金支付额与公司政策所要求的最低现金余额之和。最低现金余额是公司为预防意外支出及可接受的最低现金持有量。最低现金余额在确定现金溢余或不足时将它予以扣除，但在确定预计的期末现金余额时则应加回去，因为最低现金余额在本质上并不是一项现金支出。如果差额为正，现金多余，可用于还债或做投资；如果差额为负，现金不足，需要筹集资金。

9. 预计利润表

预计利润表是以货币为单位，全面、综合地反映预算期的经营成果。该表可以分季、也可以按年编制。2017年度预计利润表如表9-17所示。

表9-17　2017年度预计利润表　　单位：元

项　目	金　额
销售收入	200 000
减：销货成本	142 433
毛利	57 567
减：销售与管理费用	18 000
财务费用	0
税前利润	39 567
减：所得税（估计）	12 000
净利润	27 567

10. 预计资产负债表

预计资产负债表是以货币单位反映预算期末财务状况的总括性预算，表中除上年期末数事先已知外，其余项目均应在前面所列的各项预算指标的基础上分析填列。预计的资产负债表如表9-18所示。

表9-18　预计2017年12月31日资产负债表　　单位：元

资　产	金　额		负债与所有者权益	金　额	
	期　初	期　末		期　初	期　末
现金	1 500	1 708（1）	应付账款	6 000	5 328（5）
应收账款	10 000	8 000（2）	长期负债	10 000	2 000（6）
存货	7 100	8 787（3）	股本	220 600	220 600（7）
固定资产净值	234 000	249 000（4）	留存收益	16 000	39 567（8）
资产总额	252 000	267 495	负债与所有者权益合计	252 600	267 495

3. 其他的预算方法

上述内容均以预算期间某一特定业务量水平来确定相应的数据并据以编制预算，这种预算方式称为固定预算。然而，企业所面临的经济环境具有不确定性，因此，作为企业日常财务管理手段的预算应适应这种不确定性，采取不同的形式。以下简单介绍几种其他的预算方法：

（1）弹性预算　弹性预算是指企业在不能准确预测业务量的情况下，在成本性态分析的基础上，以业务量、成本和利润之间的数量关系为依据，按照预算期可预见的各种业务量水平，编制能够适应多种业务水平的预算的方法。

弹性预算方法的特点有以下三方面：

1）弹性预算是按一系列业务水平编制的，从而扩大了预算的适用范围。

2）弹性预算是按成本的性态分类列示的，便于在计划期末计算实际业务量的预算额，从而能够使预算执行情况的评价和考核建立在更加客观和可比的基础上，便于更好地发挥预算的控制作用。

3）弹性预算适用于编制所有与业务量有关的各种预算，但从现实角度看，主要用于编制弹性成本费用预算和弹性利润预算。

（2）零基预算　零基预算是指在编制成本费用预算时，不考虑以往预算期间所发生的费用项目及费用水平，而是一切从预算期实际需要与可能出发，逐项审议预算期内各项费用的内容及开支标准是否合理，是否符合企业目标，在综合平衡的基础上编制费用预算的一种方法。这种方法的特点包括以下两方面：

1）零期预算不受以前预算期的成本费用项目及水平的限制，一切从预算期的实际出发，不仅可以促进企业提高资源配置的效率，而且对一切费用一视同仁，有利于企业面向未来全面考虑各种成本费用预算问题，有利于企业的长期发展。

2）零期预算的方法可以充分发挥各级管理人员的积极性、主动性和创造性，促进各预算部门精打细算，合理使用资金，提高资金的利用效果。

但零基预算方法的主要缺点是工作量较大，编制时间较长。在编制成本费用预算时，需要进行大量的基础工作，如需要进行历史分析、现状分析及未来分析，工作量极大。

（3）滚动预算　滚动预算是指在编制预算时，将预算期与会计年度相脱离，随着预算的执行不断延伸补充预算，逐期向后滚动。

滚动预算按其预算编制和滚动的时间单位不同可分为逐月滚动、逐季滚动两种方式。滚动预算克服了定期预算的缺点，实现了与日常管理的紧密衔接，能够帮助管理人员从动态的角度把握企业近期的规划目标和远期的战略需要。而且，滚动预算能够根据前期预算的执行情况，结合各种因素的变动影响，及时调整和修订近期预算，从而使预算更加切合实际，能够充分地发挥预算的指导和控制作用。但这种预算编制方法的最大缺点是预算工作量较大。

（4）概率预算　所谓概率预算法，是指企业在编制预算时，对各种相关因素的状态值，不是确定为一个形式上精确的“点值”，而是确定为一个“区间值”，并对变量值在此区间内“各点”出现的可能性在对历史数据进行分析以及对未来情况进行预测的基础上，赋予一个概率，然后计算各变量的期望值，在此基础上编制预算。

思考题与习题

1. 什么是财务预测？它有什么意义？
2. 财务预测的方法有哪些？各有什么优缺点？
3. 什么是财务预算？有何意义？
4. 基本情况：（1）某公司2016年末资产负债表（简化格式）如表9-19所示。

表9-19　资产负债表　　单位：千元

资产		负债与所有者权益	
项目	金额	项目	金额
现金	200	应付账款	2 200
应收账款	1 800	应付费用	940
存货	3 200	长期负债	420
预付费用	45	普通股股本	2 305
固定资产净值	4 620	留存收益	4 000
资产总额	9 865	负债与所有者权益总额	9 865

（2）2016年销售收入20 000千元，预计第二年2017年销售收入为22 000千元，并有

剩余生产能力。

(3) 预计2017年销售净利润率为2.5%，净利润留存比率为20%。

(4) 该公司敏感资产项目包括现金、应收账款和存货，敏感负债项目包括应付账款和应付费用。

要求：运用销售百分比法预测2017年需要的外部筹资额。

5. 某企业2014—2017年产量和资金占用量如表9-20所示。

表9-20　某企业2014—2017年产量和资金占用量

年　度	产量（千件）	资金占用量（万元）
2014年	45	230
2015年	50	250
2016年	53	280
2017年	60	300

该企业预定2018年产量为62千件。

要求：运用回归分析法预测2018年资金占用量。

6. 假定春雷公司基期末（2016年度）的资产负债表及其有关资料如下：

(1) 基期末简易资产负债表如表9-21所示。

表9-21　基期末简易资产负债表

资　产		负债及所有者权益	
现金	10 000	应付账款	24 000
应收账款	50 000	银行借款	—
存货	20 000	所有者权益	—
固定资产			
减：累计折旧	85 000		132 600
	8 400		
合　计	156 600	合　计	156 600

(2) 若计划年度（2017年）1月份该公司预计销售甲商品10 000件，销售单价9元，其中现销40%，余为赊销，30天后收款。

(3) 购甲商品的进价与存货成本均为每件4元。购入商品时，30%当月付现，余为次月付款。

(4) 计划年度1月份的期末存货，预计为4 000件。

(5) 2017年1月份预计将开支以下营业费用：职工薪金15 000元，办公费4 300元，水电费5 000元，保险费2 000元，折旧费700元，广告费3 000元。

(6) 1月份预计将购置1台微型电脑，价格35 000元。

(7) 该公司规定计划期间现金的最低库存限额为10 000元，如不足此数，可全额向银行借款。

要求：根据上述有关资料，为该公司编制2017年1月份的全面预算，填制相关预算表格。

8. 某企业编制2018年6月份的现金收支计划。预计2018年6月月初现金余额为8 000

元；月初应收账款 4 000 元，预计月内可收回 80%；本月销货 50 000 元，预计月内收款比例为 50%；本月采购材料 8 000 元，预计月内付款 70%；月初应付账款余额 5 000 元需在月内全部付清；月内以现金支付工资 8 400 元；本月制造费用等间接费用付现 16 000 元；其他经营性现金支出 900 元；购买设备支付现金 10 000 元。企业现金不足时，可向银行借款，借款金额必须为 1 000 元的倍数；现金多余时可购买有价证券。要求月末现金余额不低于 5 000 元。

要求预算 6 月份的：经营现金收入经营现金支出；现金余缺；资金筹措或运用数额；月末现金余额。

9. 案例分析 HZ 钢铁集团公司预算管理的基本框架

HZ 钢铁集团公司是目前 ZJ 省最大的工业企业，其预算管理的基本框架如下：

(1) 预算控制组织体系 为了确保预算的权威性以及公司整体目标与局部目标的协调统一，根据全面预算管理的特点，结合生产经营管理的要求，建立了公司预算委员会，由集团主要领导及各专业主管部门领导组成，下设办公室；各二级单位根据公司的有关规定设立相应的组织机构，由公司赋予相应的权限和职责。

预算委员会办公室设在财务部，是预算委员会的日常办事机构。为此，财务部成立了预算成本科，该科担负着两大管理职能，即负责公司预算和经济责任制的编制、分解、分析和考核。这样，既克服了经济责任制管理方式中存在的部门之间难以达到良好沟通的缺陷，又使财务部在履行预算委员会赋予的管理职能时，可以按照公司预算控制的程序认真协调好各管理职能部门之间的业务关系。

(2) 授权批准制度 为保证各级组织机构认真履行职责，对生产经营活动进行有效控制，公司严格遵循不相容职务相分离和授权批准控制的原则。公司全面预算管理制度强调预算编制必须坚持从公司实际出发、实事求是、科学合理地确定各项技术经济指标；并对预算编制的原则、编制程序、审批权限、预算调整、控制及考核等做出了明确的规定。主要体现在：公司预算委员会由董事会领导，其成员由董事会任免；公司董事会授权预算委员会组织财务部编制公司全面预算方案，协调预算编制中出现的问题，并对方案进行平衡、审核后上报公司董事会审批；预算的最终审批权属于公司董事会，批准后的预算方案由预算委员会负责组织实施；预算的整个编制过程按照“自上而下，自下而上”“谁花钱，谁编预算，谁控制，谁负责”等原则逐级编制上报；各专业主管部门只能在授权的职责范围内，对预算编制过程中或经批准实施的相关指标有权进行审核或做出批准；公司预算的调整必须按预算编制程序的规定逐级上报，除涉及公司重大经营方针、政策、技改及投资项目的调整由公司董事会批准外，其他项目的调整由董事会授权预算委员会审核批准。除上述授权批准以外的任何人、任何单位均无权对预算做出调整。这套有效的组织及机构管理原则，保证了预算编制和实施过程中，各个层次、各个环节都始终围绕公司经营总目标而展开，层层审核把关，环环相扣又相互制约，为预算责任的分解落实、有效控制奠定了基础。

(3) 预算管理的内容 公司全面预算管理的主要内容包括损益预算、现金流量预算和投资预算。损益预算包括销售预算、生产预算、物资采购预算、人工费用预算、制造及期间费用预算及其他项目预算。损益预算以销售预算为起点，按公司确定的利润目标倒挤出产品销售成本，然后以经济责任制形式分解、落实，达到对生产经营活动全过程的控制，以保证公司总目标的实现。现金流量预算的主要内容有现金流入、现金流出、现金多余或不足的计算，以及对现金不足部分的筹措或多余部分的运用方案等。现金流量控制是公司预算管理的核心内容，资金集中管理为编制现金流量预算奠定了基础，“收支两条线、量入而出、确保重点、略有节余”是现金流量预算编制的原则。

投资预算是根据公司中长期发展规划的要求确定预算期投资项目所需的现金流出量。投资项目所需现金流量是公司整个现金流量预算的一部分，纳入公司预算综合平衡后最终确定。

要求：

(1) 公司的预算工作组织体系有何特征？

(2) 公司如何保证预算编制和实施过程中，各个层次、各个环节都始终围绕公司经营总目标而展开？在如何确保预算编制的科学性方面你有何建议？

(3) 公司预算管理的内容包括哪些？将其与教材介绍的内容做一比较。

第 10 章 企业财务预警管理

本章主要内容：

企业财务预警概述：财务预警的发展、财务预警及预警管理的定义、企业财务预警管理的目标和功能、企业财务预警管理的内容、财务预警的技术方法、财务预警模型；财务预警系统设计：企业财务预警体系的建立及相关问题、企业财务预警体系的具体内容；案例分析。

本章重点和难点：

财务预警的技术方法、财务预警模型；财务预警系统设计。

10.1 企业财务预警概述

10.1.1 财务预警的发展

1. 国外财务预警的发展

1932 年 Fitzpatrick 所做的单变量破产预警模型是最早的财务危机预警研究。

1966 年 William Beaver 提出了单一比率模型，运用统计方法建立了单变量财务预警模型，开创了用统计方法建立财务预警模型的先河。1968 年，美国学者 Edward. I. Altman 首次将多元线性判别方法引入财务危机预警领域，利用数理统计的方法，根据误判率最小的原则，建立了 Z 分数模型。

1980 年美国学者 Ohlson 使用对数比率（Logistic）回归方法分析了选用的非配对样本在破产概率区间上的分布以及两类判别错误和分割点的关系。1984 年 Marais 等将递归分类方法应用于银行贷款分类的研究，Frydman、Altman 和 Kao 则于 1985 年首次将递归划分算法运用于信用客户经营失败的评估和预测研究。1988 年，Aziz、Emannuel 和 Lawson 在财务困境的预测研究中，发展了基于现金流量预测破产的模型。

1990 年 Odom 和 Sharda 第一次将神经网络应用于财务困境预测问题，开始了运用人工神经网络进行财务困境预测的探索。1992 年 Coats 和 Fant 运用神经网络技术学习审计专家的结论来判别财务困境。2000 年，Charitou 和 Trigeorgis 采用 Logistic 回归方法并结合 B-S 期权定价模型中的相关变量构建了财务危机判别模型。

2. 国内财务预警的发展

国内对财务困境及预测模型的研究，始于 20 世纪 80 年代中期。吴世农、黄世忠在 1986 年介绍了企业破产分析指标和预测模型。

1990 年，国家自然科学基金委员会管理科学组先后支持佘廉等人从事企业预警研究，并于 1999 年出版了企业预警管理丛书。1996 年，周首华、杨济华和王平以 Altman 的 Z 分数模型为基础对 Z 模型进行改进，把现金流量加入预测公司破产的有效指标，建立了 F 分数模型。

2000 年高培业、张道奎基于 29 个财务比率对 26 个企业采用不同的判别方法进行分析，得出了我国非上市企业的成功与否主要取决于负债比率、营运资本比率和获利能力的结论。2001 年，吴世农、卢贤义应用 Fisher 线性判定分析、多元线性回归分析和 Logistic 回归分析三种方法进行分析，且验证 Logistic 模型的判定准确性最高。2002 年，乔卓等人建立了基于数值优化的 Levenberg-Marquardt 算法的前馈神经网络预测模型。2005 年，杨淑娥、黄礼采用 BP 人工神经网络工具，以 120 家上市公司的截面财务指标作为建模样本，并使用同期的 60 家公司作为检验样本建立了财务危机预警模型。2006 年，张秋水、罗林开、刘晋明通过 SVM 与传统的多元线性回归和 Logit 分析的实证对比和模型分析，得出 SVM（支持向量机）模型显著优于多元线性回归，也优于 Logit 分析。2007 年，陈强、薛华为提高财务预警模型的精度，针对 BP 算法训练过程中容易陷入局部极值而影响预测效果的缺陷，应用遗传算法和 BP 神经网络相结合的混合算法进行改进。2009 年，张乐利用贝叶斯判别法，以 140 家上市公司作为分析样本，建立财务预警模型。经检验，该方法预测的效果准确率达到 85.7%。2009 年，周辉仁等人提出一种基于粒子群优化算法的最小二乘支持向量机的财务预警模型，此模型主要用于对上市公司的财务数据进行财务预警分析。

10.1.2　财务预警及预警管理的定义

1. 企业预警管理的必要性

1）加入 WTO 后，随着国际经济一体化步伐的加快，日益加剧的市场竞争要求企业必须树立和加强危机意识。

2）企业内部管理系统风险因素增多，客观上要求企业设立各种监控体系，变事后管理为事前管理。

3）信息量的扩大和知识更新速度的加快，要求企业必须在最短时间内做出决策和反应，建立预警管理体系可提升企业的反应能力。

4）传统企业管理理论在研究方法和应用实务中有缺失。

根据调查和分析，企业产生财务风险和危机的主要因素如表 10-1 所示。

表 10-1　企业财务失败原因表

项　目	内　部	外　部
投入资本	自有资本	主业外投资（机）
固定资产	过度扩充，使用效率低	短期资金长期使用
资金计划	需求预测失误	营运资金紧张
存货	材料浪费、库存量大、管理不善	付款延误

（续）

项　目	内　部	外　部
人工费用	劳动生产率低	支出刚性强
管理费用	居高不下	—
销售	信用管理差依赖性强	杀价竞争
账款	余额增加，管理粗放，催收无力	坏账，社会信用差
现金	回收率低	银根收缩

2. 财务预警的概念

财务预警是以企业信息化为基础，对企业在经营管理活动中的潜在财务危机风险进行监测、诊断与报警的一种技术。它贯穿于企业经营活动的全过程，以企业的财务报表、经营计划及其他相关的财务资料为依据，利用会计、金融、企业管理、市场营销等理论，借助比例分析、数学模型等财务分析方法，发现企业存在的风险，根据预警指标发出的信号对财务危机进行辨识，并向企业利益相关者发出警示，以便采取相应对策的管理方法。

3. 财务预警管理的概念

企业财务预警管理就是根据企业经营和财务目标，分析资金流动运行规律，即时捕捉资金管理过程中的堵塞、浪费、过度滞留等影响财务收益的重大管理失误和管理波动信号，并对企业的资金使用效果进行分析评价，及时发出警报，采取相应措施，建立免疫机制，不断提高企业抵抗财务风险的能力，使企业的财务管理活动始终处于安全、可靠的运行状态，从而实现企业价值最大化的财务目标。

10.1.3 企业财务预警管理的目标和功能

1. 企业财务预警管理的目标

1）培育和提高企业财务风险意识，建立预警机制，提高企业的适应能力和发展能力。

2）随时捕捉企业财务管理活动中各种管理漏洞、管理失误、重大风险和隐患，并采取适当措施，保持企业资金运动始终处于安全区域内。

3）减少忧虑和恐惧，为企业提供一个有安全保障的理财环境。

4）实行例外管理，使企业领导能从纷繁杂乱的日常事务中解脱出来，有更多的时间和精力考虑企业重大决策。

5）充分利用企业现有管理基础，充分发挥企业 ERP、IT 技术的优势，提高企业的财务管理水平和档次。

2. 企业财务预警管理的功能

1）捕捉信息功能。必须能够随时发现警报信号。

2）预测功能。能够预测危险事件的发展趋势和最终后果。

3）判断功能。能够判断事件的危险程度。

4）发出征兆功能。能够及时灵敏发出报警信号。

5）跟踪、预防和控制功能。

6）对策功能。

7）免疫功能。

10.1.4　企业财务预警管理的内容

企业财务预警管理的内容主要涉及企业财务管理环境预警、企业营销活动财务预警、企业生产活动财务预警、企业采购供应活动财务预警、工程项目和固定资产财务预警、企业基础管理活动财务预警、企业筹资活动财务预警、企业对外投资活动财务预警、企业货币资金财务预警、企业财务报表分析预警、企业财务组织预警和企业财务危机管理。

10.1.5　财务预警的技术方法

1. 单一财务比率法

单一财务比率法也称单变量模型，是指将某一项财务指标作为判别标准来判断企业是否处于财务危机状态的一种预警方法。目前，我国企业在实际工作中常用的财务比率主要有资产负债率、利息保障倍数、流动比率和速动比率等。单一财务比率法的优点是简单明了，易于掌握，缺点是财务比率可以被人为操纵，容易引起失误。

2. 财务比率综合计分法

财务比率综合计分法是选择多个财务比率并赋予相应的权重，计算综合财务指标，以此来判断企业发生财务危机的可能性。常用的财务比率综合计分法主要包括沃尔评分法和综合评分法。

（1）沃尔评分法　沃尔评分法是指将选定的财务比率用线性关系组合起来，并分别给定各自的分数比重，然后通过与标准比率进行比较，确定各项指标的得分及总体指标的累计分数，从而对企业的信用水平做出评价的方法。沃尔评分法的基本步骤包括：选择评价指标并分配指标权重、确定各项评价指标的标准值与标准系数、对各项评价指标计分并计算综合分数、形成评价结果。

（2）综合评分法　综合评分法选择评价盈利能力、偿债能力、成长能力的财务比率，按 5：3：2 来分配比重，标准分为 100 分，取值范围为 50～150 分，分值越高，反映企业的财务状况越好，发生财务危机的可能性越小。其中，评价盈利能力的财务比率选择了总资产周转率、销售净利率、净值报酬率；评价偿债能力的财务比率选择了自有资本率、流动比率、应收账款周转率、存货周转率；评价成长能力的财务比率选择了销售增长率、净利增长率、人均净利增长率。

10.1.6　财务预警模型

1. 一元判定模型

按照综合性和预测能力的大小，预测企业财务失败的指标主要有：

1）债务保障率＝现金流量/债务总额。

2）资产收益率＝净收益/资产总额。

3）资产负债率＝负债总额/资产总额。

4）资产安全率＝资产变现率/资产负债率，其中资产变现率＝资产变现金额/资产账面金额。

2. 多元判定模型

多元判别模型是运用多种财务比率指标加权汇总而构造多元线性函数公式来对企业财务

危机进行预测。

（1）Z 分数模型

$$Z=0.012X_1+0.014X_2+0.033X_3+0.06X_4+0.999X_5$$

其中，X_1=（期末流动资产－期末流动负债）/期末总资产

X_2=期末留存收益/期末总资产

X_3=息税前利润/期末总资产

X_4=期末股东权益的市场价值/期末总负债

X_5=本期销售收入/总资产

（2）F 分数模型

$$F=0.1774+1.1091X_1+0.1074X_2+1.9271X_3+0.0302X_4+0.4961X_5$$

其中，X_1=（期末流动资产－期末流动负债）/期末总资产

X_2=期末留存收益/期末总资产

X_3=（税后纯收益＋折旧）/平均总负债

X_4=期末股东权益的市场价值/期末总负债

X_5=（税后纯收益＋利息＋折旧）/平均总资产

3. 回归分析法

（1）多元线性回归　多元线性回归属于一般最小二乘法一族的统计分析。随着计算机普及，多元线性回归分析已成为标准的统计分析方法。这种方法通常要求变量之间不能完全相关，这是OLS回归能够求解的前提。多元回归中的其他假设也非常关键，其中特别是关于误差项 ε 的假设条件，若严重违反它，将导致不合理的解释。

（2）Logistic 回归分析　Logistic 函数又称增长函数，模型如下：

$$y_i=\beta_0+\beta_1x_{1i}+\cdots+\beta_kx_{ki}$$

$$p_i=\frac{1}{1+\mathrm{e}^{-yi}}$$

式中　y_i——第 i 家企业是否发生财务危机，$i=0$ 或 1，0 代表正常企业，1 代表财务危机公司；

x_{ki}——第 i 家企业，第 k 个财务比率；

p_i——根据 Logistic 模型所估计出来的第 i 家企业可能发生财务危机的概率；

β——财务预警指标 x_{ki} 每变动一个单位所导致的财务危机机会比率变化量。

4. 类神经网络模型

类神经网络（ANN）模型，是将神经网络的分类方法应用于财务预警。ANN不仅具有较好的模式识别能力，而且还可以克服统计方法的局限，因为它具有容错能力和处理资料遗漏或错误的能力。此外ANN还具有学习能力，可随时依据新的数据进行自我学习，并调整其内部的储存权重参数，以应对多变的企业环境。

ANN模型通常由输入层、输出层和隐藏层组成，其信息处理分为前向传播和后向学习两步进行。网络的学习是一种误差从输出层到输入层向后传播并修正数值的过程，学习的目的是使网络的实际输出逼近某个给定的期望输出。根据最后的期望输出，得出企业的期望值，然后根据学习得出的判别规则来对样本进行分类。人工神经网络具有较好的纠错能力，从而能够更好地进行预测。表10-2所示为财务预警模型比较。

表10-2　财务预警模型比较表

计量方法	假设条件	优　点	缺　点
单变量分析	无	计算简明；所求得的数值易于解释	以试错法寻求最佳财务指标，缺乏理论架构；财务指标单一，无法涵盖企业整体面，不同比率之间容易出现矛盾的结论
判别分析	数据符合正态分布；每一变量不能是其他变量的线性组合；各组样本的协方差矩阵相等	同时考虑多项指标，对整体绩效衡量较单变量分析客观；可了解哪些财务比率最具判别能力	财务比率一般不符合正态分布假设；对虚拟变量无法有效处理；样本选择偏差对模型分类能力影响很大
多元线性回归	残差项必须符合正态分布；差符合马尔可夫假设；自变量间无共线性存在；样本数必须大于回归参数个数	可解决判别分析中自变量数据非正态分布的问题；模型使用不需经数据转换，故较容易使用	自变量之间的交互作用无法表达；自变量与因变量之间的非线性关系无法表达，线性概率的假设往往与实际情况不相吻合
Logistic 模型	残差项需符合韦伯分布；自变量间无共线性存在；样本数必须大于回归参数个数	可解决判别分析中自变量数据非正态的问题；概率值介于0与1之间；模型适用于非线性状况	模型使用前必须将资料转换；计算程序较复杂，一般需计算机辅助
类神经网络	无	用计算机进行大量数据处理；无须任何概率分配假设	分类工作繁杂；分割点不易建立；模型统计特性不健全

10.2 财务预警系统设计

10.2.1　企业财务预警体系的建立及相关问题

1. 建立企业财务预警体系的基本前提

1）较为完备扎实的管理基础是实施财务预警的基础条件。

2）财务管理与其他管理活动的良好衔接和协调。

3）完善灵敏的信息系统。

4）规范真实的财务会计信息。

5）高素质的领导班子和团队意识以及企业负责人的高度重视是企业预警管理成功的保障。

6）符合现代企业特点的人力资源管理机制，深厚的群众基础和高度的责任心。

7）完善的内部控制制度。

8）创新的管理理念。

2. 企业财务预警体系的基本结构

企业财务预警体系的基本结构如图10-1所示。

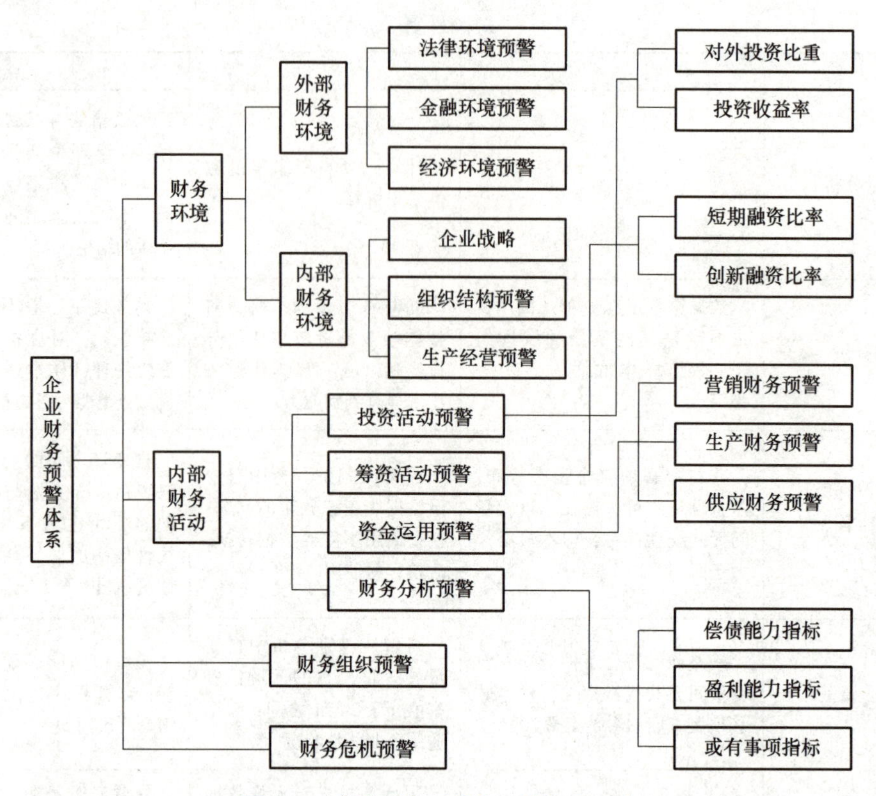

图 10-1 企业财务预警体系的基本结构

3. 建立企业财务预警体系的程序

1）分析资金管理业务流程。

2）分析资金管理关键流程和关键因素。

3）调查财务管理存在的主要问题和风险。

4）确定企业财务预警指标体系。

5）通过调查分析确定预警指标标准值和合理波动区间。

6）明确统一财务预警指标实际值的获取和计算口径。

7）确定报警方法。

8）分析财务预警原因。

9）确定财务预警处理程序。

10）确定一般对策和方法。

4. 建立企业财务预警体系的方法

建立财务预警体系是一个复杂的系统工程，预警体系是否切合企业实际情况直接关系到运行效果。在建立过程中，可采用流程分析法、现场观察法、比较分析法、调查法、专家咨询法、模拟分析法等。可采用单变模式思路和综合模式思路，如流动比率、资产负债率、存货库存量的预警为单变模式，Z 分数计算为综合模式思路。

建立预警体系可以将企业资金运行过程分为多个子系统，如营销财务子系统和生产财务子系统等。

5. 报警的方法

报警类别和性质：警报可以分为轻度、中度和高度。如采购计划变化率在30%～50%为轻度报警，在60%～80%为中度警报，超过80%为高度报警。

报警渠道：通过什么渠道报警，可以越级直接反映，还是逐级汇报等。发出报警时，根据警报性质，应让有关主管领导首先得到此信息，如当发出高度财务警报时，公司总经理和财务总监在打开计算机时应首先看到此信号。

报警方式：报警方式可用内部局域网通报、口头报告、书面报告、电话等形式报警。

报警时间：在什么时间报警。如规定轻度警报必须在当天之内报出，中度预警必须在发现2小时内报出，高度报警必须即时报出。

报警对象：向谁报警问题。如高度警报直接向财务总监和总经理报告。

报警输出信号：报警信号可用★、▲或◆等表示，单个符号表示轻度预警，双符号表示中度预警，三个符号表示高度预警。如图10-2所示。

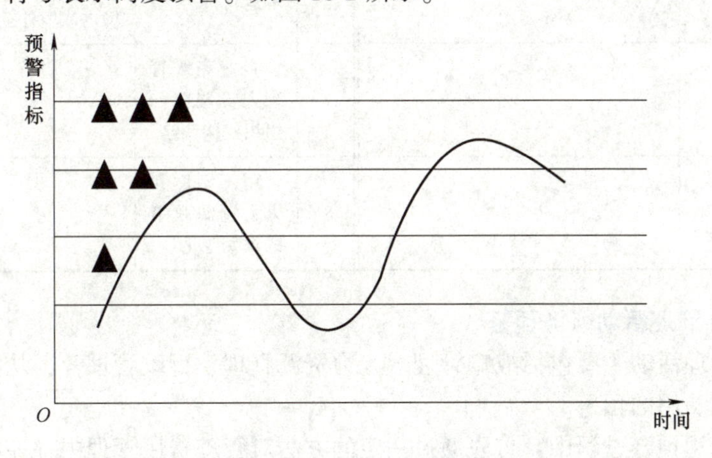

图10-2　报警信号发展趋势图

10.2.2　企业财务预警体系的具体内容

1. 企业财务环境预警

企业财务预警环境主要包括外部环境因素和内部环境因素，详见表10-3。

表10-3　企业财务环境因素及主要内容

序号	外部因素	主要内容	序号	内部因素	主要内容
1	宏观指标	经济增长速度：主要指标为年GDP增长率；消费信心指数：对消费品生产企业重要	1	企业经营战略重大调整	增长速度（销售收入指标和利润指标）、投资战略、筹资战略、企业品牌战略、人力资源战略、市场营销战略、其他战略
2	会计税收政策	会计法规、会计准则、会计制度、税收法规的重大调整。	2	供应体系重大调整	实行招投标制度的范围和力度、第三方物流的使用、供应商的重大变更

（续）

序号	外部因素	主 要 内 容	序号	内 部 因 素	主 要 内 容
3	金融政策	利率调整、信贷政策	3	销售体系重大调整	销售政策的制定、销售网络的建立、销售人员的激励措施、重大促销政策的实施
4	竞争对手变化	营销政策及促销行为；竞争对手的兼并收购、合资合作行为；竞争对手的重大融资行为	4	考核体系重大调整	考核方法和考核思路的重大变化
5	其他因素	消费习惯的变化；地方政策的支持；可替代产品的出现	5	企业信息化水平重大变化	实施 ERP 的范围、企业内外部网络建设
			6	企业重大资本运营行为	兼并收购、资产重组、债务重组、合资与合作、股份制改组、境内或境外上市
			7	企业高级管理人员调整和组织机构调整	
			8	用工制度和人力资源政策的重大变化	

2. 企业基础管理活动财务预警

企业基础管理活动主要包括战略管理、人力资源管理、行政管理等，从财务预警角度出发，主要是管理费用的预警。

在对管理费用预警过程中，首先通过一定的方法对管理费用管理中存在的问题进行分析和挖掘，然后针对这些问题，根据不同行业和企业的实际情况，选择可以量化的财务指标，对基础管理中存在的问题进行揭示或预报，然后针对警报等级的不同，提供不同的对策。其流程如图 10-3 所示。

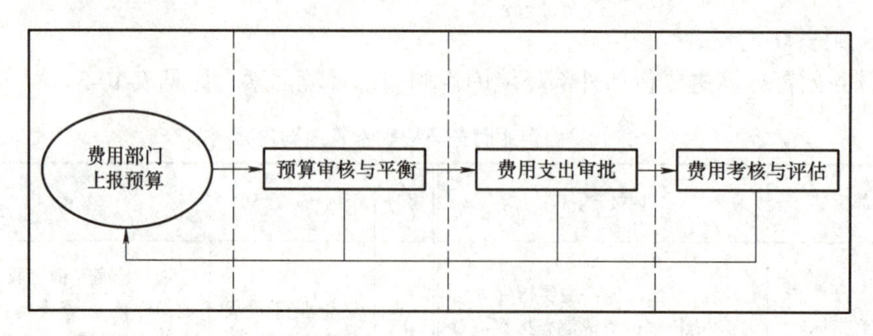

图 10-3 管理费用的控制流程

管理费用的报表分析：

1）管理费用纵向分析：即把本企业不同时期的管理费用支出情况进行结构分析和趋势分析。

2）管理费用横向对比分析：根据行业内其他企业管理费用支出项目和水平，来分析比较哪些费用比例偏高或异常。

3）与销售收入的关联性分析：把一定期间内管理费用发生额和同期销售收入进行比较，看管理费用占同期销售收入的比例变化，以此分析某一时期管理费用发生的合理性。

企业基础管理活动财务预警指标及对策见表 10-4。

表 10-4　企业基础管理活动财务预警指标及对策

序号	常见问题	预警指标	指标含义	对　策
1	坏账准备提取不足	坏账准备提取比例	实际提取坏账准备/应收账款	按账款的实际质量提取坏账准备金
2	折旧提取偏低	折旧提取率	实际提取折旧/固定资产	—
3	管理人员工资及福利	管理人员比例	管理人员总数/在册职工总数	管理人员比例、管理人员考核方法
4	管理费用数额变动较大	管理费用变动率	月实际管理费用/上年同期管理费用	管理费用支出处于可控状态
5	技术开发费用提取不足	技术开发费比例	实际提取技术开发费/销售收入	足额或追加提取
6	投保不定	保险费比例	实际保险费/固定资产净值	足额投保
7	办公费、招待费、差旅费开支过大	办公费、招待费、差旅费比例	办公费、招待费、差旅费/管理费用	预算控制

3. 企业筹资活动财务预警

1）短期借款预警。短期借款管理流程如图 10-4 所示。

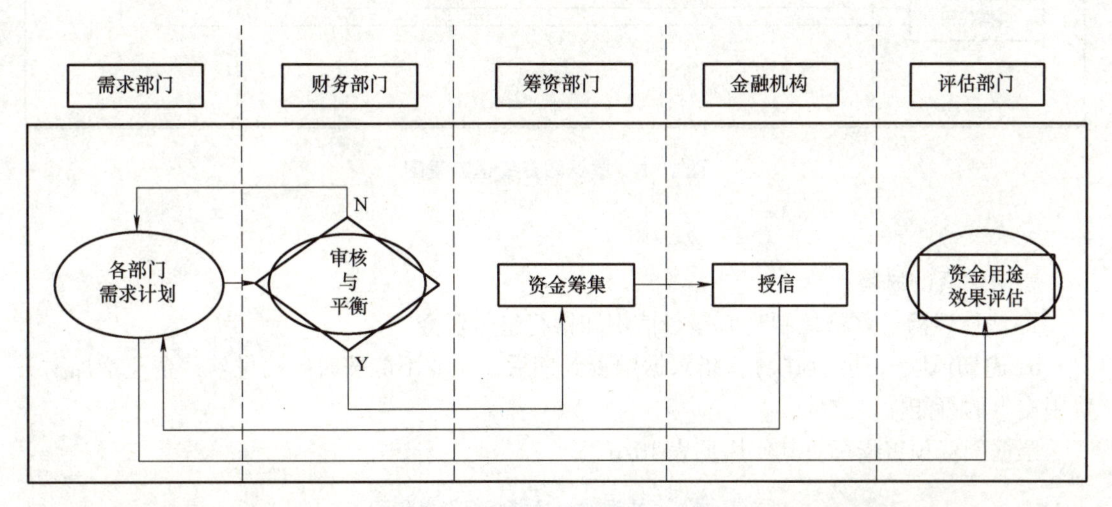

图 10-4　短期借款管理流程图

短期借款存在下列风险：

a. 利率风险。如利率快速升高或国家实施金融政策紧缩，企业的筹资成本会急剧上升。

b. 违约风险。如到期不能归还，会危及企业的信誉，甚至产生连锁反应。

c. 短期资金长期使用风险。短期资金用于新建项目或技术改造，会导致资金不能在短期收回，形成风险。

d. 资金短缺风险。

短期借款预警指标及对策见表 10-5。

表 10-5　短期借款预警指标及对策

序号	预警指标	指标取值	对　　策
1	短期借款增长率	本期贷款增加额/上期贷款余额	内部集资；发行短期融资券
2	短期借款比例	短期借款余额/负债余额	
3	短期借款展期率	贷款展期数额/到期贷款余额	
4	贷款保证金比例	保证金数额/短期借款数额	

2）票据融资预警。票据融资管理流程如图 10-5 所示。

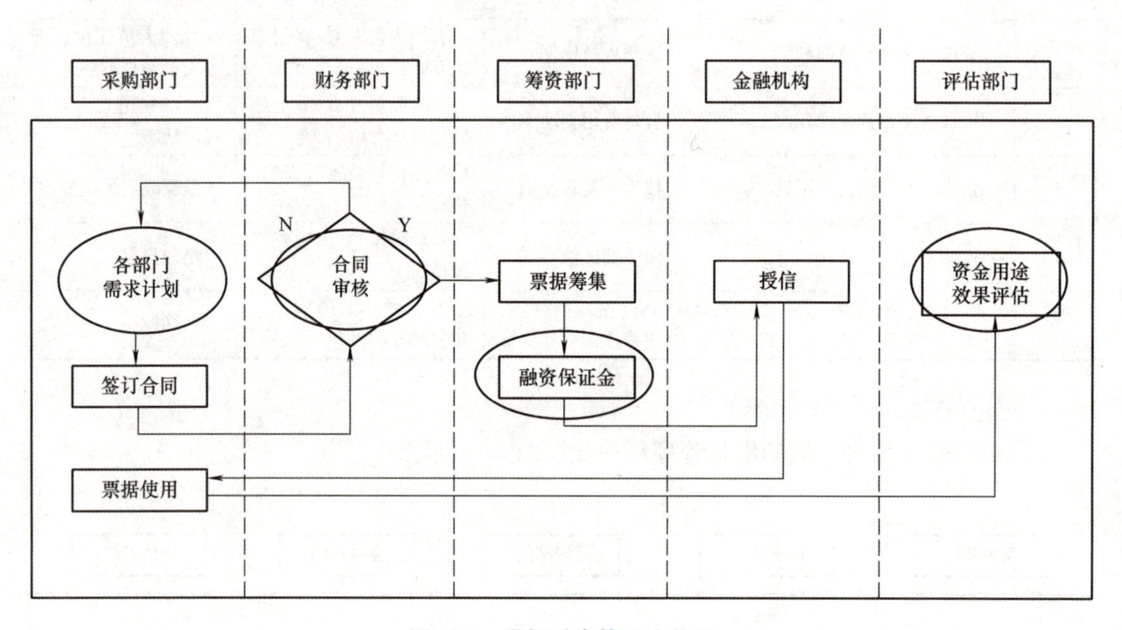

图 10-5　票据融资管理流程图

票据融资的风险：

a. 法律风险：严格控制套取银行信用和银行垫付资金。

b. 逾期风险（违约风险）：指票据融资到期后，企业不能按时履约付款，企业增加财务费用支出的可能性。

票据融资预警指标及其使用见表 10-6。

表 10-6　票据融资预警指标及其使用

序　　号	预警指标	指标取值
1	票据融资增长率	本期票据融资增加额/上期票据融资余额
2	票据融资比例	票据融资余额/负债总额
3	票据融资预期率	预期票据数额/到期票据数额
4	票据融资保证金比例	保证金数额/票据融资数额

3）商业信用融资预警。企业商业信用管理流程如图 10-6 所示。

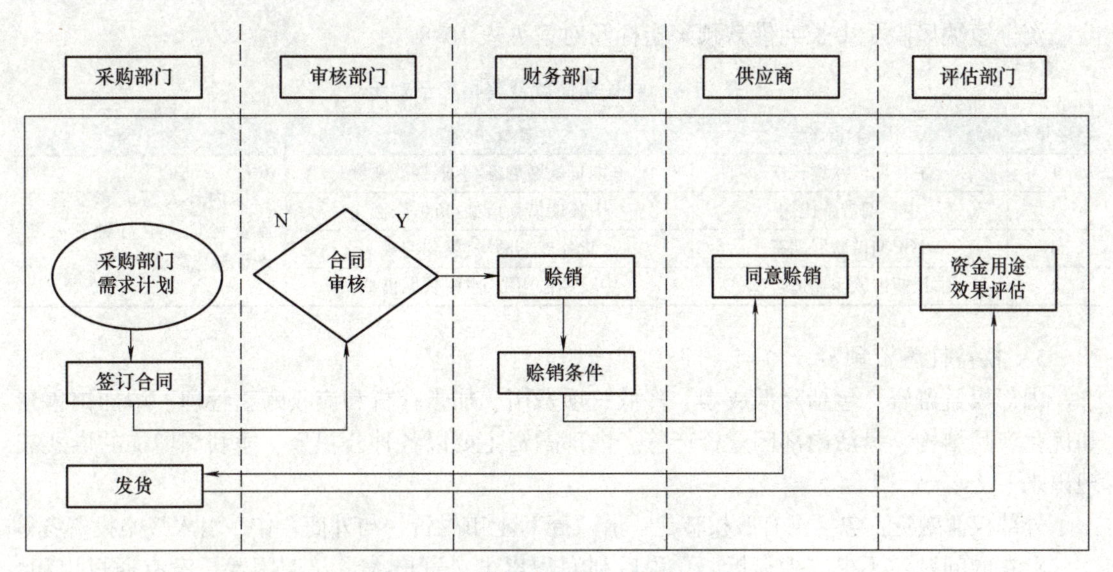

图 10-6　企业商业信用管理流程图

商业信用融资预警指标及其使用见表 10-7。

表 10-7　商业信用融资预警指标及其使用

序　号	预 警 指 标	指 标 取 值
1	赊销价格比	赊销价格/现款销售价格
2	供应商诉讼家数和金额	供应商诉讼家数和金额
3	应收应付配合率	应收账款/应付账款

4）中长期借款预警。中长期借款预警管理流程如图 10-7 所示。

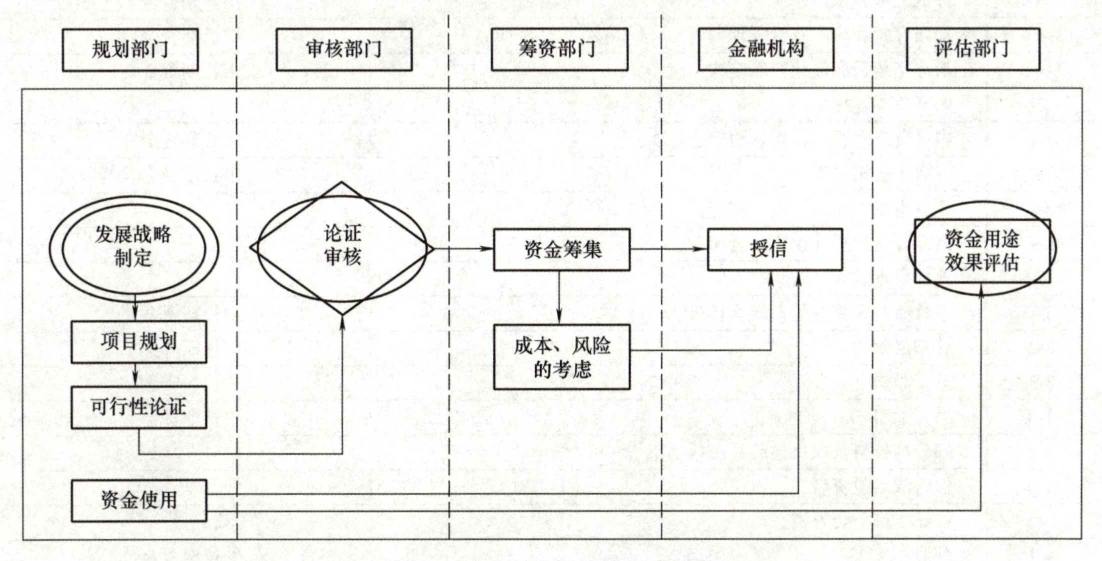

图 10-7　中长期借款管理流程图

中长期借款主要存在下列风险：利率风险、投资风险、违约风险、长期资金短期使用风险、资金短缺风险。中长期借款预警指标及对策见表10-8。

表10-8 中长期借款预警指标及对策

序号	预警指标	指标取值	对策
1	中长期借款增长率	本期贷款增加额/上期贷款余额	国内外大型成套设备的融资租赁；项目融资；资产证券化融资
2	中长期借款比例	中长期借款余额/负债余额	
3	中长期借款展期率	贷款展期额/贷款到期额	
4	中长期借款用途适合率	中长期占用资金/中长期借款	

5）权益性融资预警。

内部权益融资：包括降低成本、降低三项费用、加强存货和应收账款管理、增加销售量和优化产品结构、盘活内部闲置资产等。内部融资主要以各种公积金、净利润增加的形式表现出来。

外部权益融资：包括国有股权转让、借“壳”上市融资、与外商合作、引入战略投资者等。

存在的问题：不提或少提折旧；税后利润积累少；资产大量长期闲置，没有通过出租、变卖、对外投资等资本运营方式进行充分利用。

权益融资渠道及资金性质见表10-9。

表10-9 权益融资渠道及资金性质

序号	融资渠道/方式	资金来源性质
1	内部资金来源	中长期资金
1-1	折旧	中长期资金
1-2	资产减值准备：坏账准备、投资减值/跌价准备	中长期资金
1-3	税后留存收益	中长期资金
1-4	降低成本	中长期资金
1-4-1	降低三项费用	中长期资金
1-4-2	加强存货和应收账款管理	中长期资金
1-4-3	增加销售量和优化产品结构	中长期资金
2	内部资本运作	
2-1	内部资产重组：拍卖、租赁、变卖	中长期资金
2-2	现有子公司重组	中长期资金
2-3	债务重组	
2-4	以闲置资产对外投资、合作	
3	外部资本运营	
3-1	进行收购、兼并等低成本扩张	中长期资金
3-2	管理层收购	中长期资金
3-3	员工收购	中长期资金
3-4	借壳上市	中长期资金
3-5	部分高校科技项目包装后二板上市	
3-6	引入战略投资者	
4	依托上市公司筹资	
4-1	配股	中长期资金
4-2	增发	中长期资金
4-3	可转换债券	中长期资金
4-4	公司债券	中长期资金

4. 企业对外投资活动财务预警

短期投资：将多余资金投入金融证券市场，满足流动性和盈利性等的需要，是货币资金的一种临时存放形式。因此将其纳入货币资金的财务预警体系，下面所阐述的是长期对外投资的财务预警。

长期投资：具有金额大、期限长、风险大的特点。根据长期投资的性质，可将其分为证券投资和实业投资两类。

企业对外投资业务管理流程如图 10-8 所示。

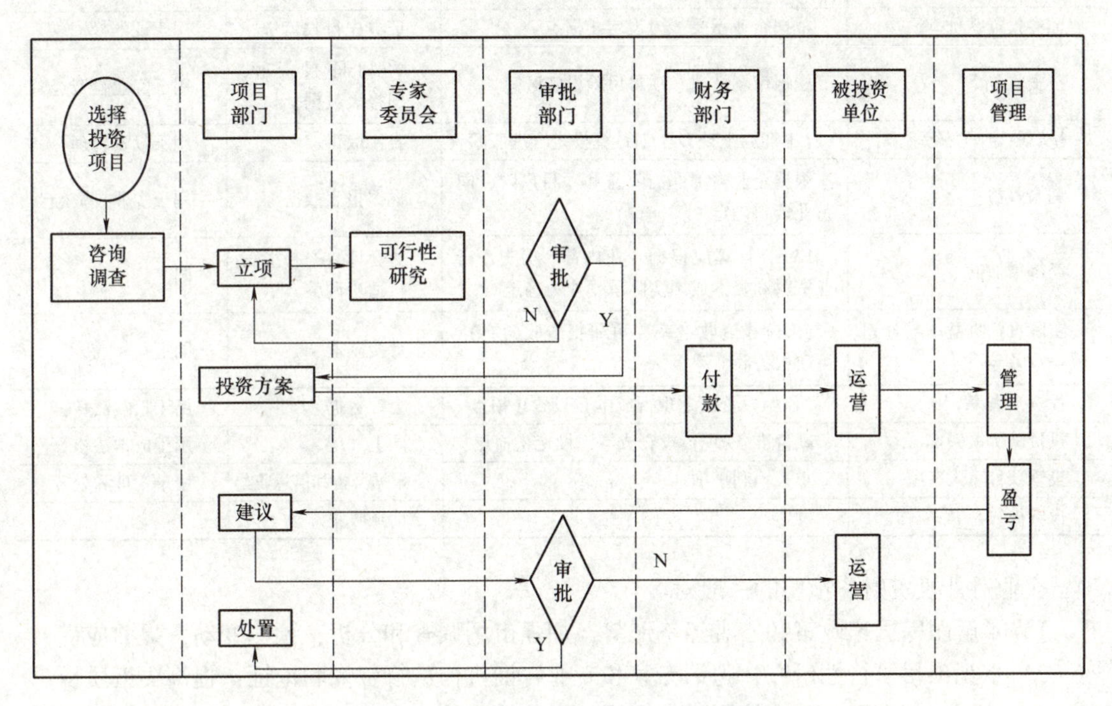

图 10-8　企业对外投资业务管理流程图

企业对外投资财务管理存在的主要问题：

1）市场调查不充分，信息不真实。

2）在没有资金保证的情况下，匆匆上马。

3）过分相信资本的预期收益，忽视其风险，造成投资损失。

4）内部控制不严密，投资款支付风险大。

5）在项目经营和管理期间，缺乏可靠性和真实性的项目运营信息，缺乏合理的监控体系和指标计算。

6）没有定期对投资效果进行评价。

7）投资项目运营后，没有和投资前的论证指标进行分析，忽视预期和实际之间的差距，不利于改善以后的投资活动。

8）发现和发生投资风险时，不能果断决策，造出损失进一步扩大。

企业对外投资财务管理预警指标见表 10-10。

表 10-10 企业对外投资财务管理预警指标

预警指标	合理波动区间	实际值获取	备注
调查论证投资内部收益率差异率	(调查论证 IRR-可研报告的 IRR)/可研报告的 IRR，根据项目风险和企业承受能力确定	聘请专家论证、专业咨询	用于判断科研报告的可靠性
发现投资项目虚假信息和重大失误	一般为0，根据现象性质确定	收集信息	用于论证
发现合作方抽逃资金或异常行动	一般为0，根据现象性质确定	跟踪检查	由于投资初期
证券投资跌价率	根据企业承受能力设定止损点	证券先行收盘价	用于证券投资
投资收益率	根据市场情况、项目风险设定区间	净利润/投资额，采用报表数据	用于实业投资经营
投资收益率变化率	(本期－上期)/上期计算设定合理区间	直接取得	用于投资管理
剩余收益	根据企业内部部门收益和项目风险、同行业资料确定	根据报表数据等	用于实业投资经营
经济增加值	EVAD 计算应根据企业内部、历史、行业资料和资本成本实际承受能力确定	对会计数据和报表进行适当调整	同上
实际投资收益率与计划收益率差异	(实际投资收益率－可研报告收益率)/可研报告收益率	直接获取	同上
投资损失率	(原始投资额－现行成本)/设置止损点	会计数据	用于权益法核算
投资跌价损失率	跌价准备/现行投资成本，设定止损点	同上	用于成本法核算
投资项目重大事项	重大不利事项	根据公告和信息收集	用于管理和处置
投资被封	发生	信息收集	

企业对外投资财务预警的一般对策：

1）了解跟踪国家政策和宏观经济形势，加强市场调查和分析，预测变动，提前应变。

2）重视项目可行性研究，聘请专家和专业咨询机构进行咨询和论证，提高决策质量。

3）加强内部管理和制度控制，合理授权，集体决策。

4）慎重对待对外投资，坚持风险和收益对等的原则。

5）提高企业全员的风险意识。

6）建立投资项目决策监督考核机制。

7）搞好与当地政府或部门的关系和合作，加强对投资项目的维护和管理。

8）采取组合投资，联合投资，组成战略联盟，实行风险分摊、风险回避、风险控制、风险转移等方法。

5. 企业货币资金管理预警

1）企业资金计划与货币资金管理流程。企业财务管理就是资金的管理，连接企业各项财务管理活动的纽带是资金计划，它是企业财务管理协调的工具和控制标准，企业各部门必须协调一致，才能最大限度地实现企业财务管理总目标。图 10-9 所示为企业资金计划业务流程。

货币资金的管理：对于货币资金本身的管理，主要是收入、支出、盘点、对账和内部控制等方面的日常管理。

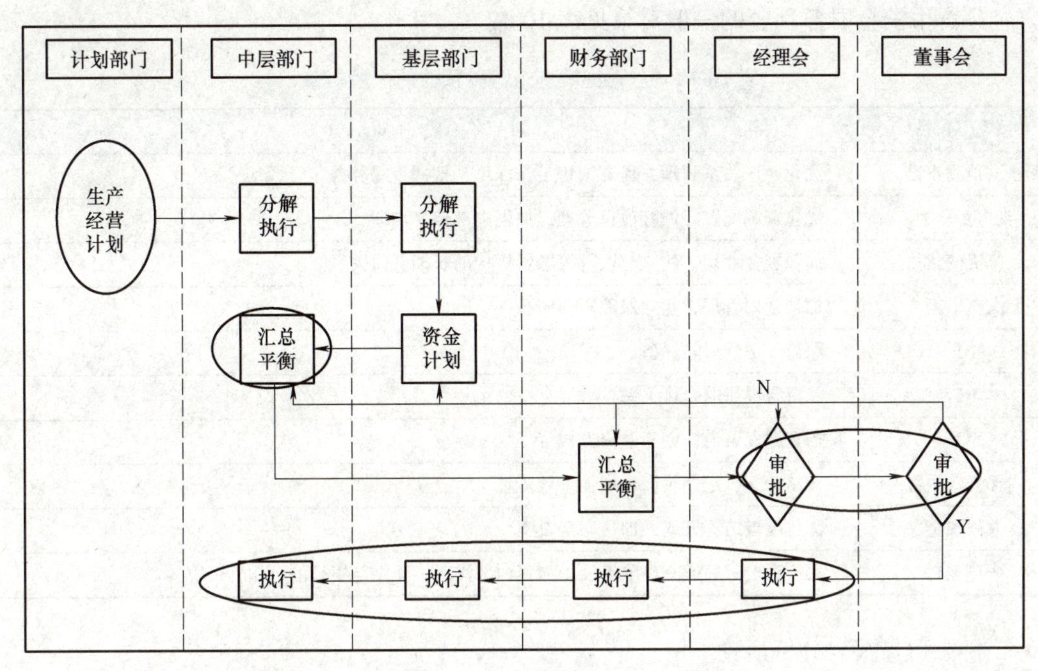

图 10-9　企业资金计划业务流程图

企业资金计划与货币资金管理存在的一般问题：①没有资金计划或形同虚设；②计划执行不力，人为干扰多；③收入不稳定，预测准确性差；④支出计划性较差，协调难度大；⑤筹资方式少、渠道窄、人为因素影响大；⑥投资方式少；⑦账户管理不规范，自我保护意识差。

企业货币资金财务预警指标体系见表 10-11。

表 10-11　企业货币资金财务预警指标体系

预警指标	方　法	依　据	备　注
收入变化率	根据经验或比较分析法	差异/计划额	建议 20%
支出变化率	根据经验或比较分析法		同上
筹资变化率	同上	同上	同上
不可预见支出额	根据经验确定金额或比例	大额支出申请	
N1	根据经验、成本分析模式、随机方法确定	根据资金统计表	
N2	同上	同上	
N3	同上	根据统计表和有关人员估计	
盘点对账差异率（额）	根据经验确定	盘点对账时计算	
内部失效次数	根据内控要求，如透支等	发现次数	
大额现金安全	根据经验或条件确定	调查落实	
不明款项	发生次数或净额	发现时	
账户安全	被封	发现状况	提前反应

注：N1：会计中的现金、银行存款（含定期存款）和其他可随时自由支配的资金。

N2：在 N1 的基础上，加上企业正常情况下可在两天之内转变为可随时用于支付的资产如股票、国库券等以及银行承兑汇票。

N3：在 N2 的基础上，加上企业可随时在银行透支或在两天内筹资到位的资金，如协议最高透支额、剩余可随时使用的授信额度等。

企业货币资金财务预警的一般对策见表 10-12。

表 10-12　企业货币资金财务预警的一般对策

预警项目	一般对策
收入预测不准	优化客户关系管理，提高销售工作深度，把握市场脉搏
支出变化大	优化资源配置，做好项目管理，加强内部信息沟通
筹资变化	加强资金计划，建立与银行等融资机构的长期合作关系
大支出额	加强计划管理，建立保险资金储备
N1	保持一定的保险储备
N2	保持与银行的合作关系
N3	拓宽融资渠道，创新融资方式
内部失效次数	交易分开、定期轮岗、加强审计监督
大额现金	优化改善结算方式，加强安全设施
账户被封	关注诉讼时间或有事项进展、加强内部沟通、建立与银行的合作管理等

6. 企业财务报表分析预警

1）资产结构、负债结构分析预警。企业资产结构预警指标见表 10-13。

表 10-13　企业资产结构预警指标

预警指标	标准和合理区间	备　注
流动资产与总资产比率	利用结构分析法、趋势发、比较分析法等确定	
存货站流动资产比率	同上	
应收账款占流动资产比率	根据销售政策、行业特点，采用趋势分析、结构分析法	
固定资产占总资产比率	根据行业特点和固定资产管理要求	
对外投资占权益比率	结合投资管理，根据企业发展战略确定	低于 50%
长期适合比率	固定资产 ÷（自由资本 + 固定负债）	小于 1

2）负债筹资结构主要预警指标和合理波动区间确定，见表 10-14。

表 10-14　负债筹资结构主要预警指标和合理波动区间

预警指标	合理波动区间
短期负债与总负债比率	根据企业经营特点和发展阶段，按照趋势分析、对比分析等计算
应付账款周转率	销售收入/应付账款，比较分析、趋势分析等
临时负债与总负债比率	对负债进行分类，按照趋势分析和筹资政策、资金成本确定
单笔负债与总负债比率	应分散风险，合理分类借款笔数和到期时间
银行借款占总负债比率	不宜过高
内部职工借款逾期率	预期意味着风险

3）偿债能力预警。企业偿债能力预警指标见表 10-15。

表 10-15　企业偿债能力预警指标

预警指标	合理区间
流动比率	一般为 2，根据企业特点，采用趋势分析法
速动比率	一般为 1，根据企业特点，结合资产结构，采用趋势分析法
临时资产/临时负债	一般为 1，对资产、负债进行再分类
N1、N2、N3 与流动负债比率	根据企业特点，采用经验取值法，专家调查法等确定
资产负债率	根据行业特点，采用比较分析法、趋势分析法，专家调查法等确定区间
已获利息倍数	EBIT/I，比较分析法、趋势分析法，以最近几年的最低指标为依据确定，接近 1 或者小于 1 预警
财务杠杆 DFL	EBIT/(EBIT－I) 根据趋势分析，结合资金成本和经营情况
长期债务与营运资金比率	一般应小于 1
信誉评级下降	发生时预警

4）营运能力分析预警。企业营运能力预警指标见表 10-16。

表 10-16　企业营运能力预警指标

预警指标	合理区间
原材料周转率变化	趋势分析法，提高生产效率和降低存货
在产品周转率变化	同上
存货周转率变化	同上
应收账款周转率变化	结合销售政策和信用政策

5）发展能力分析预警。企业发展能力分析预警指标见表 10-17。

表 10-17　企业发展能力分析预警指标

预警指标	合理波动区间
销售收入增长率	根据趋势分析，低于正常增长率或超长增长率
固定资产增长率	应与销售增长、生产能力增长匹配
固定资产增长与销售收入增长	应小于 1，基本平稳
利润增长/收入增长	应大于 1，基本平稳
利润增长/资产增长	同上
净资产增长率	大幅度下降
非商业信用负债增长率	大幅度增长，或大幅度超出资产增长率
实际增长率/可持续增长率	1 左右，相差悬殊预警

6）或有负债预警。或有负债包括以下内容：已贴现商业承兑汇票形成的或有负债；未决诉讼、仲裁形成的或有负债；为其他单位提供债务担保形成的或有负债；其他或有负债（不包括极小可能导致经济利益流出企业的或有负债）。

7）对外担保预警。对外担保预警指标及对策见表 10-18。

表 10-18 对外担保预警指标及对策

序号	管理的问题	预警指标	对策
1	没有专门的管理部门	是否有台账	设立专门的对外担保管理部门
2	被担保人资信变化，没有及时跟踪	被担保人的资信大幅度下降	由专门部门收集、跟踪被担保人资信信息
3	无原则对外担保	对外担保数增加额	资格审核：签订互保协议、被担保人资信与被担保人的关系总量控制
4	被第三方追索	是否被追索	积极应诉和追索

8）质量索赔预警。质量索赔预警指标及对策见表 10-19。

表 10-19 质量索赔预警指标及对策

序号	管理的问题	预警指标	对策
1	事故反馈不及时	是否有快速反应机制	建立快速反应机制
2	对媒体管理不善	对公司不利报道	加强公共关系
3	质量索赔事故统计不真实	质量索赔事故数量、频率和被索赔金额	及时报送有关统计表
4	没有内部责任追究制度	是否有内部责任追究制度	建立有效的内部责任追究制度

9）未决诉讼预警。未决诉讼预警指标见表 10-20。

表 10-20 未决诉讼预警指标

序号	问题	预警指标	对策
1	信息反馈不及时，没有建立快速反应机制	是否建立快速反应机制、专门的部门	设立专门的诉讼管理部门或者岗位，建立快速反应机制
2	对媒体管理不友善	公关费用开支比例	增加公关部门的开支

7. 企业财务组织预警

财务组织管理预警的内容，如图 10-10 所示。

财务组织管理主要关注点及常见问题：

1）财务组织的管理结构。常见的问题是部门之间职权划分不清造成的相互推诿和扯皮现象；管理层次过多造成的信息传递不通畅；组织成员的年龄结构、知识结构不合理影响了组织功能的发挥。

2）外部信息的处理能力。常见的问题是信息的个人垄断，许多信息掌握在少数人手里。

3）组织文化。常见问题是部门和团队工作模式不能形成，组织行为中的个人倾向严重。

4）非正式组织。在一个管理组织中一般会存在非正式组织，如果不对非正式组织加以正确引导，小的利益团体会侵蚀正式组织的正常运转。

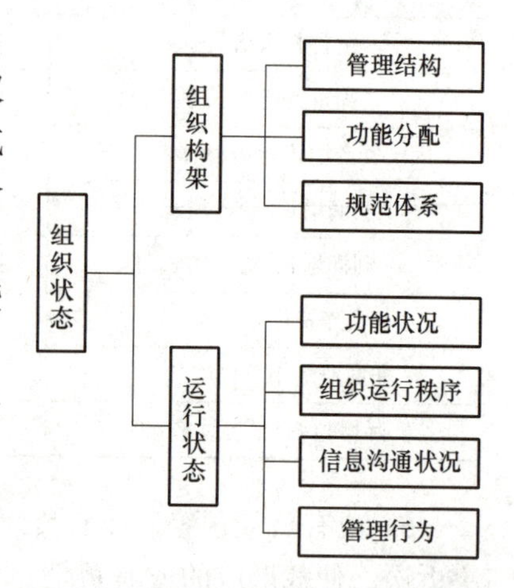

图 10-10 财务组织管理预警的内容

财务组织管理预警指标见表 10-21。

表10-21　财务组织管理预警指标

分　　类	指　　标	警情预报
管理结构	管理人员比率	根据行业平均水平或通行的标准，并结合本企业的特点制定不同警情的警戒线
	专业人员比率	同上
功能分配	管理功能完备率	结合本企业的发展战略和组织战略制定不同警情的警戒线
管理规范	管理制度完备率	根据本行业和本企业的实际情况制定不同警情的警戒线
	规章制度合理率	同上
信息沟通	信息实时共享率	以管理信息化的规范化要求为准，确定不同警情的警戒线
管理行为	管理行为差错率	以管理行为规范化的要求确定不同警情警戒线

财务组织预警应对措施：规范组织结构，构造合理的组织框架和管理模式；构造独立的利益主体和部门，以部门或团队为主体的业务运作代替以个人为主体的业务运作，避免管理信息的个人垄断，降低管理风险；化解小利益团体，形成自我管理单元；在业务单位、部门之间的相互关联基础上，构造新型的业务运行和组织管理模式；以利益主体之间的相互链状控制代替总经理分别与各主体之间的点状控制；以规范的制度制约管理行为，代替主观随意决策。

10.3 案例分析

案例一：美国通用汽车破产纯属财务风险

1. 基本情况

美国通用汽车公司（General Motors Corporation，GM）成立于1908年9月16日。自威廉·杜兰特创建了美国通用汽车公司起，该公司在全球生产和销售雪佛兰、别克、GMC、凯迪拉克、宝骏、霍顿以及五菱等一系列品牌车型并提供服务。

2008年金融危机之后，美国通用汽车公司迫于连续亏损、市场需求萎缩、债务负担沉重等多方压力，于2009年6月1日，正式按照《美国破产法》第11章的有关规定向美国曼哈顿破产法院申请破产保护。公司CEO瓦格纳被换掉，公司的业务逐渐萎缩，其中一些品牌（悍马、霍顿、欧宝）被出售，这些品牌车的售后服务由个别公司代理。这样以优化公司的资源，整合力量。GM破产保护阶段业务照常进行，并且在两个月内成立一家新GM，这家新GM继承旧GM的一些主要品牌（凯迪拉克、别克、雪弗兰），其余的工厂都卖掉用来抵一些债务。重新经营新GM时会把主要精力转向小排量汽车、环保汽车上。

2. 财务风险原因

1）福利成本。昂贵的养老金和医疗保险成本，高出对手70%的劳务成本以及庞大的退休员工队伍，使得公司日益不堪重负，让其财务丧失灵活性。

2）次贷冲击。美国次贷危机给美国汽车工业带来了沉重的打击，汽车行业成为次贷风暴的重灾区，2008年开始，美国的汽车销量也像住房市场一样，开始以两位数的幅度下滑，数据显示，美国2008年9月份汽车销量较2007年同期下降27%，创1991年以来最大月度跌幅，也是美国市场15年来首次月度跌破百万辆。

底特律第一巨头——通用汽车公司，尽管其汽车销量仍居世界之首，但2009年4月底以来通用汽车的市场规模急剧缩小了56%，从原本的130多亿美元降至不到60亿美元。同时，通用汽车公司的股价降至54年来最低水平。始料不及的金融海啸，让押宝华尔街，从资本市场获得投资以渡过难关的期望成为泡影。

3）战略失误。统计资料显示，美国汽车金融业务开展比例在80%~85%以上。过于依赖汽车消费贷款销售汽车的后果是：名义上通用汽车卖掉了几百万辆汽车，但只能收到一部分购车款，大部分购车者会选择用分期付款方式来支付车款。一旦购车者收入状况出现问题（如失业），汽车消费贷款就可能成为呆账或坏账。金融危机的爆发不仅使汽车信贷体系遭受重创，很多原本信用状况不佳，只能从汽车金融公司贷款的购车者也因收入减少、失业、破产等原因无力支付贷款利息和本金，导致通用汽车公司出现巨额亏损。

4）资产负债糟糕。通用汽车公司2009年2月提交美国政府的复兴计划，估计为期两年的破产重组，包括资产出售和资产负债表的清理，将消耗860亿美元的政府资金，以及另外170亿美元已陷入困境的银行和放款人的资金。放款人以及美国政府担心他们的借款会得不到偿还。他们的担心有充分的理由，因为贷款安全是建立在抵押品安全的基础上的，而通用汽车公司的抵押品基础正在削弱。

5）油价上涨。新能源、新技术的开发费用庞大，却没有形成产品竞争力；通用汽车公司旗下各种品牌的汽车尽管车型常出常新，却多数是油耗高、动力强的传统美式车，通用汽车依赖运动型多用途车、货车和其他高耗油车辆的时间太长，错失或无视燃油经济型车辆走红的诸多信号。

3. 启示

（1）适应经济运行周期 财务战略要顺应经济周期。当经济处于复苏阶段时，企业应采取扩张型财务战略，经济繁荣后期，则采取稳健型财务战略，而在经济低谷期，相应采取防御型财务战略。

（2）适应产品生命周期 按照企业发展的规律，通常有初创期、成长期、稳定期和衰退期。制定财务战略时，必须正确把握本企业所处的发展阶段及其特色。在初创期，其财务特征主要表现为资金短缺，缺乏竞争力，重点应放在如何筹措资金上。在成长和稳定期，企业资金较为充裕，规模较大和核心竞争力较强，应考虑通过并购，实现其对外部发展的扩张型财务战略和稳健型财务战略。在企业衰退期，往往销售额、利润率大幅下滑，流动性不足，应考虑通过重组、改制来实现企业的蜕变和重生，采取防御型财务战略。

（3）适应企业战略 财务战略应与企业战略相互交融、支持。财务战略关注资金量的投放与筹集，而企业战略则关注企业竞争优势的建立与维持。企业战略对财务战略的引导作用是必不可少的，这是因为财务战略的价值管理核心是创造价值，必须通过企业战略来实现。

案例二：德隆集团财务风险

1. 案例阐述

德隆，曾被视为中国民营企业的一块丰碑。在自1986年成立至2004年的18年里，德隆从新疆一个小型私人企业开始，逐步变成中国最大的私有企业之一。德隆集团最兴旺时拥有6000亿元资产，而这家企业破产后，也成了中国有史以来首家、也是最大一家倒闭的民营金融集团。

德隆集团成立于1986年，它的发展主要分为三个阶段：第一阶段1986—1996年，德隆从电脑打字名片制作复印服务开始，涉足为大学生及中学生提供课外辅导教材、自行车锁制造、油田贸易等领域，经历了千辛万苦，积累了丰富的经验和教训，培养了商业的远见和洞察力，完成了原始积累；第二阶段1997—2001年，德隆开始全面进入实业，主要是从资本市场融资后，长线投资实业，“长融长投”。这一个阶段战略定位准确，方法恰当，通过对行业进行研究，确定目标企业，然后通过兼并收购等手段进行产业整合，拓宽业务的规模和范围，最后获取国际终端市场，提升企业整体价值；第三阶段是2001以后，德隆控股的公司全面进入金融机构来获取资金继续支撑整合并改造传统产业。当德隆开始投入巨资并购企业后，产业整合并没有产生足够的现金流，而是把高速扩张形成的庞大资产建立在高负债的沙滩上，正是由于长期直接融资受阻，而转向短期间接融资，并且追求所谓的规范化和国际接轨，管理成本和财务费用骤升，使得整个系统的资金链吃紧，最终产生危机。

2. 企业财务风险的成因分析

（1）宏观环境的复杂多变　2001年后，面对中国资本市场和外部环境的变化，德隆没有进行经营管理理念和战略管理的调整，而是坚守德隆的“理想主义和战略定位”，由德隆控股的公司全面进入金融机构，以获取资金继续支撑整合并改造传统产业。为实现长期投资传统茶叶的赢利，不得不实施“短融长投”，引发资金短缺，最终使得整个系统的资金链吃紧，危机出现。

（2）多元化投资失败　当德隆集团全面进入实业，成功地提升了企业的整体价值，为德隆规模扩大提供了资金支持。德隆一方面斥巨资收购了数百家公司，所属行业含番茄酱、水泥、汽车零配件、电动工具、重型货车、种子、矿业等；又将包括金新信托、厦门联合信托、德恒证券、新疆金融租赁、新世纪金融租赁和多个城市的商业银行等金融公司纳入麾下。德隆虽然对多个产业进行整合，却没有根据业务发展的具体情况进行取舍，只进不出，导致现金资源分散在多个长线产业，而任何一个产业都无法在较短时期内形成现金回报，最终导致德隆整个资金链的瘫痪。

（3）集团营运资金短缺，负债过高　随着扩张速度的加快、战线的拉长，德隆的资金链日益绷紧。当企业进入多元化投资之后，就有了多项、相互关联不高的营运资金链，就很容易导致营运资金的增长速度快过销售增长的速度，营运资金使用效率的下降，直接表现为销售收入增加，而应收账款和存货增加。如德隆中的上市公司新疆屯河2001年的状况，番茄酱主营业务收入人民币3.72亿元，软饮料主营业务收入人民币2.95亿元，两项共占新疆屯河主营业务收入的86.92%，主营收入比上年增加3.13亿元，增幅达68.97%，净利润却下降了4119万元，净利润率猛然从20.20%下降至6.6%，应收账款增加1.3亿元，增幅为100.12%，存货增加2.45亿元，增幅为75.7%。可见，多元化投资的失败会导致营运资金的短缺，相应地增大了企业的财务风险。

（4）缺乏清楚的标杆指标进行财务风险控制　德隆的战略目标虽然响亮，但缺乏清楚的标杆指标。德隆所整合的多为传统制造业，这些行业均为长周期性行业，投入大，见效慢，回收周期长。同时德隆缺乏现金增长点，其整合的产业并没有给德隆带来足够的现金流。据悉，德隆上市公司旗下产业每年大约产生6亿元利润，这笔钱只够偿还银行贷款且略为紧张。因此，德隆集团缺乏清楚的标杆指标来进行财务风险控制。

（5）集团治理结构问题　德隆集团是由37个自然人注册成立的控股公司，是由唐万新担任董事长的家族企业。唐万新的个性是做事重情谊，但理性不足。他这种性格所表现的两面性都反映在其公司治理和决策中，特别是所倡导的企业家精英俱乐部管理模式，使得后来德隆决策陷入了严重的路径依赖。

3. 企业财务风险的防范对策

1）建立财务环境预警机制，提高企业对财务管理外部环境变化的适应能力和应变能力。

2）建立健全企业财务风险机制，积极预测和化解企业财务风险。

3）提高财务管理人员的风险意识。

4）理顺企业内部财务关系，做到责、权、利相统一。

思考题与习题

1. 什么是财务预警管理？财务预警管理有何必要性？
2. 企业财务预警管理的目标是什么？有哪些功能？
3. 简述企业财务预警管理的内容。
4. 建立企业财务预警体系的基本前提有哪些？
5. 简述建立企业财务预警体系的程序。
6. 简述建立企业财务预警体系的方法。
7. 简述企业财务预警体系的具体内容。

参考文献

[1] 全国一级建造师执业资格考试用书编写委员会．建设工程经济［M］．北京：中国建筑工业出版社，2018.
[2] 学习考试用书研发中心．会计基础［M］．北京：清华大学出版社，2014.
[3] 孟翠湖，张璇．基础会计［M］．北京：人民邮电出版社，2014.
[4] 张捷．《基础会计》学习指导书［M］．3 版．北京：中国人民大学出版社，2014.
[5] 刘迪．工程财务［M］．北京：机械工业出版社，2011.
[6] 杨成炎，王东武，杨敏．工程财务管理［M］．北京：人民交通出版社，2013.
[7] 刘淑莲．财务管理［M］．大连：东北财经大学出版社，2013.
[8] 《新发布企业会计准则解读》编写组．新发布企业会计准则解读［M］．上海：立信会计出版社，2015.
[9] 李爱华，田俊敏．建筑工程财务管理［M］．2 版．北京：化学工业出版社，2015.
[10] 陈金良，石丽忠，沈坚．工程经济与工程财务［M］．北京：中国水利水电出版社，2014.
[11] 杨竖芝，徐艳华．工程财务［M］．2 版．北京：中国电力出版社，2014.
[12] 朱再英，吴文辉，李慰之．工程财务与会计［M］．长沙：中南大学出版社，2017.
[13] 叶晓甦．工程财务管理［M］．2 版．北京：中国建筑工业出版社，2017.
[14] 赵玉萍．建筑施工企业财务管理［M］．北京：机械工业出版社，2014.
[15] 荆新，王化成，刘俊彦．财务管理学［M］．8 版．北京：中国人民大学出版社，2018.
[16] 任凤辉．施工企业财务管理［M］．3 版．北京：机械工业出版社，2018.
[17] 尤金，布里格姆 F. 财务管理［M］．张敦力，杨快，赵纯祥，等译．14 版．北京：机械工业出版社，2018.
[18] 李先琴．财务报表涉税分析［M］．上海：立信会计出版社，2018.
[19] 王治，张鼎祖．工程项目投融资决策案例分析［M］．北京：人民交通出版社，2012.
[20] 汤伟纲，李丽红．工程项目投资与融资［M］．2 版．北京：人民交通出版社，2015.
[21] 段世霞．项目投资与融资［M］．2 版．郑州：郑州大学出版社，2017.
[22] 宋永发，石磊．工程项目投资与融资［M］．北京：机械工业出版社，2019.
[23] 谢志琴，武侠．公司财务报表分析［M］．北京：北京理工大学出版社，2016.
[24] 杨孝安，何丽婷．财务报表分析［M］．北京：北京理工大学出版社，2017.
[25] 赵华．工程项目财务分析［M］．北京：人民交通出版社，2013.
[26] 刘佐．最新企业涉税实用手册［M］．2 版．北京：企业管理出版社，2014.
[27] 夏红胜，张世贤．税务筹划［M］．北京：经济管理出版社，2014.
[28] 储丽琴．财务报表分析［M］．上海：上海交通大学出版社，2014.
[29] 李艳玲．企业财务危机预测与预警研究［M］．北京：经济科学出版社，2017.
[30] 鲍新中，刘澄，赵可．企业财务困境预警：方法与应用［M］．北京：经济管理出版社，2015.

信息反馈表

尊敬的老师：您好！

感谢您多年来对机械工业出版社的支持和厚爱！为了进一步提高我社教材的出版质量，更好地为我国高等教育发展服务，欢迎您对我社的教材多提宝贵意见和建议。另外，如果您在教学中选用了**《工程财务管理》第2版（项勇　等主编）**，欢迎您提出修改建议和意见。索取课件的授课教师，请填写下面的信息，发送邮件即可。

一、基本信息

姓名：＿＿＿＿＿　性别：＿＿　职称：＿＿＿＿＿＿　职务：＿＿＿＿＿＿＿＿＿＿

邮编：＿＿＿＿＿　地址：＿＿＿＿＿＿＿＿＿＿＿＿＿＿＿＿＿＿＿＿＿＿＿＿＿＿＿

学校：＿＿＿＿＿＿＿＿＿＿＿　院系：＿＿＿＿＿＿＿　任课专业：＿＿＿＿＿＿＿

任教课程：＿＿＿＿＿＿＿＿＿　手机：＿＿＿＿＿＿＿＿　电话：＿＿＿＿＿＿＿＿

电子邮件：＿＿＿＿＿＿＿＿＿　QQ：＿＿＿＿＿＿＿＿

二、您对本书的意见和建议

（欢迎您指出本书的疏误之处）

三、您对我们的其他意见和建议

请与我们联系：

100037　机械工业出版社·高等教育分社

Tel：010-8837 9542（O）刘涛

E-mail：Ltao929@163.com　QQ：1847737699

http：//www.cmpedu.com（机械工业出版社·教育服务网）

http：//www.cmpbook.com（机械工业出版社·门户网）